礼赢天下：中华与世界礼仪全览

亚洲国家礼仪

名家手笔， 打造最权威的礼仪百科！
深入浅出， 成就举手投足间的魅力！

亚洲国家位于世界的东方，各国的传统礼仪与风俗习惯皆有着明显的东方文化色彩。由于种族和地域的不同，亚洲各国的礼仪也都有着本国、本民族的鲜明特色。到亚洲各国旅游观光、访问交流都需要我们了解相关的礼仪知识并约束自己不合对方礼仪的言行举止。本书从多维的角度全面介绍了亚洲各国的日常生活礼仪、社交活动礼仪、商务活动礼仪、节庆礼仪、婚丧礼仪等等，对我们了解亚洲各国文化和民俗风情有着重要的指导意义。

舒静庐 主编

ETIQUETTE OF ASIAN COUNTRIES

羡慕别人有魅力？
《中华与世界礼仪全览》助你一臂之力！

涵盖日常、商务、职场方方面面，高端大气上档次的礼仪百科！

以礼赢人心，以礼赢天下，展中华之传统，扬世界之精华

《中华与世界礼仪全览》让你一览礼仪之天下

上海三联书店

图书在版编目（CIP）数据

亚洲国家礼仪／舒静庐主编．—上海：
上海三联书店，2014.12
ISBN 978 - 7 - 5426 - 5000 - 9

Ⅰ.①亚… Ⅱ.①舒… Ⅲ.①礼仪—介绍—亚洲
Ⅳ.①K893.026
中国版本图书馆 CIP 数据核字（2014）第 277650 号

亚洲国家礼仪

主　　编／舒静庐
责任编辑／陈启甸
特约编辑／田凤兰　袁　梅
监　　制／吴　昊
出版发行／上海三联书店
　　　　　（201199）中国上海市都市路 4855 号 2 座 10 楼
　　　　　http://www.sjpc1932.com
印　　刷／三河市天润建兴印务有限公司
版　　次／2015 年 1 月第 1 版
印　　次／2016 年 1 月第 2 次印刷
开　　本／787×1092　1/16
字　　数／274.16 千字
印　　张／19.375

ISBN　978 - 7 - 5426 - 5000 - 9/G.1369

定　价：33.00 元

❋ 绪章　多姿多彩，文化摇篮 ❋

❋ 第一章　日本的礼仪 ❋

❋ 第二章　韩国的礼仪 ❋

❈ 第三章　印度的礼仪 ❈

亚洲国家礼仪

目　录

✳ 第四章　新加坡的礼仪 ✳

❋ 第五章　以色列的礼仪 ❋

亚洲国家礼仪

✳ 第六章 土耳其的礼仪 ✳

✵ 第七章　巴基斯坦的礼仪 ✵

一、巴基斯坦概况

❋ 第八章　泰国的礼仪 ❋

亚洲国家礼仪

✽ 第九章 东南亚其他国家的礼仪 ✽

✳ 第十章　西亚其他国家的礼仪 ✳

�֎ 第十一章　中亚国家的礼仪 �֎

❋ 第十二章　南亚其他国家的礼仪 ❋

亚洲国家礼仪

绪 章

多姿多彩，文化摇篮

——亚洲概览

亚洲的全称是亚细亚洲。"亚细亚洲"一词来源于古代西亚等地古人的闪米特语，意思是指东方日出的地方。其英文名为 Asia。亚洲是世界上最大的洲，也是人口最多的洲。作为人文始祖的发祥地，亚洲孕育了灿烂多彩的辉煌文明。

一、亚洲的地理与气候

亚洲位于东半球的东北部，东濒太平洋，南临印度洋，北滨北冰洋，西达大西洋的属海地中海和黑海。亚洲大陆与欧洲大陆相连，合称亚欧大陆。

1. 亚洲的地理

亚洲面积为 4400 万平方公里，占世界陆地总面积的 29.4%，是世界面积最大的一个洲，也是世界跨纬度最广的一个洲。

◇ 亚洲的地形

亚洲地形以山地、高原为主，约占全洲面积的四分之三。 平均海拔近 1000 米，地形起伏很大。地势中部高，四周低。亚洲是世界上大江大河汇集最多的大陆，拥有世界最高峰珠穆朗玛峰和最低的洼地死海。亚洲的总人口约为 36 亿多，占世界总人口的 60%，是世界人口最多的一个洲。

亚洲地形的总特点是地势高、地表起伏大，中间高、周围低，隆起与凹陷相间，东部有一列纵长的花环状岛弧。 亚洲平均海拔约 950 米，是除南极洲外世界上地势最高的一洲。山地、高原和丘陵约占总面积的 3/4，其中有 1/3 的地区海拔在 1000 米以上。平原占亚洲总面积的 1/4，计 1000 多万平方千米。亚洲全洲大致以帕米尔高原为中心，一系列高大山脉向四方辐射伸延到大陆边缘，主要有：天山山脉、昆仑山脉、喜马拉雅山脉、阿尔泰山脉、兴都库什山脉、厄尔布尔士山脉、托罗斯山脉和扎格罗斯山脉等。在以上主干山脉之间有：青藏高原、蒙古高原、伊朗高原、安纳托利亚高原和塔里木盆地、准噶尔盆地、柴达木盆地等。在山地、高原的外侧分布着面积广大的平原，主要有：东北平原、长江中下游平原、印度河平原、恒河平原、美索不达米亚平原、西西伯利亚平原等。

亚洲既有世界上最高的高原、山脉和山峰，又有世界上著名的平原和洼地。青藏高原素有"世界屋脊"之称，平均海拔约 4500 米；世界上最高的珠穆朗玛峰，海拔 8848 米；西西伯利亚平原东西宽约 1500 千米，南北长约 2300 千米，大部分地面海拔在 100 米以上；世界最低的洼地死海，水面低于地中海海面约 400 米。亚洲不仅陆上起伏极端，且大陆东缘的弧形列岛与太平洋的海底部分也同样表现出起伏极端，列岛上的山脉与极深的海沟伴生。亚洲最高峰与邻近海域最深海沟高低相差约 20 千米。

◇ 亚洲的水系

亚洲有许多大河，大都源于中部高山地带，呈放射状向四面奔流。流入太平洋的河流有黑龙江、黄河、长江、珠江、湄公河等；流入印度洋的有印度河、恒河、萨尔温江、伊洛瓦底江、底格里斯河、幼发拉底河等；流入北冰洋的有鄂毕河、叶尼塞河、勒拿河等。内流河主要分布于亚洲中西部干旱地区，有锡尔河、阿姆河、伊犁河、塔里木河、约旦河等。**亚洲湖泊较之其他洲不算太多，但不少湖泊具有特色，闻名世界**。如亚欧界湖里海是世界第一大湖、最大的咸水湖；贝加尔湖是世界上最深的湖、亚洲最大的淡水湖；死海是世界上最低的洼地；巴尔喀什湖是一个同时存在着淡水和咸水的内陆湖。亚洲湖泊分布较广，大致可分北亚、中亚、西亚以及青藏高原和长江中、下游五大湖群。

2. 亚洲的气候

亚洲气候的主要特征是：气候类型复杂多样，季风气候典型和大陆性气候强烈。东亚东南半部是湿润的亚热带雨林气候，东南亚和南亚属热带草原气候，中亚、西亚和东亚内陆为干旱地区。

亚洲大部分地区冬季气温甚低，最冷月平均气温在℃以下的地区约占全洲面积的 2/30 上扬斯克和奥伊米亚康一带，1 月平均气温低达 −50℃ 左右；奥伊米亚康极端最低气温曾低达 −71℃，是北半球气温最低的地方，被称为北半球的寒极区。夏季普遍增温，最热月平均气温除北冰洋沿岸在 10% 以下外，其余地区均在 10℃ 之上。20℃ 以上的地区约占全洲面积的 1/2，伊拉克巴士拉极端最高气温曾达 58℃，被称为世界最热的地方。

亚洲降水分布地区差异悬殊，主趋势是从湿润的东南部向干燥的西北部递减。赤道带附近全年多雨，年降水 2000 毫米以上。印度东北部的乞拉朋齐在 1960 年 8 月~1961 年 7 月降雨达 26461.20 毫米，被称为世界"雨极"，为世界最多雨的地区之一。西南亚和中亚为终年少雨区，广大地区年降水多在 150 毫米以下。9 – 10 月间，西伯利亚和蒙古高原上空经常有强烈的冷空气（寒潮）南下，东亚的大部分地区易遭侵袭。发生于中太平洋西部的台风，5 – 10 月袭击东亚和东南亚东部沿海地区。发生于孟加拉湾的飓风，5 – 10 月袭击孟加拉湾沿岸地区，常造成严重灾害。

二、 亚洲的民族与国家分布

1. 亚洲民族的形成与发展

亚洲是世界古代民族形成与发展的摇篮之一。早在公元前三千年至公元前两千年之间，西亚、南亚和东亚的新石器文化体系发展为对人类历史具有深远影响的三大文明中心，即西亚的两河流域文明、南亚的印度河流域文明和东亚的中国黄河流域文明。三大文明地区的民族都以定居农业为经济基础，并建立了早期的政治和城市文明，并且都进入文字时代。**创造三大文明的民族是多种族、多部落长期融合的结果。**

西亚两河流域早期的民族应是苏美尔人。据研究，其语言是高加索语系和达罗毗荼语系的混合体，甚至还受到阿尔泰语言和闪语的影响。后来，阿卡德人（巴比伦北部，讲闪语）、埃兰人（居伊朗高原西南部，属达罗毗荼语系）、阿摩利人（闪语民族）、赫梯人（印欧语系民族）、希伯来人（闪语民族）、阿拉米人（来自今叙利亚地区，闪语民族）、波斯人（印欧语系伊朗语族民族）相继在这里崛起并强大；与此同时，亚历山大帝国、罗马帝国也征服过这个地区。7 世纪，阿拉伯人兴起，不久他们征服并统一了西亚地区。再后来，又有蒙古人、土耳其奥斯曼帝国征服西亚。到 16 世纪西方殖民者到来之前，西亚的民族格局已基本形成。

在南亚，最早的居民被认为是澳大利亚人种的维达人和尼格利陀人，他们是黑色人种。不久，操达罗毗荼语的人居于这里，并创造了著名的印度河流域文明（又称哈拉巴文化）。约在公元前2000年中叶，起源于亚欧大陆北部草原地带的一支雅利安人（即欧语系居民）进入南亚，将达罗毗荼人部分同化，部分赶到印度南部。公元前1000年中叶后，又先后有波斯人、希腊人、安息人、塞种人、大月氏人、突厥人、阿拉伯人、蒙古人来到这里。经过长期的战争和迁徙，到16世纪西方殖民者到来之前，南亚地区的民族格局也基本形成。

在东亚，黄河流域的夏朝于公元前16世纪为商朝所代替。公元前11世纪，商又被周朝所灭。秦汉时期，汉族逐渐形成，由于其强大的农业经济和较为发达的文化以及人数众多等因素，在其发展过程中，像滚雪球似的不断融合了其他民族，使其不断发展壮大；同时，其经济文化又不断影响着东亚乃至东南亚的许多民族。**中国的少数民族基本上是分布在汉族周围，受汉族文化影响在长期历史过程中而形成。**东亚的日本人、朝鲜人等民族在长期的封建社会中也受到汉文化的影响。据研究，东南亚的最早居民应为澳大利亚人种维达类型的黑人。到新石器时期，不断有新的移民从北方涌入。约公元前后，马来族系和孟高棉族系已具雏形。马来族系的居民主要分布在海岛地区，属南岛语系；孟高棉族系的居民占据大陆的大部分地区，属南亚语系。中古时期，汉藏语系民族涌入，泰人征服孟人而占据湄南河流域；缅人征服孟人和骠人而占据今缅甸地区；越南人征服占人，并脱离中国。

2. 现代亚洲的民族与人口

亚洲民族是历史上许多民族（定居农业的、游牧的）、种族（蒙古人种、澳大利亚人种、欧罗巴人种）长期混合的结果。现代亚洲的民族构成非常复杂，特别是南亚，全洲大小民族、种族共有约1000个，约占世界民族总数的一半。根据语言近似的程度，主要包括：汉藏语系各民族（主要分布在中国、泰国、老挝、缅甸、不丹、锡金和印度的阿萨姆邦）、阿尔泰语系各民族（主要分布在士耳其、蒙古、阿富汗部分地区、日本、朝鲜、韩国、俄罗斯亚洲部分和中国西部、北部)、闪含语系各民族(主要分布在西亚各阿拉伯国家)、达罗毗荼语系各民然(主要分布在印度东部沿海各地)。

亚洲主要由三大人种组成的,它们是蒙古人种(黄种人)、欧罗巴人种(白种人)和尼格罗人种(黑种人)。其中以蒙古人种数量最多。约占全洲人口的 60% 以上,主要分布在东亚、东南亚以及南亚和西亚的一部分。欧罗巴人种次之,约占全洲人口的 30%,主要分布在南亚和西亚,包括孟加拉国、印度北半部、巴基斯坦、斯里兰卡等国,以及土耳其除外的西亚各国,尼格罗人种所占比例很小,主要分布在阿拉伯半岛沿岸、马来群岛和安达曼群岛等地。亚洲大小民族、种族约有 1000 个,约占世界民族总数的一半。其中有多达几亿人口的民族(如汉族),也有不到千人的民族或种族(如印度安达曼群岛的明科皮人和印度尼西亚的托亚拉人)。

亚洲是世界上人口最多的洲,亚洲人口现已约达 40.30 亿,约占世界总人口的 60.5%,以中国人口最多。人口在 1 亿以上的有中国、印度、印度尼西亚、日本、孟加拉国和巴基斯坦。亚洲人口密度也居世界各洲之冠,其中新加坡、孟加拉国、马尔代夫、巴林等居世界人口密度较高国家的前列。亚洲的种族,民族构成比较复杂。黄种人是亚洲的主体种族,占全洲人口的 3/5 以上,主要分布在东亚、东南亚和西亚的土耳其,白种人约占全洲人口的 1/3,多分布在南亚和西亚。南亚部分地区生活着少数棕色人种。亚洲有大小民族 1000 多个,约占世界总数的一半。

$\mathcal{9}.$ 亚洲的国家及分布

亚洲现有 48 个主权国家,按地理位置可以分为东亚、东南亚、南亚、西亚和中亚及外高加索几个次区域。截至目前,与中国建立了正式外交关系的亚洲国家数目为 46 个。收入本书作为介绍对象的亚洲国家有 23 个。

东亚国家:位于东亚的国家包括中国、朝鲜、韩国、蒙古和日本。

东南亚国家:位于东南亚的国家包括越南、老挝、柬埔寨、缅甸、泰国、马来西亚、新加坡、印度尼西亚、菲律宾、文莱、东帝汶等国家。

南亚国家:位于南亚的国家包括斯里兰卡、马尔代夫、巴基斯坦、印度、孟加拉国、尼泊尔和不丹。

西亚国家：位于西亚的国家包括阿富汗、伊朗、阿塞拜疆、亚美尼亚、格鲁吉亚、土耳其、塞浦路斯、叙利亚、黎巴嫩、巴勒斯坦国、以色列、约旦、伊拉克、科威特、沙特阿拉伯、也门、阿曼、阿拉伯联合酋长国、卡塔尔和巴林。

中亚国家：位于中亚的国家包括土库曼斯坦、乌兹别克斯坦、吉尔吉斯斯坦、塔吉克斯坦和哈萨克斯坦。

北亚国家：指俄罗斯亚洲部分的西伯利亚地区。

三、亚洲的文化与宗教

1. 亚洲的语言与文化

亚洲民族的语言和宗教十分复杂，这与各个民族所在的地域、相互间的迁徙、影响等有一定关系。

亚洲民族的语言主要分属七大语系，即汉藏语系、印欧语系、南岛语系、达罗毗荼语系、南亚语系、阿尔泰语系和闪含语系。其中，讲汉藏、达罗毗荼和南亚三大语系语言的人，除少数移民外，全都分布在亚洲。

亚洲历史悠久，文化灿烂，是世界最早迎接文明曙光的古老大陆。在这里，黄河流域、印度河流域、两河流域，都曾诞生过古老而悠远的人类文化。成为孕育人类文明的摇篮。古印度、古巴比伦、古代中国，世界四大文明古国亚洲占其三。四千多年，中国的夏朝建立了奴隶制国家，商朝时发展了青铜器的冶炼与铸造，创造了世界上影响最深远的文字——甲骨文。公元前 2000 年，汉谟拉比在两河流域建立了中央集权的奴隶制国家——古巴比伦王国，当时制定的《汉谟拉比法典》是人类历史上第一部成文的法典。公元前 2000 年前后，出现了印度河文明，公元前 3 世纪阿育王建立了统一的奴隶制国家并形成了严格的等级制度。中世纪亚洲的文化、社会、经济发展水平在世界上长期遥居领先地位，有许多科学技术发明和文学艺术的创造。

2. 亚洲的宗教

亚洲是佛教、伊斯兰教和基督教三大宗教的发源地。佛教起源于印度和尼泊尔毗邻处，相传公元前 6 世纪由释迦牟尼创立。伊斯兰教起源于阿拉伯半岛，创立者为穆罕默德，信徒称为"穆斯林"，麦加和麦地那是伊斯兰教的圣地。基督教是崇奉耶稣。基督为救世主的各教派的统称，起源于西亚巴勒斯坦的伯利恒，耶路撒冷同时也被基督教视为圣地。此外，印度教为亚洲第四大宗教，广泛流行于印度等地。犹太教为犹太人信奉的宗教，崇拜耶和华，宗教圣地主要集中在耶路撒冷及其附近。还有中国的道教，流行于伊朗一带的拜火教、在印度旁遮普盛行的锡克教和日本的神道教等，都属于世界上影响较为深远的宗教。

礼仪提醒

中南半岛各国的居民多信佛教；马来半岛和马来群岛上的居民主要信伊斯兰教，部分居民信天主教和佛教；南亚各国的居民主要信印度教、伊斯兰教和佛教；西亚各国的居民主要信伊斯兰教。

第 一 章

日本的礼仪

日本与中国隔海相望，被称为是太平洋上的"千岛之国"。日本与我国具有悠久的历史渊源，其文化自古以来就深受中国文化的影响。近代以来，日本民族在保留传统文化精髓中，汲取了东西方各国文化的精华，形成了具有岛国特征的大和民族文化。其礼仪文化受地理环境和文化风俗的影响，体现出鲜明的民族特色。当代日本人，以讲究礼仪、重视礼仪、恪守礼仪为荣，在日常生活和社会活动的各个方面，都十分注重礼仪。

一、日本概况

日本的正式名称是日本国，是位于亚洲东部、太平洋西侧的一个群岛性国家，全境由本州、北海道、九州、四国等四个大岛和其他 6800 多个小岛组成。隔着东海、黄海、朝鲜海峡和日本海，它分别与中国、韩国、朝鲜、俄罗斯等国遥遥相望。日本全国总面积为 37.79 万平方公里，海岸线总长为 3 万公里。**日本国名的含义是"太阳升起的地方"，即"日出之国"。**

1. 日本的地理与气候

◇ 日本的地理特征

日本的地理具有如下特征。

①多山之国。日本是世界上罕见的多山之国，地形崎岖，平原狭小，山地约占全国总面积的 76%。地势最高的地方是本州岛中部，海拔 3776 米的富士山是日本最高峰。日本平原较少，仅占国土的 20%。邻近东京湾的关东平原是日本最大的平原，面积 15770 平方千米。**此外，名古屋附近的浓尾平原、大阪和京都附近的畿内平原等也是日本的主要平原。**

②河湖众多。日本河流众多，流程都不长，水量充沛、水流湍急，有丰富的水力资源，但不利于航行，最长的河流是信浓川，流域面积最广的河流是利根川。日本湖泊众多，多为小而深的火山湖，最大的湖泊是琵琶湖。

③海岸线曲折。日本岛屿众多，海岸线曲折，形成了很多优良的港湾，如太平洋沿岸的横滨和神户都是世界上著名的海港。

④地震、火山之国。日本群岛位于环太平洋火山地震带上，地震频发，火山众多，被称为"火山地震之国"。每年可感地震达 1500 多次，平均每天 4 次，6 级以上的地震几乎每年都有一次。日本是一个"坐在火山上的国家"，全国有火山 200 座，占世界火山总数的 1/10，其中活火山占了 1/3。日本的高山多是火山活动的产物。阿苏山的火山口规模居世界第

一。富士山也是日本一座著名的活火山。

⑤温泉之国。日本众多的火山形成了众多的温泉，全国有大小温泉近2万处，是世界上最大的温泉之国。

◇ 日本的气候特征

日本国土狭长，跨越多个气候带，自北向南依次由亚寒带过渡到温带、亚热带。但总体上以温带海洋性季风气候为主，终年温和湿润，冬无严寒、夏无酷暑，雨量丰沛且地域分布比较均匀。1月平均气温北部 –6摄氏度，南部16摄氏度。7月平均气温北部17摄氏度，南部28摄氏度。**每年3月，南部的冲绳地区进入春天，樱花随着时间的推移也从南到北开遍日本，直至6月初樱花在北海道盛开。**樱花刚结束，日本南部即进入梅雨季节，阴雨连绵，空气潮湿。7月至9月是日本的夏季，天气闷热，台风较多，并常带来降水。秋天天气晴朗，气温适度，偶有阵雨。冬季较为寒冷。常有大雪，尤其是日本海沿岸山区，降雪可达几米深。

2. 日本历史简介

考古发现证明，至少在1万年前，日本列岛就有人类居住。日本在公元前3世纪至公元前2世纪之间，处于"绳文式文化"时代。公元1世纪至2世纪时，日本列岛出现了100多个小国家，公元4世纪中叶，出现统一国家——大和国。大和国不断向外扩张，于5世纪统一了日本。大和国的最高统治者称天皇。

6世纪到7世纪，日本向中国派遣了多批遣隋使、遣唐使和大批留学生，学习中国的制度和文化。公元645年，仿照中国唐朝的政治经济制度，进行了"大化改革"，建立了以土地国有制为基础、以天皇为绝对君主的中央集权制国家。

大化改新是日本由奴隶社会向封建社会过渡的标志。大化改新以后，大和国正式改名为日本国。

公元710—794年，日本定都于奈良，史称奈良时代。794年，日本建新都于平安（今京都）。794—1185年这一时期，被称为日本历史上的平安时代。

　　公元 12 世纪，源氏武士集团消灭了平氏武士集团，在镰仓（今东京以南）设立了武士政权机关，组成了具有中央政权性质的镰仓幕府，日本进入由武士阶层掌管实权的幕府时代。后来又经历了室町幕府、战国时代、江户幕府（又称德川幕府）时期。**幕府统治在日本延续了 700 年之久，直到 1868 年被明治天皇废除。**

　　1853 年，一支美国舰队闯入日本港口，要求"通商"，否则就向日本开战（史称"黑船事件"）。第二年，日本同意向美国开放港口，其他资本主义国家也陆续向日本提出了同样要求。具有资本主义改革思想的地方实力派萨摩和长州两藩，在"尊王攘夷"、"富国强兵"的口号下倒幕。1868 年，幕府军队战败，幕府统治被推翻。1869 年，明治天皇政府从京都迁到东京。**推翻幕府后，明治天皇政府实行了一系列具有资产阶级性质的改革，这就是日本历史上著名的"明治维新"。**明治维新使日本从一个封建主义国家逐步转变为资本主义国家，摆脱了沦为殖民地国家的命运。因此，明治维新是日本历史上重大的转折点。

　　明治维新后，日本资本主义发展迅速，很快走上侵略扩张的道路。1894 年日本发动甲午战争，侵占中国台湾。1904 年挑起日俄战争，1910 年侵吞朝鲜，1914 年参加了第一次世界大战。1926 年，裕仁天皇登基，日本进入昭和时代。1931 年，日本发动"九一八"事变，占领中国东北。1937 年挑起卢沟桥事变，发动全面侵华战争。1941 年又偷袭美国珍珠港，发动太平洋战争。在战争中，日本军国主义对亚太各国人民犯下了滔天罪行，给亚太人民带来深重的灾难。1945 年 8 月 15 日，日本宣布无条件投降，成为战败国，这也标志着第二次世界大战的结束。

　　1945 年 9 月至 1951 年 9 月，日本处于美国直接军事占领之下。1947 年 5 月，日本实施新宪法，由绝对天皇制国家变为以天皇为象征的议会内阁制国家，天皇为日本和日本国民总体的象征。1951 年 9 月，日美签订《日美安全保障条约》，结成军事同盟关系。到 1951 年，日本经济恢复到战前水平。20 世纪 50 年代后半期，日本大量引进欧美技术。进入了经济高速发展时期。**到 20 世纪 60 年代末，日本一跃成为工业发达、技术领先的经济大国，经济实力仅次于美国，成为世界第二经济大国。**20 世纪 90 年代经济陷入长期低迷，2002 年起开始缓慢恢复。2008 年以后，国际金融危机给经济带来严重冲击，日本经济再次出现负增长。

延伸阅读：

琉球国

琉球国最初是历史上在琉球群岛建立的南山（又称山南）、中山、北山（又称山北）三个国家的对外统称，后来指统一的琉球国（1429－1879）。1372 年，琉球王开始向明朝进贡，接受明太祖的册封，成为中国的属国。清代，琉球国继续向清政府进贡。1872 年，日本废琉球国为琉球藩，琉球王向清政府求助，但此时清政府自身难保，无暇他顾。1879 年，日本正式吞并琉球国，改为日本的一个县，即冲绳县。

今天的冲绳人依旧在农历年底过春节，在清明时节扫墓，在端午节赛龙舟，在中秋佳节赏月，这些中国的传统习俗在冲绳完好地保存了下来。

2000 年，历代琉球国王及王族居住和处理政务的首里城（位于今冲绳县那霸市的东郊）和其他琉球文化遗迹已被联合国教科文组织定为世界文化遗产。

3. 日本的人口与民族

日本的全国总人口目前约为 1.2774 亿，由大和族人、阿伊努人、朝鲜人和华人组成。**大和族是日本的主体民族，它约占日本全国总人口的99%。**

日本的主要宗教是神道教和佛教。神道教是日本固有的宗教。它所崇拜的是象征太阳的所谓"天照大神"。在日本，49.6% 的居民都信奉该教，将近半数。因此，它在日本人的生活中，尤其是在礼仪习俗方面，影响甚大。日本人信奉的佛教属于大乘佛教，其信徒占全国总人口的 44.8% 左右。

4. 日本的政治与经济

◇ 日本的政治

二次战后，日本实行政党政治，代表不同阶级、阶层的政党相继恢复和建立。自民党（自由党和民主党合并）从 1955 年至 1993 年连续 38 年主宰日本政坛，该党代表了日本保守势力，长期奉行亲美路线，并保持一定的独立倾向。目前参加国会活动的主要政党有自民党、公明党、日本共产党、社会民主党、保守党等。

现行宪法《日本国宪法》是 1947 年实施的，包括天皇、放弃战争、国民的权力和义务、国会、内阁、司法、财权、地方自治等内容，确立了君主立宪体制。规定：实行以立法、司法、行政三权分立为基础的议会内阁制；天皇为日本国和日本国民总体的象征，无权参与国政。

宪法还规定"国会是最高的权力机关，是国家唯一的立法机关"。国会由众议院和参议院组成，众议院定员 500 名，任期 4 年，首相有权提前解散众议院重新选举。**参议院定员 252 名，任期 6 年，每 3 年改选半数，不得中途解散。在权力上众议院大于参议院。**

内阁是国家最高行政机关，除负责行政常规事务外，还负责执行法律，处理外交事务，签署条约，制定国家预算和政策法令。现行内阁由其首长内阁总理大臣（首相）、12 个省国务大臣、7 个厅的长官及内阁官房长官共 21 人组成。

东京是日本的首都，全名东京都，是日本的政治、经济和文化中心。东京都位于本州中部，面积 2162 平方千米，人口约 1256 万（截至 2006 年 1 月），是日本最大的城市，也是世界上较大的城市之一，素有"世界第一大城市"之称。其始建于 1457 年，古称江户，1868 年改为现名，并定为首都。

延伸阅读：
日本的国旗、国徽与国歌

日本的现用国旗为太阳旗，启用于 1870 年 1 月 27 日，长宽比例为 3：2。国旗为白色旗面，中央有一轮红日。白色象征神圣、正义、纯洁、平等与和平，红色象征光明、真诚、热忱和博爱。传说日本是太阳神所创造，天皇是太阳神的儿子，太阳旗即来源于此。

日本的现用国徽采用日本皇室的徽记，为圆形，由十六瓣黄色菊花瓣组成。中心小圆圈代表花蕊，周围菊花瓣呈放射状均匀分布，代表皇室；

每两片花瓣末端有一片扇形花瓣相衬托，象征人民是国家的基础。这一图案源于佛教的法轮。

日本的现用国歌是《君之代》。它启用于 1880 年 11 月 30 日。

◇ 日本的经济

在第二次世界大战中，日本国民经济受到了严重打击。20 世纪 50 年代后半期，日本政府实行了"财阀解体"、"田地改革"和"劳动改革"，改善了劳资关系，为经济的腾飞奠定了基础。到 1968 年，日本为仅次于美国的世界第二大经济强国。1973 年日本放慢了经济发展速度，进入了稳定发展时期，但尖端技术和第三产业有较大发展。进入 20 世纪 80 年代，加快以电子技术、生物技术和新材料为重点的高技术产业的发展，电子工业已超过汽车工业成为第一产业。到 20 世纪 90 年代，日本国民生产总值比 1955 年增加了 20 倍，人均国民生产总值增长 70 倍。

日本政府以资本扶持工业、劳动力、科技的发展以及较低的军事预算比例（占 GDP 的 1%），推动日本经济高速发展，并使之成为当今仅次于美国的科技强国及全球第三大经济体系。**日本的经济特点有生产商、供应商和经销商的紧密结合，强大的企业联盟，紧密的团队合作，年功序列制，终身雇用制，等等。**

日本的服务业，特别是银行业、金融业、航运业、保险业以及商业服务业 GDP 占最大比重，而且处于世界领导地位，首都东京不仅是全国第一大城市和经济中心，更是世界数一数二的金融、航运和服务中心。

日本有高素质的人力资源，科技发达。日本科技的显著特点是注重实用。在美国，科技方面有重大发明的大科学家辈出，获诺贝尔奖金者数以百计，日本此类人物却寥若晨星，两者形成鲜明的对比。**但日本的科技界却把日本的经济用现代最先进的技术武装起来。**日本发展了世界上最大的出口导向型经济，进口原料，出口成品。钢铁、汽车、造船、电子、化学和纺织等工业是日本主要的工业部门，其产品大量出口。

5. 日本的语言、文化教育

日本的官方语言是日语，官方文字是日文。日本原来是没有文字的，所以一直使用中国的汉字。日本人古代使用和语，日语借用了大量汉语词汇，日语中的汉语借词超过30％，因此日本文化受到了中国的深刻影响。

日本的文学艺术在古代曾受中国的影响，近代以后又融入了西方文化的元素，同时保留着日本独特的民族性。《古事记》是日本现存最古老的官修史书和文学作品。《万叶集》是日本上古和歌的集大成者。**产生于10世纪的《源氏物语》是世界上最早的写实小说，代表了日本古典现实主义文学的最高峰**。第二次世界大战后，日本的文学出现复兴，产生了川端康成、大江健三郎、井上靖等杰出作家。

歌舞伎（日本传统的舞台艺术）、大和绘（日本传统绘画）、浮世绘(18世纪兴起的一种版画艺术)、能剧等都是日本独特的艺术形式。

延伸阅读：

日本的歌舞伎

歌舞伎是典型的日本民族表演艺术，集音乐、舞蹈、故事、闹剧、色彩于一体。歌，代表音乐；舞，表示舞蹈；伎，则是技巧的意思。"歌舞伎"三字的原意是"倾斜"，因表演时有一种奇异的动作，日本人后来给它起了个雅称，叫做"歌舞伎"。

歌舞伎起源于17世纪初期，是在佛教庆典的一种舞蹈或滑稽短剧的基础上发展起来的，其主题或涉及武士和贵族世界，或表现平民生活。歌舞伎最初由女子表演，后来演员全部是男性。经过四百多年的发展，歌舞伎已经成为日本传统国粹文化的代表，与中国的京剧并称为"东方艺术传统的姊妹花"。

茶道、花道和书道是日本著名的"三道"。茶道即品茶之道。书道即书法，也是在古代由中国传入日本。此外，香道也是日本的一种传统艺术，是一种从艺术和信仰的角度欣赏香料以求得精神寄托和享受的活动。

日本是一个非常重视教育的国家，教师的地位非常高。2008 年度教育预算占当年预算总额的 11.2%。每年的科研经费约占 GDP 的 3.1%，位居发达国家榜首。

日本学校教育分为学前教育、初等教育、中等教育、高等教育 4 个阶段，学制为小学 6 年、初中 3 年、高中 3 年、大学 4 年，其中小学到初中为 9 年义务教育。**目前 9 年义务教育的实施率已达 100%，高中升学率也很高，几乎成了义务教育。**日本社会教育很发达，函授、夜校、广播、电视教育等较普遍。

二、日本的日常生活礼仪

礼仪是日本人日常生活中的极为重视的行为规范。无论是穿着打扮、日常言行，还是起居出行，懂礼、讲礼、行礼，都是人人必须遵守的生活准则。日本文化也因此而被世界各国所尊重。

1. 日本的服饰礼俗

现在的日本是一个多元化的社会，呈现传统服饰与西式洋装并存的格局。日本人在交际应酬中对穿着打扮十分介意，因此在商务交往、政务活动以及对外的场合，日本人通常要穿西式服装。而在民间交往中，他们有时也会穿着自己的国服。

◇ 和服

日本的国服名为和服，源于中国古代的汉服，是日本的传统民族服装。过去，在等级森严的日本，和服的色彩、图案、款式、面料乃至穿着方法无一不与穿着者的地位、身份相关，因此人们在穿和服时，一点儿也不敢马虎大意。**日本平民所穿的和服称"吴服"，因其缝制风格受东吴影响较深而得名；贵族的服装吸取了中国唐朝宫廷服饰的精华，因而被称为"唐服"。**而今，随着社会的进步，人们对此已不甚讲究了。

和服种类很多,不仅有男式和女式之分,而且在不同的场合要穿不同的和服。和服的共同特点是它是由一块布料缝制而成,并且没有什么线条。宽大舒适、端庄文雅,都系有腰带。男式和服款式少,颜色单调,多为深色,细腰带,穿戴都较方便。女式和服款式多样,色彩、花纹与图案丰富;后有起装饰作用的"背包",穿戴方法因不同款式而异;**通常还必须腰系彩带,并且手中打伞。唯其如此,才能产生一种特殊的和谐美。**穿和服时要穿布袜和草履,手袋和发式也要搭配恰当。

◇ 西服

明治以后,和服逐渐为西服所代替,现在日本男子除一些特定职业的人以外,在公共场所都穿西服,和服只是作为一种便服,在家里休息时穿。妇女在明治以后的一个时期内仍继续穿和服,从 20 世纪初开始,不断有人提议改革妇女服装并进行了试验,但一直进展不大。直到 1923 年发生关东大地震,暴露了和服的缺点,妇女服装的改革,才真正地开展起来。战后日本妇女,特别是中青年妇女多穿西服,和服只是在社交场合或举行结婚、庆祝或纪念仪式时才穿。

◇ 帽子

通常情况下,穿和服是不戴帽子的,但在婚礼上,新娘是必须要戴蒙头帽的,日文称其为"角隐",意为把棱角隐藏起来,克服少女时期养成的任性、娇气等脾气,做一个贤妻良母。"角隐"用生丝织成,共有两层,内红外白,分别代表喜庆与纯洁。

随着西式服装的普及,日本人所戴的帽子也逐渐多种多样,有保暖的,有休闲的,有时尚的,等等。

◇ 鞋子

草履和木屐都是具有日本民族特色的鞋子。

草履呈椭圆足形,多用草、皮革或布制作而成,是与和服配套使用的一种鞋子。**尤其是每当日本女子出席各种仪式时,身着和服,足蹬草履,身形更加婀娜多姿。**

木屐也是日本较为独特的一种鞋子,源于东南亚。在日本。它起初用于农业生产,方便水田作业,后来得到改良与发展,成为日本人生活中的必需品。日本男子特别喜欢穿木屐。每当盂兰盆节到来时，木屐更成了朋友间馈赠礼品的首选。

2. 日本的饮食礼俗

日本的饮食特点是清淡新鲜，食物的味道重在保持原汁原味。正因如此，日本饮食在世界饮食文化之林中独树一帜。

◇ 饮的习俗

酒与茶是日本人最喜爱的两种饮品。

①酒。日本的造酒文化起源于中国。**日本人爱喝酒，日本人在生活中也离不开酒，他们习惯下班后三五成群地去喝酒。**酒吧更是遍布于各大都市内的娱乐中心区。具体来说，主要有以下几种酒。

● 日本清酒。日本清酒借鉴的是中国黄酒的酿制方法，为日本的国粹。日本清酒的原料是大米和水。只有选用优质的大米和水源，才能酿造出好的清酒来。

● 烧酒。日本人爱喝烧酒也是由来已久的。烧酒是以番薯、小麦、大米等为原料酿制的蒸馏酒。

● 啤酒。日本啤酒的产量和消费量在国际上都名列前茅。日本人最喜欢喝啤酒，尤其是在夏天，加了冰块的啤酒更受欢迎。

● 洋酒。第二次世界大战特别是20世纪70年代以后，洋酒在日本开始流行起来，销量最大的是威士忌。日本人在饮用洋酒时往往要掺入冰水或冰块。

②茶。随着历史的发展，起源于中国的茶逐渐成为日本人日常生活中不可缺少的饮品。日本人最爱喝的茶有绿茶、乌龙茶和玄米茶。**玄米茶既有绿茶的色泽，又具有玄米和绿茶的营养，有利于肠胃，因而很受日本女性的喜爱。**

延伸阅读：

日本的茶俗

日本茶俗，最引人注目的便是茶道。众所周知，日本的茶和饮茶是唐时由中国传入的。"茶道"一词，也最早见诸于中国唐代史籍中。在中国茶的影响下，日本人结合本民族的特点，孕育了具有日本特色的茶道。

"茶道"是日本文化的结晶，它又是日本人生活的规范，是日本人心灵的寄托。茶室、茶庭遍及日本各地，茶事、茶会已成为各种文化活动中的主要项目之一，千姿百态的茶道已成为日本美的象征。茶道仪式可分为庆贺、迎送、叙事、叙景等不同内容。友人到达时，主人已在门口敬候：茶道开始，宾客依次行礼后入席，主人先捧出甜点，供客人品尝，以调节茶味；之后主人严格按一定规程泡茶，按照客人的辈分，从大到小，依次递给客人品饮。点水、冲茶、递接、品饮都有规范动作。

另外，日本茶道非常讲究茶具的选配，一般选用的多是历代珍品或比较贵重的瓷器。品饮时，还须结合对茶碗的欣赏，连声赞美，以示敬意。此时，主人宽慰点头，把茶碗端走。茶道完毕时，女主人还会跪在茶室门侧送客。

◇ 食的习俗

日本的饭菜被称为"料理"，即"和食"。日本料理又称"五味、五色、五法"料理。五味是甘、酸、辛、苦、咸；五色是白、黄、青、赤、黑；五法就是生、煮、烤、炸、蒸。传统的日本料理主食是米饭，配以鱼类、肉类、蔬菜、酱菜和汤等副食。日本料理具有大和民族的特色，生、凉、油脂少、分量少、种类多、颜色好看，味道香、丰、熟、甘、嫩，而且非常讲究食器的选择。**其形成主要受四面环海的岛国地理环境和东方传统文化的影响。**

①主食。日本的主食以米饭和面条为主。

日本种植稻谷的历史悠久，因而大米是其主食。日本的大米营养丰富，质量上乘。煮出的饭形似珍珠，芳香四溢。日本人把米粒叫做"舍利子"，把米饭叫"银舍利"，来形容它的晶莹剔透和像佛骨一样的珍贵。

"寿司"，又称"四喜饭"，是日本料理中最具特色的一种食品，种类繁多，既可作小吃，亦可作正餐。"寿司"是裹有鱼、肉、蛋类等原料的米饭团。按其制作方法的不同，主要可分为生寿司、熟寿司、压寿司、握寿司、散寿司、棒寿司、卷寿司、鲫鱼寿司等，而其中鲫鱼寿司被看做是日本料理中最著名、最具代表性的寿司。

除了米饭以外，日本人也喜欢吃面条。日本的面条主要有三类：荞麦面、乌冬面和素面。荞麦面是用荞麦面粉制作的，营养丰富，食用方便，有冷食与热食两种；乌冬面是用面粉制作的，面条较粗，多以汤面的形式食用；素面也是由面粉制作的，冷食、热食皆可。

②副食。日本的副食多是蔬菜、鱼类、肉类。**因为日本是一个四面环海的国家，所以日本人对海产品十分钟情，尤其是海鱼。**生鱼片和天妇罗就是最具特色的代表。

日本料理以生鱼片最为著名，它堪称是日本菜的代表作。自古以来日本就有吃生食的习惯。生鱼片也叫"刺身"。由于季节的不同，制作生鱼片的鱼的种类也不同，但是所选用的鱼类都是非常新鲜的。生鱼片的调料是酱油和芥末，配料是萝卜丝、紫苏叶等。

天妇罗就是油炸食品，即用面粉、鸡蛋、水调成浆状，再将鱼、虾、蔬菜裹上浆放入油锅炸成金黄色，以东京的天妇罗最为有名。天妇罗的主要材料是各种鱼类和蔬菜。制作时，先用鸡蛋、面粉和水和成浆，然后把裹有面浆的鱼类和蔬菜放置油锅中炸至金黄色后起锅即可。吃时蘸酱油和萝卜泥的调汁，鲜嫩美味，香而不腻。

铁板烧在日本十分流行。**正宗的日式铁板烧，顾名思义，是在一块大铁板上，烧烤各种美食。**而铁板烧成为日本料理中昂贵的一种，原因在于铁板烧会选用最上乘的材料，例如新鲜的海鲜，包括龙虾、鲍鱼等，肉类亦会选用国产的牛肉，例如"神户牛"、"松坂牛"或"近江牛"等，鲜嫩异常，吃起来非常香。

礼仪提醒

日本人招待客人用膳时，不能把饭盛得过满。当着客人的面不能一勺就将碗盛满，否则被视为对客人不尊重。作为客人就餐时，忌讳只食用一碗就说够了，第二碗饭即使是象征性的，也应要求添饭。因为只吃一碗则寓意无缘。

3. 日本的居住礼俗

日本是一个被海洋包围的岛国，降水丰富，气候湿润，又是个地震频发的国家，因此抗风、防潮、防震是日本房屋建筑中所必须考虑的问题。

◇ "风水" 文化

日本民居建造十分讲究风水，在建房之前，要先请人看风水，选择一个他们认为吉祥的宅地。开工之前要举行 "地镇祭"，就是举行仪式把附在地基上的妖魔鬼怪清除，以保证将来居室的安宁与吉祥。房屋竣工时，还要举行 "上栋祭"，其主要内容是请求神灵庇佑；铲除妖魔的威胁。**它实际上是一种象征性仪式，一般在屋顶发一个祭坛，庆祝房屋顺利落成，并祈祷平安吉祥。**

◇ "气" 文化

受土地资源的限制，日本住宅不可能像美国、加拿大那样分布得十分离散，为了保持居住环境拥有新鲜的空气，日本居民都自觉地维护居住环境的健康。日本人比较喜欢大屋顶，和式住宅屋脊很高，有些民居的屋顶甚至比整个房屋高出一倍，室内空间大，湿气可随气流通过屋顶排出室外。现代的住宅设计中也渗透了这种文化意识，通过对烟尘污染的控制、绿化植被的营造，设置宽大的门窗、隔扇，采取简洁的室内陈设布置，有效地提高了空气质量及其流通性能。**住宅设计上的 "气" 文化，给日本人带来的好处之一是，日本人的寿命延长了。**

◇ "季" 文化

日本国土狭长，四季气候分明，为了使居室融入自然，日本人在现代住宅设计中注意根据地方气候、风土来考虑安排居室布局，使住宅空间努力追随自然的阳光、风和绿色，把室外的景物纳入视野之内。或者通过种种人工手法，建造充满着自然情趣的庭院。人们身居室内，亦可饱览自然界的变化，感觉自然生命力的脉搏，从中体会人生的意义。

◇ "木" 文化

日本在建筑材料的开发方面居于世界前列，但这并未改变日本人对室内木料装修的偏爱。木制的和式房屋占全日本房屋总数的一半左右，一般都是一层或者两层的木结构房屋，有利于抗震、抗风、防潮。传统的和式建筑，是日本人民长期抗震经验的结晶。日本人的木装修做工精致，线条简洁，颇具原木风格。屋内以可以移动的屏板分隔开间，装有滑动的拉门、拉窗，美观实用，朴素大方。与室内小空间流动合一，给人亲切、高雅的感觉。

◇"座"文化

日本人乐于在充满木材、纸张（糊于移门、窗扇上）等天然材料的特殊气息所形成的氛围中，盘腿屈膝坐在榻榻米上无拘无束地交谈、饮食，进行心灵的对话。这种赤脚文化，也可叫做"座"文化。在现代住宅设计中西洋风日盛的今天，日本人仍保留着这一民族传统习惯，亦属难得。

延伸阅读：

日本的禁忌

日本民族的迷信和禁忌较多。尽管现代科技日新月异，但不少日本人仍迷信占卜和算命，出门办事要看日子，并对耳鸣、咬腮、梦兆特别在意，认为男子25和42岁、女子19和33岁是应特别小心的"坎"。

日本人的禁忌表现在许多方面。颜色方面，不喜欢紫色，认为它代表悲伤；最忌讳绿色，认为它是不祥之色；喜欢红色、黄色，也喜欢红白相间色彩。花卉方面，忌讳荷花图案，荷花为祭奠用花；不喜欢淡黄色或白色的花卉及花卉图案；一般人不能使用菊花图案，菊花为皇室专用。喜欢樱花、松、竹、梅以及乌龟、仙鹤图案，忌讳夕阳风景画。数字方面，日本人最忌讳4和42，因为4与"死"发音相同，42是"死"的动词形。因此房号、楼层号、宴会桌号、车号、礼品数等均应尽量避免用4开头或结尾；9和6也是不受欢迎的数字，9与"苦"同音，6是强盗的标记；13也是应当回避的数字。行为方面，忌讳3人并排照相，认为被夹在中间者会遭不幸。送礼时宜送成双成对的礼物，但新婚礼物应避免2或2的倍数，如果送钱宜送3、5、7万日元。不宜将梳子、手绢作礼品，因为梳子发音与"苦死"同，手绢会联想到擦眼泪。

三、日本的社交礼仪

日本人以注重礼节而著称，特别重视社交活动中的礼仪。在接人待物、会面拜访中，各种礼节程序和礼仪细节都十分讲究，并形成了良好的习惯。在与日本人交往中，这方面的礼仪知识若不了解，会被认为是缺乏教养、不文明的失礼表现。

1. 日本的待人接物礼仪

日本人在待人接物以及日常生活中十分讲究礼貌、注重礼节，还形成了某种礼仪规范。如：在待人接物上谦恭有礼，说话常用自谦语，特别是妇女，在与人交谈时总是语气柔和、面带微笑、躬身帽待。日本人爱用礼貌用语，为此，在语言上还分敬体与简体两种。**由于日本人等级观念很重。上、下级之间，长辈、晚辈之间界限分得很清**。因此，凡对长者、上司、客人都用敬语说话，以示尊敬；而对子辈、平级、小辈、下级一般用简语讲话。这时敬、简两种语体是不混合使用的。日本人最常用的敬辞有："拜托您了"、"请多多关照"、"打扰您了"，等等。同时他们忌问"您吃饭了没有"一类话。日本人重视仪表，认为衣着不整齐为不礼貌的行为。

日本人不给他人敬烟，当着别人面自己若想吸烟时，通常是在征得对方同意后才行事。

日本人喜欢邀请客人到饭店或餐馆吃饭，然后再到酒吧喝酒。日本商人把招待客户作为影响客户的一个手段。日语中出现了"nominication"这一日英复合词。"nomi –"是日文中喝酒的意思，而"nication"则来源于英文的"communicatiou"（交际）。由此可见，日本人是很重视吃喝这类交际活动的。

礼仪
提醒

日本人说恭维话的方式与西方人不一样。西方人会对你个人在贸易上的成就或公司的成就直接表示赞赏，而日本人常常兜着圈子说。比如，如果日本人想称赞你的修养，他不会直截了当地表示，而是对你办公室的装饰发表些议论，即所谓"借题发挥"。

2. 日本的会面礼仪

日本人注重礼节，因此在人际交往中，日本人通常都习惯于以鞠躬作为见面礼节。在行鞠躬礼时，日本人不但讲究行礼者必须毕恭毕敬，而且在鞠躬的度数、鞠躬时间的长短、鞠躬的次数等方面还有其特别的讲究。**一般而言，日本人在行鞠躬礼时鞠躬的度数大小、鞠躬的时间长短以及鞠躬的次数多少，往往会同对对方所表示的尊敬的程度成正比**。日本人在行鞠躬礼时，还讲究手中不得拿东西，头上不得戴帽子，把手插在衣袋里亦不允许。

有的时候，日本人还会一面与人握手，一面鞠躬致敬，或是仅仅与他人握手为礼。不过在一般情况下，日本妇女，尤其是日本的乡村妇女，与别人见面时，是只鞠躬不握手的。如遇女宾，女方伸手方可握手。但不要用力或久握。遇到长者亦然。在行见面礼时，日本人讲究必须同时态度谦恭地问候交往对象。总之，日本人是认为"礼多人不怪"的。

在日本民间，尤其是在乡村之巾，人们在送别亲友时往往还会向对方行跪礼或摇屐礼。跪礼，即屈膝下跪，它是妇女所行的礼节。摇屐礼，即手持木屐在空中摇动，它则是男子所行的礼节。

日本人与他人初次见面时，通常都要互换名片，否则即被理解为是不愿与对方交往。

因而有人将日本人的见面礼节归纳为"鞠躬成自然，见面递名片"。在一般情况下，日本人外出时身上往往会带上好几种印有自己不同头衔的名片，以便在交换名片时可以因人而异地使用。

日本人在人际交往中对清洁十分重视，对他们来讲，每天都非得洗澡不可。不仅如此，日本人还有请人一起去浴室的习惯。用他们的话来讲，这叫做"裸体相交"。他们认为，这一做法可以使人减少束缚，坦诚相交。由于日本人坚信"优胜劣汰"，所以在交际中他们十分尊重强者。

日本人姓名的组合顺序与中国人姓名的组合顺序一样，二者都是姓在前，名在后的。不过日本人的姓名字数往往较多，并且以四字的最为多见。日本妇女婚前姓父姓，婚后则改姓夫姓。

称呼日本人时，可称之为"先生"、"小姐"或"夫人"，也可以在其姓氏之后加上一个"君"字，将其尊称为"某某君"。**只有在很正式的情况下，称呼日本人时才需使用其全名。**在交际场合，日本人的信条是"不给别人添麻烦"，因此，他们忌高声谈笑。但是在外人面前，他们则大都要满脸笑容，而不论自己是否开心。日本人认为，这也是做人的一种礼貌。

延伸阅读：

日本的屈体礼

日本人最常用的行礼方式是"屈体礼"。"屈体礼"可分为"站礼"和"坐礼"。

行"站礼"时，双手自然下垂，手指自然并拢。随着腰部的弯曲，身体自然前倾。行最高站礼时，腰要弯到脸面几乎与膝盖相平的程度。接受晚辈行礼时，背和脖颈要挺直；平辈之间，脊背要直，头不宜向下耷拉，腰稍弯曲，上身向前倾伸。

"坐礼"一般在日本式房间的"榻榻米"（房内地板上铺的垫席）上进行。现在最常见的"坐礼"有以下三种。

◇"指尖礼"。行此礼时，首先要端正地跪在"榻榻米"上，双手垂在双膝的两侧，指尖着席地，身体向前倾5°。多用于接受晚辈施礼和向对方请教问题时使用。

◇"屈手礼"。行此礼时，要双手掌着地，身体向前倾45度，脸面基本向下，礼节高于"指尖礼"，多用于同辈之间以及向对方请教问题时使用。

◇"双手札"。行此礼时，双手掌向前靠拢着席地，脊椎和脖颈挺直，整个身子向前倾伏。甚至几乎达到面额着席地的程度，这是日本的最高行礼方式之一。多用于下对上或对尊贵客人使用。

9. 日本的拜访他人礼仪

日本人拜访他人时，一般要避开清晨、深夜及用餐等时间，拜访前要预先约定，突然访问是失礼的。进门前先按门铃并通报姓名。进门后要把所带的礼品递交给主人。**所选礼品要把握好分寸，既不可过重，又不可过轻**。一般情况下，包装好的食品是较合适的，外用彩色绸带扎成结。中国的字画、文房四宝都是较受欢迎的礼品。

初次拜访时应做自我介绍。递交自己的名片。并讲明介绍人的姓名及拜访目的。交换名片应由身份低的人首先递交，在数人同往拜访时。应逐个交换名片。拿到对方的名片要十分珍视，禁忌在手中摆弄。

在门口要寒暄几句，进到屋里，落座后再正式交谈。在进日本式的房屋里，要先脱鞋。**脱下的鞋要整齐地放好。鞋尖向着你进来走过的门的方向，这在日本是尤其重要的**。如果是西式房屋，虽可穿着鞋进屋，但在进屋前一定要把大衣、风衣、围巾、帽子之类的衣物脱下，行礼。进屋后放在主人指定的地方；离去时，如没有主人劝说，应在出门后再穿上，到他人家做客未见到主人时，应在坐垫的后面等候，待主人招呼之后，再坐到客座或坐垫上；辞别时，禁将坐垫倒翻过去或用脚踏他人的坐垫。

男性不能一人到单身女性房间去拜访，如有事可约好在附近酒馆或茶馆见见面，以免引起他人误解。**在天气炎热时，主人没有请客人宽衣，不能随便脱衣；如需宽衣，应先征得主人的同意**。在一般场合，光穿背心或赤脚是失礼的。

日本是一个十分讲究卫生的国度。在日本人家里做客时，要自觉地换上主人准备好的拖鞋，不仅在刚进门时如此，而且在进厨房、去阳台、上厕所时都要换上专用的拖鞋．放在不同位置的拖鞋不能乱穿到别处。在进入有榻榻米的房间时，应脱掉拖鞋。

若要在主人家里吃饭，应让长辈先入座，**吃饭时要用公共餐具取公共的食物**。饭后应选择适当的时机告辞。出门后要回头鞠躬道别。道别时，客人要对主人的招待表示感谢。回到住所后，要及时电话告知对方自己已安全到达，并再次表示感谢。一段时日后，若再遇到所拜访之人，还应再次表达感谢之情。

延伸阅读：

日本的"忌八筷"

日本人吃饭是用筷子的，但是他们所用的筷子不是平头，而是尖头。在用筷子时，日本人有"忌八筷"之说。所谓"忌八筷"，其一，即不准用舌头舔筷子。其二，忌迷筷，即不准拿着筷子在饭菜上晃来晃去，举棋不定。其三，忌移筷，即不准夹了一种菜又夹另一种菜，而不去吃饭。其四，忌扭筷，即不准将筷子反过去，吞在口里。其五，忌插筷，即不准将筷子插在饭菜里，或是把它当做叉子，叉起饭菜吃。其六，忌掏筷，即不准用筷子在饭菜里扒来扒去，挑东西吃。其七，忌跨筷，即不准把筷子跨放在碗、盘之上。其八，忌别筷，即不准用筷子当牙签用。除此之外，日本人还忌讳用一双筷子让大家依次夹食物。

四、日本的商务礼仪

头脑精明、善做生意，是日本民族的共同特征。在日益频繁的商务活动中，日本人同样把民族礼仪移植其中，其经济往来与人际交往，都十分强调礼貌和礼节。因此，失礼的人很难赢得日本商家的信任与合作。

1. 日本的商业理念

日本人具有：慎重、规矩、礼貌、耐心、自信，进取精神强、勤奋刻苦，认真且一丝不苟，办事计划性特别强等优点。他们的商业理念是：

◇ 与自己信任的人做生意

日本是岛国，又是单一民族国家，国民性格大都比较内向，人们勤于动手而疏于言语。人与人的相处通常是由时间长短来决定关系的。时至今日，这种习惯仍在延续。工作上、生活上初来乍到的人从来得不到信任，只有随着时间的推移，通过有意无意中的共事、共处才能形成基本的信任，一旦信任了日本人就会彻底撤除心理防线。这便是为何在商场上日本人具有高度"客户忠实度"的原因。**如果他们是卖方，日本人会因为对原供给方的信任关系而放弃新的哪怕是愿出更高价的买家。如果他们是买方则也不会因为价格的单纯因素而轻易放弃原来的供应商。**

◇ 注意细节

日本人认为，做不好小事的人做不了大事，日本人特别注重细节。新毕业的学生面试时，考官会要求他们准备会议资料，其中资料用订书机装订的位置和角度是否便于与会者翻阅便是审核关键。也有公司让应试 OL（Office Lady，办公室女郎）的女学生贴信封标签，只有贴在正中间并与信封两端保持平行的人才有机会进入下一轮面试。商场上更是"细节决定成败"。初次见面，是否正装、下级是否在上司后面发名片、名片的递法（双手递，正面对着客人等）是选择合作方（供应商）的重要标准，有时候这些细节甚至比最后的报价还关键。因而注意细节是获得日本客户信任的重要环节。

◇ 谦虚低调

日本有句俗语"冒尖的钉子挨打"，因而，日本人不愿冒尖，喜欢低调，不显山不露水。社交场合，他们都不说满话，非常谦虚，哪怕在豪华的五星级酒店用山珍海味招待客人，主办方也会说"粗茶淡饭不成敬意"。拿昂贵的礼品送人时也是"一点小意思，不足挂齿"。在工作场合，出色完成工作的部下见到上司，总会问"您看这样是否可行?"将作业交给客户时也是一样。

礼仪提醒

日本人谦虚低调，但并不表明他们没有自信。通常日本人答应能做的事情一定能准时、圆满地做好。这便是为何"Made in Japan"是值得信任的代名词的理由。

2. 商务送礼的礼仪

日本人有送礼的癖好。因此，日本人无论是访亲问友或是出席宴会都要带去礼品，一个家庭每月要花费 7.5% 的收入用于送礼。到日本人家去作客必须带上礼品。日本人认为送一件礼物，要比说一声"谢谢"的意义大得多，因为它把感激之情用实际行动表达出来。在日本，商务活动中的送礼必不可少。

◇ 在首次会晤中，一般要送商务性礼物

在送商务性礼物时一定要注意，**不要让你的日本对方成为在场的唯一受礼者，从而造成尴尬的局面。**如果你没有准备够分发给在座所有人的礼物，要在与受礼者独处时再送。另外，你所还的礼不应在价值上明显地低于你所受的礼。

◇ 送礼要选好日子

有两个日子是最好的。一个是 7 月 15 日（中元节），另一个是 1 月 1 日（岁末或年初）。在这两个日子里，必须给有业务往来，或希望有业务往来的公司、客户送礼。

◇ 不要因礼品的简单或不值钱而感到不好意思

对日本人来说，送礼作为形式比内容更主要。当然，你作为送礼方，千万不要因此而随意地送旅馆里的诸如火柴、T 恤衫、帽子、背面有胶条的小装饰物、廉价的圆珠笔等小件便宜物品，而且礼物上不能有大个的、醒目的、令人生厌的公司名字。美国名牌商品很受日本人的青睐，日本人很崇拜美国物品。在送礼时，要特别留意这些美国名牌商标名称。日本人尤其喜欢昂贵的白金属，如果你送金制品，其成色一定要高。其他受欢迎的礼物有进口苏格兰威士忌、法国白兰地和机场免税商店买的冻牛排等。

◇ 不会当面打开礼物

同样，如对方没有说，你也不要当时就打开你收到的礼品。这主要是为了避免因礼品的不适而使客人感到窘迫。自己用不上的礼品可以转赠给别人，日本人对此并不介意。

◇ 看重礼品的包装

礼品要包上好几层，再系上一条漂亮的缎带或纸绳。日本人认为，绳结之处有人的灵魂，标志着送礼人的诚意。所以，不要送他们任何没有包装的物品，即使是你公司的一支笔，一个小台历，也要包装一下。**否则，送给别人未包装的礼物，一来不符合别人的习惯，这是不礼貌的行为；二来也不能给对方一个神秘感。**然而，包装不好比没包装的后果更坏。如果你不知道如何进行包装（或没有包装用品），要么到日本的百货商店去买，要么找懂包装的人来帮你搞好。

礼仪提醒

在日本送礼，需要注意以下几点：切忌选购玻璃、陶瓷之类的易碎、易破品；切忌以梳子、圆珠笔、T恤衫、火柴、广告帽为礼品赠人；日本人对装饰着狐狸图案的东西甚为反感，因为狐狸是贪婪的象征，狸则代表狡诈；在包装礼品时不要扎蝴蝶结。

3. 商务谈判的礼仪

日本人注重在谈判中建立和谐的人际关系，商务谈判往往有相当一部分精力和时间花在人际关系上。你若与日本商人曾有过交往，在谈判之前就应尽力地回忆过去双方的交往与友谊，这对后面将要进行的谈判是很有好处的。日本商人不赞成也不习惯直接的、纯粹的商务活动。如果我们开门见山直接地进入商务谈判而不愿展开人际交往，那么欲速则不达。如果初次同日本企业建立交易关系，或者商谈的内容十分重要，那么，在谈判开始的时候，中方企业决策者和日本企业中同等地位的决策者见面十分重要。

为了逢迎买方心理，日本出口商善于用"折扣"吸引对方，其实早已抬高了价格。**和日本人谈判决不可仅以"折扣率"为判定标准，应坚持"看货论价"。**

日本人在签订合同之前很谨慎，习惯于对合同作详细审查，这需要一个较长的过程，但一旦作出决定，日本商人都能重视合同的履行，履约率很高。因此，同日本商人谈判要有耐心，事先充分准备，在合同签订之前必须十分仔细审查合同，以免日后造成纠纷。

五、日本的节庆礼仪

日本的民族节日受中国文化和佛教文化的影响，既有东亚国家的共同习俗，又有本民族的节庆特色。节庆期间，其传统风俗和礼仪规制，都是人人遵守而不能违背的。否则，既被认为破坏了节庆气氛，又会遭公众谴责。

1. 日本元旦的礼仪

日本人特别重视过新年，每年的 12 月 29 日至 1 月 3 日为全国休假日。日本人把 12 月 31 日称之为"大晦日"，也就是除夕日。**除夕晚上，日本人称之为"除夜"，除夜时他们祈求神灵托福，送走烦恼的旧年，迎来美好的新年，称之为"初诣"。**

在这个假期里，人们要给他们的子女以及亲戚的孩子一些零用钱，日语叫做扫年玉（相当于中国的压岁钱）。这是玩具店铺最繁忙的季节，因为他们要吸引儿童来花掉他们的"扫年玉"。新年期间一个孩子平均能得二三万日元的"压岁钱"。"压岁钱"必须是崭新的纸币。日本银行为此而在年终发行一些新币，人们可以在各地分行兑换。一月五日。各地都为孩子们举行试笔书法大会。成千上万的孩子手拿毛笔，在洁白的纸上写下了新的一年中的第一个字。

除夕晚上，日本人称之为"除夜"。**除夕，日本人也有守岁的风俗，人们一边吃荞麦面条，一边观看电视台为新年编排的节目，男女歌星独唱比赛最受欢迎。**

午夜时分，寺庙香烟缭绕，钟声齐鸣，而且往往敲一百零八下。日本人认为每敲一下，就会去掉一种烦恼，敲一百零八下意味着清除所有的烦恼。钟声响后，人们涌向神社和寺庙，烧香拜佛，点签算命，称为"初诣"（意即第一次参拜）。据估计，每年从午夜到元旦，约有近 8000 万人参加祭拜。元旦早晨，全家从年幼者到年老者依次排列喝屠苏酒，共尝青鱼子、黑豆以及稍带甜味的酱油煮小干鱼等。据说这些象征吉祥的食物会带来子孙繁荣、身体健康。

除夕晚上，日本人静坐聆听"除夜之钟"，钟声停歇就意味新年的来到。人们便离座上床睡觉，希望得一好梦。

延伸阅读：

日本的"春节晚会"

在日本，"红白歌大赛"被誉为日本人的"春节晚会"。

由日本广播协会（NHI）每年举办一次的"红白歌合战"是一场代表日本最高水准的歌唱晚会。参赛者都是从当年日零歌坛中选拔出来的最有实力、人气旺、人品好并受到广大歌迷喜爱的歌手。比赛通常由红队歌手首先登场，之后两队歌手交替上场，参赛者可以是一人独唱，也可以是多人组合。

实际上，"红白歌合战"并不是真正意义上的比赛，它只是通过男女歌手比赛的形式来表现日本最优秀的歌唱和音乐艺术。其主要目的是检阅一年来日本歌坛的盛况，为观众提供一台高水平的文艺晚会，同时发现和培养歌坛新秀；促进日本歌曲、音乐艺术事业的发展，是日本人民新年最重要的娱乐盛事之一。

2. 日本桃花节的礼仪

女孩节又称偶人节，也叫桃花节。因为过去女孩节是旧历三月三日，比阳历三月三日约迟一个月，正好桃花盛开，桃花节就因此而得名。这个节日起源很早，要上溯到 700 年前的平安时代。如今的庆祝方式是从江户时代传下来的。

在家中摆设偶人架是女孩子的传统庆祝活动。这天，凡是有女孩子的家庭都会在客厅里设置一个阶梯状的偶人架，在上面摆放各种穿着日本和服的小偶人（玩具娃娃）和橘花或樱花的盆景，以庆祝女孩健康成长。这些小偶人，有自己制作的，也有买的，一般以姥姥家的人送来的居多。日本人家只要有女孩降生。父母、祖父母或者亲戚朋友就都会送她一套精致漂亮的小偶人。一套偶人，一般为 15 个，有皇帝和皇后，3 位宫廷贵妇人，5 名乐师，2 位大臣和 3 个卫兵。这些小偶人姿态各异，栩栩如生。今天的日本女孩，平时是不穿和服（日本的传统服装）的。**但在女孩节这天，她们却都会穿起漂亮的和服，并且邀来自己最亲密的伙伴，大家围坐在偶人架前，尽情地吃、喝、说笑、玩耍，愉快地欢度节日。**和玩偶一起陈列在客厅的还有米酒、粽子、红白绿三层菱形饼等，家中充满了节日气氛。女孩子们则将历年得到的小偶人珍藏起来，每年 3 月 3 日将它们搬出来和自己一起欢度节日，直到出嫁时再将它们带走。

日本偶人反映了日本社会的风俗民情，具有极强的地域色彩，已经成为人们生活的一部分。偶人因用途的不同，分成三类：占卜偶人、玩具偶人和鉴赏偶人。占卜偶人主要用于祭祀和算命等活动。祭祀活动结束后，人们把不用的偶人分给小孩，后来有人专门制作偶人当玩具。**玩具偶人造型越做越精致，品种越来越丰富，偶人成为艺术品。成年人也喜欢，逐渐形成鉴赏偶人。**鉴赏偶人有以地名命名的，如御所偶人、奈良偶人和京都偶人等；也有以人名命名的，如市松偶人；同时也有专门为男孩们设计的偶人，譬如"五月偶人"。即桃太郎。

五月偶人的造型是身穿铠甲的武士、将军。造型中有中国古代历史人物关羽、张飞和传说中擅长捉鬼的钟馗等。摆放五月偶人，父母不仅是为家里的男孩祈求健康，同时也希望他成为勇敢的人。

9. 日本赏樱节的礼仪

樱花是日本的国花，在"樱花之国"的日本，樱花与有"白雪老人"之称的富士山并列为国家的两大象征，把春天称为"花见"（赏花）的季节，"花见"是日本人民最心仪、最浪漫的活动。"花见"主要是赏樱。日语中的"樱时"（古语）的意思就是"春天的时节"，就是指樱花盛开的时节。

日本人喜爱樱花，历史久矣，日本人民认为樱花具有高雅、刚劲、清秀质朴和独立的精神。他们把樱花作为勤劳、勇敢、智慧的象征。早在1000多年前的平安时代，樱花就成了日本人眼中的"花后"，咏唱樱花的歌很多。但那时，赏樱似乎还只是皇室权贵的特权，后来逐渐传到民间，形成风俗。

樱花开得灿烂且短暂，樱花的开花期于每年的3月中旬至5月上旬，从九州开始开花，一直到东北地区、北海道，东北地区及北海道的开花期间约从4月下旬到5月上旬左右开始。

一般日本人选择在这个时候出游，赏樱，同时也是赞美大自然、放松身心的绝好时刻。不过同种植物的花期不可能是在同一天，总有先后；而且樱花的花期很短，所以在三月这个樱花观赏月里选定了15日（三月中旬）为樱花节（这时候绝大多樱花也开了，早樱还未全谢）。"欲问大和魂，朝阳底下看山樱。"日本人认为人生短暂，活着就要像樱花一样灿烂。而且，樱花热烈、纯洁、高尚，严冬过后，它最先带来春天的消息。每年春天，随着气温、纬度的变化，从最南的冲绳岛开始到最北的北海道为止，形成一条由南向北推进的"樱花前线"。而整棵樱树从开花到全部凋谢一般只有 2 星期左右。

樱花盛开之时，日本人邀请亲朋好友一起来到樱花树下，或席地而坐饮酒赏花，或情不自禁载歌起舞。当您被欢歌笑语环绕、陶醉于漫天飞舞"花吹雪"之中，面对这一派欢乐和谐的动人景象时，"天上人间、其乐融融"之感会油然而生。日本四季美景很多很多，但樱花季节会更让人流连忘返。

延伸阅读：

樱花节上的小商品

樱花季节除了观赏樱花外，商店等更会趁机推出与樱花有关的商品。

◇ 樱花饼。樱花饼是樱花季节最常见的小点心，淡粉色的年糕包着红豆沙馅，外边包上腌制过的"大岛樱"的叶子。品尝的时候可剥去叶子，也可就着叶子一起吃，别有滋味。

◇ 樱花茶。日本人几乎每天都会喝茶。樱花茶香甜爽口，味道与红茶相近，透着樱花特有的清香。还有绿茶中拌入熏干的樱花叶制成的，带有淡淡的咸味。特别是装茶叶的容器，带有浓郁的日本风情。

◇ 樱花图案的小钱包。这是一款充满日本风情的小饰物。传统的日本造型加美丽的樱花图案，是樱花季节作为日本游玩最匹配的礼物。独特的手感、实用又耐用。一般用作小钱包。

4. 日本盂兰盆节的礼仪

盂兰盆节是日本民间最大的传统节日，又称"魂祭"、"灯笼节"、"佛教万灵会"等，原是追祭祖先、祈祷冥福的日子，现已是家庭团圆、合村欢乐的节日。此节源于佛教，在中国称为中元节或七月半，即有名的鬼节，节期在每年的农历七月十五。后来随佛教一起从中国传入日本，信奉佛教的日本人非常重视该节。

最初，在盂兰盆节的原形是镰仓时代举行施舍恶鬼会，后来又转变为精灵祭，继而演变为祭祀死去父母的节日。**父母死后的第一个盂兰盆节，儿女都要回老家，祭祀父母的灵魂，这已成为日本民间的一大风俗。**每到盂兰盆节时，日本各企业均放假7—15天，人们赶回故乡团聚。很多地方，在这一天还举行盛大的祭祀会，跳盂兰盆舞，娱鬼娱人，场面热闹，可与正月相媲美。

5. 日本端午节的礼仪

日本的端午节，也叫男孩节，在每年的阳历5月5日。与桃花节是女孩子的节日一样，端午节作为男孩子的节日，也非常热闹。在这一天，有儿子的家庭门前均悬挂着祝男孩子健康成长的"鲤鱼旗"。家家户户门上还摆菖蒲叶，屋内挂钟馗驱鬼图，吃去邪的糕团（称"柏饼"）或粽子。鲤鱼旗是用布或绸做成的空心鲤鱼，分为黑、红和青蓝三种颜色，黑代表父亲、红代表母亲、青蓝代表男孩，青蓝旗的个数代表男孩人数。**日本人认为鲤鱼是力量和勇气的象征，表达了父母期望子孙成为勇敢坚强的武士的愿望。**

在日语中，"菖蒲"与"尚武"的发音相同。每年这一天，武士们都要把自己的铠甲，头盔放在日光下晾晒。到了江户时代，为了使男孩子从小就能养成尚武的精神，期望将来能够武艺高超，做个出人头地的英雄。后来，这个寄予了父母对孩子愿望的习俗便随着悬挂"鲤鱼旗"一起保留了下来，并延续至今，成为日本端午节的独放异彩之处。

礼仪提醒

日本男孩节是在1948年被正式定为日本的国家法定节日的，包括重视孩子的发展、祈求孩子出人投地、生活幸福等内涵，同时也有感谢妈妈的意义在里边。根据"尊重儿童的人格，谋求儿童的幸福，同时感谢母亲"的原则，规定这一天为全国公休日。

六、日本的婚丧礼俗

婚礼与丧礼，在日本都有一套代代相习、复杂隆重的礼仪规范。由于日本人大多信奉佛教，所以婚丧礼仪中还具有浓重的宗教色彩。在受邀参加日本人的婚丧活动时，应当事先了解其常识规则，以免出现失礼行为。

1. 丰富多彩的婚姻礼俗

日本人的婚姻形态基本有两种，即"嫁入婚"和"婿娶婚"。**嫁入婚也称"嫁娶婚"，意指娶新娘，这一仪式始终在新郎家举行。这是日本最主要的婚姻形态。**婿娶婚不是娶新郎，而是指一种在女方家举行的仪式。

日本人的结婚方式丰富多彩。传统婚礼以神前婚礼为主，一般在当地的氏神社举行，并且一定要事先或事后向氏神、祖先之灵报告。

◇ 神前结婚式

日本大部分宾馆、饭店都设有临时神殿，以备举行结婚仪式之用。

神前结婚式的程序一般为：举行"修楔式"，在神前去污；由神祗人员"启奏祝词"，向神报告两人结婚；行"三献之仪"，即新郎、新娘在神前对饮三次酒，以作为结怀之仪；一对新人在神前"奉上誓词"；"交换结婚戒指"，以示身心相连；"玉串奉奠"，新人双双捧玉串献众神，祈祷婚后幸福；行"亲族杯之仪"，双方亲属换杯对饮。经过上述仪式后，神前结婚式即告结束。

◇ 佛前结婚式

佛前结婚式，一般为佛教徒常采取的结婚仪式。其基本过程是：新郎新娘、双方亲朋好友等随祭主入佛堂；朗读"敬白文"，向祖先报告结婚消息；祭主向新婚夫妇授念珠以示祝福；主婚人致词；新婚夫妇烧香拜佛；新郎换杯，向大家传杯誓婚，众人举杯祝贺；最后全体双手合十退堂，婚礼结束。

传统婚礼一般都有婚宴。大家开怀畅饮，新人还要一起走到来宾面前给大家敬酒。而且，**日本传统婚宴上每一种食品都代表一个美好的祝愿，即幸福、富裕、长寿、多子孙等**。比如，鱼头和鱼尾都被向上卷起，整条鱼围成一个圆圈，象征夫妻永不分离；深红色的龙虾则代表好运气。尤其有趣的是，日本人很重视订婚并要赠送奇特的礼品，包括干墨鱼、海藻、一根长长的亚麻线、一把折扇，且每一样礼品都具有特别的象征意义。其中，干墨鱼象征男性生殖器；海藻比喻能生育的女人；一根长长的亚麻线表示白头偕老；一把折扇象征财源滚滚。

礼仪提醒

虽然在日本基督教信徒并不多，但是基督教结婚式，却是日本常见的结婚仪式之一，均在教堂举行。其他还有自由结婚式、人前结婚式等，仪式比较简单。

2. 十分重视的丧葬礼仪

日本每年有七八十万人走向人生的终点。日本是一个十分重视丧葬礼仪的国家，所以传统的丧葬礼仪至今仍很流行。

以东京为例，丧礼一般分两天在自家举行。一切由死者的亲戚或者单位的人出面安排。**丧家先得与全体亲属和包办丧事的殡仪公司商量具体事宜，选日子要考虑佛教的戒规**。日子定下来后分头通知有关人员，通知哪天举行"通夜"（守夜），哪天举行"告别仪式"。告别仪式一般在通夜的次日举行，一般在中午。亲戚和左邻右舍以及单位领导要参加通夜和告别仪式，而且要穿黑色的礼服。一般人只要在告别仪式那天去一次就可以了。通夜和告别仪式的摆设都一样，不过分好几个等级，用哪个等级的摆设则根据丧主支付的费用而定，与死者的生前地位没有关系。

祭坛一般有三层，正中间上方放着死者的黑白照片，两侧放着荷花灯、花篮、鲜花、水果等。棺材放在前列，细节因佛教宗派不同而各异。

通夜原来只是由亲属和邻居出席的仪式。一般从晚上 6 点左右开始举行。近年来一般亲友也在通夜那一天来烧香，这样第二天的告别仪式可以不来。一般人不论哪一天去都要带烧香钱"香典"。左邻右舍因为要帮忙，钱可以少出。一般人一次大概出 5000—10000 日元左右。通夜和告别仪式那一天专门有人负责收钱记账。和尚念完经以后，左邻右舍和亲戚在一起用餐。**有的人家分两次进行，一次是亲戚和单位领导，一次是邻居。还有的人家从火葬场回来后再会一次餐。**待参加通夜的人们走后，直系亲属轮班通宵守护在死者身旁，不断烧香。

第二天的"告别仪式"也有和尚来念经。亲戚跟通夜时一样，坐在祭坛前面，其他人一般站在外面。告别仪式结束后，遗体在亲属的护送下送到火葬场。

据统计，日本人办丧事的费用全国平均为 208 万日元。其中支付给和尚的念经钱为 52 万日元，会餐费为 43 万日元。

第 二 章

韩国的礼仪

　　韩国位于亚洲大陆东北部，是中国的近邻，在饮食、日常生活、社交、商务活动、节庆以及婚丧活动中，礼仪文化呈现出鲜明的大韩民族的特色。韩国人非常讲究饮食礼仪，喜食泡菜，酷爱饮酒，盛产各种礼仪食品，其中有很多诸如右尊左卑、礼敬长者、安静就餐等礼节要求。韩国人的婚庆节日十分热闹，各种仪式十分繁杂。在韩国游览观光，要注意遵守当地习俗，不做有违礼仪的不文明之事。

一、韩国概况

韩国全称大韩民国，是东亚国家之一，也是中国的近邻。韩国文化历史悠久，与中华文化有广泛的相容性与共通性。韩国人虽同属朝鲜民族，但由于历史的原因，朝鲜半岛南北方走上了各自不同的发展道路。韩国在经济快速发展中，延续了本民族的传统礼仪，并形成了民族特色鲜明的礼仪文化。近年来，韩国文化风靡亚洲，并在中国产生了广泛的影响。

1. 韩国的地理与气候

韩国位于亚洲大陆东部，朝鲜半岛南部，以北纬 38°线为休战线，北部与朝鲜接壤。韩国的总面积为 99600 平方千米。韩国的领海与太平洋最西部的海域交汇。**韩国西邻黄海，与我国山东省隔海相望，东部濒临韩国东海，与邻国日本隔海相望**。除与大陆相连的半岛之外，韩国还拥有 3200 个大小岛屿，其中最负盛名的当属素有"东方夏威夷"之称的济州岛。

韩国地形东北高、西南低，山地、丘陵、平原交错分布。山地和丘陵约占国土面积的 70%，主要分布在中部和东部。太白山脉是韩国最长的山脉，长约 500 千米，绵亘整个东海岸。雪岳山海拔 1708 米，是韩国东部山地的最高峰，因山顶每年约有半年被积雪覆盖而得名。太白山向西南延伸为小白山脉，长约 350 千米。南部的济州岛是韩国第一大岛，岛上的汉拿山海拔 1950 米，是韩国最高峰。西部以平原为主，主要平原有湖南平原（面积 500 平方千米）、全南平原（面积 300 平方千米）、礼唐平原（面积 280 平方千米）等。

韩国的河流源自东部，从西部和南部注入黄海和朝鲜海峡。洛东江（长 525 千米）和汉江（长 514 千米）是韩国最大的两条河流，也是孕育韩国文化的生命线。韩国属海洋性特征较明显的温带季风气候，四季分明，夏冬两季长，春秋两季短。年均气温 13 ~ 14 摄氏度，年均降水量

1300～1500 毫米，且降水量呈由南向北逐渐减少的趋势。韩国的冬季寒冷干燥，最低气温可达零下 15 摄氏度，且通常会出现"三寒四暖"现象（3 天的严寒过后必有 4 天的暖和天气）。夏初常有台风侵袭。

2. 韩国的历史

韩国的国名来源于古代朝鲜半岛南部的辰韩、马韩、弁韩等"三韩"部落。"Han"在古韩语中表示"大"或"一"的意思。公元元年前后，朝鲜半岛进入三国时代，在这之后近两千年的时间里，金氏新罗、王氏高丽、李氏朝鲜先后统一朝鲜半岛，从未以韩国为号。但"韩"仍然作为其政权的别称。

1910 年，日本吞并朝鲜，直到 1945 年日本投降，韩国处在日本的殖民统治之下。第二次世界大战后期，苏军和美军以北纬 38 度线为界，分别进驻朝鲜半岛北部和南部。1945～1948 年，半岛南部经历了 3 年美国军政府的治理时期。**1948 年 8 月 15 日，朝鲜半岛南部宣布成立大韩民国，李承晚出任首任总统。同年 9 月 19 日，北部宣布成立朝鲜民主主义人民共和国。**1949 年 6 月 30 日，美国宣布美军从朝鲜南部完全撤出。1950 年 6 月 25 日，朝韩战争爆发，美国等组成"联合国军"介入战争帮助韩国，中国人民志愿军也入朝帮助朝鲜。1953 年 7 月 27 日，双方在板门店签订停战协定。

3. 朝国的民族、语言与文化

韩国的主要为朝鲜族，属蒙古人种东亚类型，占全国总人口的 99%，是一个单一民族的国家。通用朝鲜语，语系未定。在朝鲜历史上，世宗大王（1418～1450 年在位）以前朝鲜人是没有文字的，一直使用中国的汉字。1446 年世宗大王创造了谚文（训民正音），即现在的韩文，是一种拼音文字。但韩文并未取代汉文的地位，其大规模使用是在大韩帝国时期，而作为官方文字则是在 1948 年建国以后。**现在韩国的语言中 70% 左右是汉语的变音，10% 是日语的变音，还有 10% 是英语的变音，剩下的则是朝**

鲜语的固有词。韩语与朝鲜语略有不同。因为战后朝鲜半岛南北长期分裂，使得北南语言也出现略微差异。

韩国的传统文化与中国的传统文化有着密切的联系，尤其是中国的孔子以及儒学在韩国的影响极为广泛，每年在当地文庙都要举行纪念孔子和他的主要弟子的祭奠。韩国的礼仪习俗与中国有颇多相似之处。他们尊重长者，长者进屋大家都要起立；与长者谈话应垂手而立，不能把手插在口袋里或背着手；用餐时总是请长者先动筷子；妇女也讲究笑不露齿，实在忍不住笑起来，总是立即用手遮掩住嘴；他们吃饭也使用筷子和汤匙，进餐时不能把筷子插在米饭上，因为只有对祖宗祭祀时才这样做。

4. 韩国的政治与经济

韩国实行总统共和制，总统为国家元首。**韩国现行宪法是 1987 年 10 月全民投票通过的新宪法，1988 年 2 月 25 日起生效。新宪法规定，韩国实行三权分立、依法治国的体制。**根据这部新宪法，总统是国家元首和全国武装力量司令，在政府系统和对外关系中代表整个国家，总统任期 5 年，不得连任。总统是内外政策的制定者，可向国会提出立法议案等；同时，总统也是国家最高行政长官，负责各项法律、法规的实施。总统通过其主持的国务会议行使行政职能。作为总统主要行政助手的国务总理由总统任命，但须经国会批准。国务总理有权参与制定重要的国家政策。总统无权解散国会，但国会可用启动弹劾程序的方式对总统进行制约，使其最终对国家宪法负责。韩国实行一院制。国会是国家立法机构，任期 4 年，国会议长任期 2 年。宪法赋予国会的职能除制定法律外，还包括批准国家预算、外交政策、对外宣战等国家事务，以及弹劾总统的权力。韩国法院共分三级：大法院、高等法院和地方法院。大法院是最高法庭，负责审理对下级法院和军事法庭作出的裁决表示不服的上诉案件。大法官由总统任命，由国会批准。大法官的任期为 6 年，不得连任，年满 70 岁必须退位。

韩国的首都是首尔，首尔原来的中文名是汉城。2005 年 1 月，时任汉城市长的李明博宣布把汉城的中文名改为"首尔"，"汉城"一词不再使用。韩国一度还有迁都的计划。2003 年 12 月，韩国国会曾通过《新行政首都特别法》，决定将行政首都迁往中部地区。2004 年 8 月，韩国政府确定了新行政首都的地址。但是，2004 年 10 月，韩国宪法法院裁决《新行政首都特别法》违宪，韩国迁都计划因此停止执行。

延伸阅读：
韩国的国旗、国徽与国歌

韩国国旗为太极旗。最初的绘制者受中国的太极图和《易经》的启示而设计出太极旗来，1883 年被高宗皇帝正式采纳为李氏朝鲜王朝的国旗，1948 年被确定为韩国国旗。其横竖比例为 3∶2，白底代表土地，中间为太极两仪，四角为黑色四卦。

韩国国徽中央为一朵盛开的木槿花。木槿花的底色为白色，象征着和平与纯洁，黄色象征着繁荣与昌盛。花朵的中央被一幅红蓝阴阳图代替，它不仅是韩国文化的一个传统象征，而且在此代表着国家行政与大自然规律的和谐。一条白色饰带环绕着木槿花，饰带上有国名"大韩民国"四字。

韩国国歌是《爱国歌》。它是韩国作曲家安益泰谱写的交响乐《韩国幻想曲》中的插曲。

20 世纪 60 年代，韩国经济开始起步。70 年代以来，持续高速增长，人均国民生产总值从 1962 年的 87 美元？增至 1996 年的 10548 美元，创造了"汉江奇迹"。到 80 年代，韩国一改贫穷与落后的面貌，呈现出繁荣和富裕的景象，成为国际市场上一个具有竞争力的国家。

韩国人均国民总收入于 2007 年首次突破 2 万美元大关，达 2.1695 万美元；受国际金融危机影响，2008 年韩国人均国民总收入跌至 1.9296 万美元；2009 年下滑至 1.7193 万美元。

如今，韩国经济实力雄厚，钢铁、汽车、造船、电子、纺织等已成为韩国的支柱产业，其中造船和汽车制造等行业更是享誉世界。韩国的电子工业发展迅速，以高技术密集型产品为主，为世界十大电子工业国之一。半导体集成电路发展迅速。近年来，韩国重视 IT 产业，不断加大投入，IT 技术水平和产量均居世界前列。大企业集团在韩国经济中占有十分重要的地位，三星、现代汽车股份有限公司、SK、LG 和 KT（韩国电信公司）等大企业集团创造的产值在其国民经济中所占比重超过 60%。浦项钢铁厂是世界第二大钢铁联合企业。

韩国曾是个传统的农业国。随着工业化的进程，农业在韩国经济中所占的比例越来越小，地位日见低下。韩国是农产品主要进口国家，进口量趋于增长，但其农业市场对外国的参与极为敏感，是个对外开放程度较小的经济部门。

韩国矿产资源较少，已发现的矿物有 280 多种，有经济价值的 50 多种。有开采利用价值的矿物有铁、无烟煤、铅、锌、钨等，但储藏量不大。由于自然资源匮乏，主要工业原料均依赖进口。

韩国风景优美，有许多文化和历史遗产。旅游业较发达。

二、 韩国的生活礼俗

韩国素有"礼仪之国"的称号，韩国人十分重视礼仪道德的培养，他们非常注重自己留给交往对象的印象。

1. 韩国的服饰礼俗

韩国的传统服装称作"韩服"，最初受我国唐代服饰的影响很大，它是韩国人在节日、纪念日或家庭性正式活动中的盛装。现在，正式的社交场合中，韩国人习惯穿西装。

◇ 衣裳

传统的韩服一般由两件套组成。男子上有袄，下有裤，系腰带和裤脚带，外面穿坎肩、无领上衣或长袍。按照季节的不同，袄和裤有单、夹、棉之分。女子则上穿短而宽大的上衣，下穿拖地高腰长裙，内着衬裙。**女子衣裳以装饰华丽、色彩鲜艳、品位优雅为特点。成年女子还要把头发梳成发髻，并配以发簪为饰。**

韩服的基本颜色是白色。由于人们的社会地位、身份不同，所选用的衣料材质及色彩都是不同的。最为讲究的韩服是用麻作衣料的。按传统仪式举行婚礼时；新郎、新娘要身着华丽的婚礼服。

礼仪提醒

在某些特定的场合，尤其是在逢年过节的时候。韩国人往往会穿自己本民族的传统服装。在乡村里或老年人之中，这种情况尤为多见。在休闲时，年轻人的衣着则较为另类。

根据穿者身份、年龄及服饰功能材料的不同，可以将韩服分为不同的种类，但最常见的是按用途将韩服分为婚礼服、节日服、周岁服、花甲宴服等。

◇ 帽子

笠是古代韩国男子常戴的一种帽檐很宽的帽子，叫做笠，形状颇似现代的礼帽。笠是平顶，呈圆筒形状，帽顶较现代礼帽要高，帽槽也比现代礼帽更大。下雨时，还要在笠外加上用油纸做成的笠帽。它的作用很大，不仅可以用来遮阳挡雨，还可以起到装饰的作用。

纱帽是用黑色马鬃或人发做成的帽子，有方形的，也有扇形的，还有复翼形的。韩国男子有戴纱帽的习俗。

头巾常是韩国妇女所戴之物。头巾的形状有三角形和方形两种，材质有丝绸的、棉布的或缎面的。图案有绣花和印花之分。老年妇女多戴白色头巾。韩国男子在生病卧床、外出旅行或劳作时，也用头巾，既可以防尘，又可以擦汗。

现在，韩国人所戴的帽子有很多种，如遮阳帽、时装帽、保暖帽等。

◇ 鞋子

草鞋和木鞋是古代韩国平民常穿的两种鞋。草鞋是用草编织成的鞋子，穿起来轻便舒服，是韩国平民穿得最久的鞋子。木鞋，类似现代拖鞋，最初只是在木板上钉两根绳，后来有鞋帮，多在雨天穿，有防滑作用。靴子，又叫木靴，靴筒较高、较宽，靴尖部分向外翻卷，常用黑色鹿皮所做。它是韩国古代达官贵人们所穿的鞋子。现代社会中，在正式场合韩国人常穿皮鞋，休息时则穿各种休闲鞋或运动鞋。

2. 韩国的饮食礼俗

◇ 食的礼俗

韩国人主食以米饭、冷面为主，菜肴以泡菜、烤牛肉、烧狗肉、人参鸡等为主。**他们喜欢吃辣和酸口味的食物，通常会在食物中放大蒜。而且，跟日本一样，韩国饮食也很注重五色。**无论是宴会上的九色盘、神仙炉，还是日常料理的泡菜、酱汤，无不追求五色俱全。仅以大韩民族须臾不离的泡菜为例，其白菜主干呈白色；葱和白菜叶呈绿色；生姜、蒜呈黄色；辣椒粉呈红色；虾酱、鱼酱等呈黑色，竟也五色俱全。而在五色中，韩国人尤其看重红色，认为其具有"驱鬼辟邪"的作用，因此他们一生中要经历很多回借助红色跨过人生门槛的习俗。例如，婴儿出生时，在各种罐子上放红色辣椒；女家接受聘礼那天，要在喜糕中放红豆；送寿礼时，公鸡的口中要放红枣；等等。

韩国人用餐时有个习惯：不大声说话，咀嚼声音小，尽量不谈商业话题。他们认为，吃饭就是休息、享受的时候，伤脑筋的话题尽量少提。给长辈倒酒时得用双手，喝时得侧身手掩以示敬意。与年长者同坐时，坐姿要端正。由于韩国人的餐桌是矮腿小桌，放在地炕上，用餐时，宾主都应席地盘腿而坐。入座后，宾主都要盘腿席地而坐，不能将腿伸直，更不能叉开。未征得同意，不能在上级、长辈面前抽烟，不能向其借火或接火。吃饭时不要随便发出声响，更不许交谈。进入家庭住宅或韩式饭店应脱鞋。在大街上吃东西或在人面前擤鼻涕，都被认为是粗鲁的。

韩国是世界上最爱吃泡菜的国家。他们自己就常说："我们是在泡菜坛子里长大的，泡菜对我们来说，就是民族传统饮食文化的象征之一。"据考证，韩国泡菜已有3000多年的历史，中国《诗经》和字典里出现的"菹"字都被解释为酸菜，韩国人认为这就是世界上首次有文字记载的泡菜文献。

延伸阅读：

韩国泡菜

韩国泡菜是朝鲜咸菜或者高丽咸菜的别称，也可称之为韩国咸菜。

咸菜是一种以蔬菜为主原料，各种水果、海鲜及肉类为配料的发酵食品。它不但味美、爽口，而且具有丰富的营养，是韩国餐桌上不可缺少的主要开胃菜。

韩国人有在冬天腌制咸菜的风俗，历经多年一直保持至今，因冬季4个月里大部分蔬菜难以耕种，咸菜腌制一般都在初冬进行。每个家庭制作出来的咸菜，其味道和营养各不相同。韩国咸菜种类很多，按季节可分为春季的萝卜咸菜、白菜咸菜；夏季的黄瓜咸菜、小萝卜咸菜；秋季的辣白菜、泡萝卜块儿；冬季的各种咸菜。咸菜的发酵程度、所使用的原料及容器、制作手艺不同，其味道、香味及营养也各不相同。

◇ 饮酒的礼仪

韩国男子都很擅长饮酒，对烧酒、清酒、啤酒往往来者不拒，妇女则多不饮酒。如果家中有贵宾上门，主人会感到非常荣幸，定会以好酒相待。**此时，客人应尽量喝酒、多吃菜，吃得越多，主人觉得越有面子。**

喝酒时，韩国人非常注重礼仪。他们的传统观念是"右尊左卑"，因而用左手执杯或取酒被认为是不礼貌的。酒席上，他们会按身份、地位和辈分高低依次斟酒，位高者先举杯，其他人依次跟随。级别与辈分悬殊太大者不能同桌共饮。特殊情况下，晚辈和下级可背脸而饮。

经允许，下级、晚辈可向上级、前辈敬酒。敬酒人右手提酒瓶，左手托瓶底，上前鞠躬、致词，为上级、前辈斟酒，一连敬三杯，敬酒人自己不饮。敬酒者离开时应鞠躬，被敬酒者则要说些感激或鼓励的话。他们从不自己斟酒，而是彼此斟酒。邻座酒杯一干，就再斟满。别人为你斟酒时举起你的酒杯，如你不要再加酒时，酒杯里就留点酒。

饮酒时要注意，身份高低不同者一起饮酒碰杯时，身份低者要将杯举得低，用杯沿碰对方的杯身，不能平碰，更不能将杯举得比对方高，否则是失礼。酒席上，女性可以为男性斟酒，但不给其他女性斟酒。

◇ 礼仪食品

韩国自古以来就重视礼仪食品，因而种类繁多，包括生日、三七日、百日、周岁、婚礼、聘礼等的贺礼食品、巫俗食品、祭礼食品、寺庙礼仪食品等。其中。寺庙食品忌五辛（蒜、葱、小根蒜、韭菜、辣椒等）和荤菜。用山菜、野菜、树根、野果、树皮、海草类、谷类制作，不加任何调料，形成了自然产品本身固有而独特的文化，其烹饪方法在各寺庙之间口传至今。其中，祭礼食品以糕饼为主。儒家的祭礼食品同巫俗食品形式基本一致，但如今祭礼食品已相当现代化，而巫俗食品还依然如故。如在巫俗食品中，把红枣泥或生肉片放在蒸米面糕上这种表明阴阳相谐观念的做法在韩国仍然根深蒂固。**在韩国，如有人邀请你到家吃饭或赴宴，你应带小礼品，最好挑选包装好的食品。**

总之，韩国人的饮食礼仪比较特殊，在同韩国人聚餐时一定要尊重他们国家的饮食礼仪。

3. 韩国的居住民俗

由于毗邻中国，韩国传统建筑风格受到自唐代以来的汉文化的影响。韩国民居的建造充分利用周边地形，实现人与自然的和谐统一。

韩国传统民居的选址通常要"背山临水"，即房屋要建在背后靠山、前面有水的地方。房屋大都坐北朝南，而且地基要高于地面，便于通风、防潮、搭火炕和修廊台。住宅正面墙外设泓水池，池内植莲花、建木亭，并在宅院后部建家族祭祀祖先的祠堂，与大自然相互协调的环境呈现了素雅而恬淡的氛围。民居建筑物内部的空间也不强调多变曲回，尺度较小。普通的民居建筑类似干栏，内设地炕用以取暖。住宅所用的木构架和木门窗等都基本不作绘饰而保持天然的纹理，构件尺度较小，形式简约而少装饰，屋面一般用茅草覆顶，屋顶形式有小歇山式和悬山式。

韩国传统民居有草房和瓦房两大类。草房是韩国农业社会的影子，为普通农民的住所，以土筑墙，以草为顶。瓦房则是富裕人家或官宦人家的居住之处，以石或木为墙，以青瓦为顶。

在不同地区，韩国民居的结构不同：寒冷的北方采取封闭式的"口"字形民居结构，而中部和南部的民居分别呈"1"和"—"形。然而，不管是哪种结构的房屋，房间的数目和组合方式都是主人贫富的象征。

韩国传统民居的特点之一是屋内设有暖炕。暖炕是韩国比较独特的取暖设施。通常韩国人席地而坐，屋内不设床，地面就是火炕，上面常铺一层油纸或草席。特点之二是屋檐和廊台都十分宽敞，便于放置东西。特点之三就是有庭院，庭院的面积由主人根据自己的家境而定。

随着经济的发展，韩国人的生活条件正在不断地改善，居住环境也发生了巨大的变化。传统的民居已经随着城市的现代化越来越少了，取而代之的则是设施齐全的现代化住宅小区。

礼仪提醒

在常人看来，厕所是一个不雅之处，然而，韩国人却十分重视厕所的建设。韩国人把厕所叫作"化妆室"。一般居民家里，化妆室十分讲究，不仅干净整洁，还透露出浓郁的文化气息。这便是韩国的"化妆室文化"。

4. 韩国的家庭礼仪

韩国人的家教很严格，早晨起床后，小辈要向长辈问安；不论是早饭、中饭还是晚饭后，小辈都要向长辈问安；吃饭时，先要给长辈盛饭，如果是桌子上的共用小菜，必须让长辈先动筷子；整个吃饭过程中，晚辈必须慢一些，要在长辈之后吃完。如果有远道归来的长辈时，晚辈要先鞠躬行礼，然后跪地叩拜。如果家里来了客人，小孩见到后除鞠躬行礼外，还要跪地叩拜。晚辈与长辈在一起时，要时刻保持谨慎、严肃的态度，不能有丝毫的轻率举动，否则会被认为失礼。**如果家里有老人，吃饭时就要给老人摆上单人桌，先让老人吃。年轻人不能和老年人在同一个饭桌上饮酒、抽烟。**如果只有一个餐桌时，年轻人要转过身背对餐桌饮酒，这样，才算是对老年人尊敬。

韩国人的家庭里都有家长，其他人必须服从家长的安排，当然，家长必须公平地对待每个家庭成员。结婚后的女性，许多专门从事管家、育儿，现在也有不少女性婚后参加工作，但家庭里普遍是儿女服从父母，妻子服从丈夫，小辈服从长辈。

礼仪习俗　在韩国民间仍讲究"男尊女卑"。进入房间时女人不可走在前面；进入房间后，女人须帮助男人脱下外套；男女一同就坐时，女人应自动坐在下坐，并且不得坐得高于男子；女子还不得在男子面前高声谈笑，不得从男子身前通过。

三、韩国的社交礼仪

1. 韩国的会面礼仪

在人际交往中，韩国人的常规礼仪既保留了自己的民族特点，又受到了西方文化与中国儒家文化的双重影响。

在大凡正规一些的交际场合，韩国人一般都采用握手礼作为见面礼节。在行握手礼时，他们讲究使用双手，或单独使用右手。当晚辈、下属与长辈、上级握手时，后者伸出手来之后，前者须先以右手握手，随后再将自己的左手轻置于后者的右手之上。韩国人的这种做法，是为了表示自己对对方的特殊尊重。

韩国女子在一般情况下不与男子握手，而往往代之以鞠躬或者点头致意。韩国小孩子向成年人所行的见面礼，大抵也是如此。

韩国人在不少场合有时也同时采用先鞠躬、后握手的方式，作为与他人相见时的礼节。

同他人相见或告别时，若对方是有地位、有身份的人，韩国人往往要多次行礼。行礼三五次，也不算其多。有个别的韩国人，在这种时候，甚至会讲一句话，行一次礼。

韩国人有姓氏，与我国相似。常见的单姓以金、李、朴等居多，复姓有司空、东方等。**韩国人相互之间不论有多么的熟悉，一般都不直呼其名，而是使用尊称，或称职务、职称。**如果不熟悉的人相见时，可称女士、小姐、夫人、先生等国际惯用和通用的称谓。

如果有众多人员相聚的机会，就要按照人员的地位身份的高低或年龄的大小排座次，身份地位高或长者排在前面或上面，依次进行。

韩国人在公共场所很谨慎，一般情况下都不在公共场所流露自己的感情，更不会大声喧哗和说笑，保持稳重和严谨是有礼貌的表现。特别是女士一定不能放声大笑，为了防止万一，女士经常用手帕捂住自己的嘴巴。在韩国，男女相见时，总是女士先向男士鞠躬，致谢或问候；男女同行时，总是男的在前，女的在后；男女同座时，总是男的在上座，女的在下座；请客赴宴时，一般只请男士；进门时，男士走在前面，女士走在后面，还要帮助男人穿脱外衣、帽子等。

在公共场所或在有别人的地方不能出现有碍观瞻的举动，如擤鼻涕、吐痰、抠鼻子、抓痒痒等都被视为不懂礼仪的行为。

2. 韩国的拜访礼仪

在韩国，若有拜访必须预先约定。韩国人很重视交往中的接待，宴请一般在饭店或酒吧举行，夫人很少在场。

在宴会上，主人一般要坚持敬三次菜，对主人所夹的一两次菜要推让，第三次才接受。韩国人喜欢相互斟酒，一般先向长者斟酒。为他人斟酒时，应右手持酒瓶，左手托前臂。受酒者应举起自己的酒杯。拒喝别人的酒是很不礼貌的。如果确实不胜酒力，可以在杯子里面剩些酒。在韩国，喝醉酒不是一件很丢脸的事情。**但是吃饭时，不能把菜盘中的菜全部吃完，这样意味着主人准备不足，会使主人很尴尬。**饭后韩国人喜欢唱歌，如果韩国人邀请客人去唱歌，客人不应该拒绝。

9. 韩国的送礼礼仪

如果去韩国人家里做客，按习惯要带一束鲜花或一份小礼物，用双手奉上。韩国人用双手接礼物，但不会当着客人的面打开。进到室内，要把鞋子脱掉留在门口。做客时，主人不会让你参观房子的全貌，自己不要到处逛。当客人离去时，主人送到门口，甚至送到门外。然后说再见。

在韩国，不宜送外国香烟给韩国友人。酒是送韩国男人最好的礼品，但不能送酒给女人，除非你说清楚这酒是送给她丈夫的。在赠送韩国人礼品时应注意，韩国男性多喜欢名牌纺织品、领带、打火机、电动剃须刀等；女性喜欢化妆品、提包、手套、围巾类物品和厨房里用的调料；孩子则喜欢食品。如果送钱，应放在信封内。

延伸阅读：

韩国人的忌讳

韩国人忌讳颇多。逢年过节相互见面时，不能说不吉利的话，更不能生气、吵架。农历正月头三天不能倒垃圾、扫地，更不能杀鸡宰猪。寒食节忌生火。生肖相克忌婚姻，婚期忌单日。渔民吃鱼不许翻面，因忌翻船。忌到别人家里剪指甲，否则两家死后结怨。吃饭时忌戴帽子，否则终身受穷。睡觉时忌枕书，否则读书无成。忌杀正月里生的狗，否则两三年内必死无疑。

与年长者同坐时，坐姿要端正。由于韩国人的餐桌是矮腿小桌，放在地炕上，用餐时，宾主都应席地盘腿而坐。若是在长辈面前应跪坐在自己的脚底板上，无论是谁，绝对不能把双腿伸直或叉开，否则会被认为不懂礼貌或侮辱人。未征得同意，不能在上级、长辈面前抽烟，不能向其借火或接火。吃饭时不要随便发出声响，更不许交谈。进入家庭住宅或韩式饭店应脱鞋。在大街上吃东西、在人面前擤鼻涕，都被认为是粗鲁的。在韩国人面前，切勿提"朝鲜"二字，也不要把"汉城"说成"京城"。照相在韩国受到严格限制，军事设施、机场、水库、地铁、国立博物馆以及娱乐场所都是禁照对象，在空中和高层建筑拍照也都在被禁之列。

韩国人对 4 字非常反感，在饮茶或饮酒时，不但忌饮 4 壶、4 杯、4 碗等，还忌饮双壶、双杯、双碗。待客时，主人总是以 1、3、5、7 这些数字单位来敬酒或献菜，并力避以双数停杯罢盏。

与韩国人交谈时，发音与"死"字相似的"私"、"师"、"事"等几个词最好不要使用。忌将"李"这个姓氏按汉字笔画称为"十八子"。

在韩国人面前，不宜谈论的话题有政治腐败、经济危机、意识形态、韩美关系、韩日关系、南北分裂等。

在韩国，穿一身外国名牌的人往往被韩国人瞧不起，送礼最好不要送日本货。

四、韩国的商务礼仪

1. 时间安排与着装礼仪

到韩国进行商务活动的最好月份是 2 月到 6 月以及 9 月、11 月和 12 月初。商务机构和政府机关办公时间为星期一至星期五每天上午 9 点到下午 5 点或 6 点，中间 1 小时用午餐。

在正式的商务活动场合，韩国男子经常穿深色的西服套装，女子一般穿西式套裙。韩国人讲究衣着整洁庄重，在社交场合，绝对看不到衣着前卫的韩国人。**在韩国，服装过分透、露、邋遢、衣冠不整是极为失礼的，并且受人轻视。**

韩国的冬天寒冷而且干燥，夏季炎热潮湿。男性应穿着传统套装、白衬衣并系领带。女性应穿着传统的裙装和衬衣或短衫。在很多餐馆中要坐在地板上，所以女性应避免穿紧身短裙。在进入他人家庭和一些餐馆时需要脱鞋。

2. 商务洽谈礼仪

韩国商人接受不了解的人的约见很慢，能请一位双方都尊重的第三者进行介绍，情况会好得多，否则你的约见要求很可能得不到答复。

韩国商人谈话比较直率，又有着很强的独立性，但他们不会轻易地用"不"字来拒绝你，否定你的建议。他们往往在开始时立场很坚定，然后退让，在你的建议中找出可以协商的余地。

商务洽谈必须预约，他们很守时，同样也希望对方守时。在会见时行鞠躬礼，有时也握手，离去时再鞠躬。会见时应带上名片，名片上须有一面印有韩国文字，递接名片时用双手。第一次见面还可递上带来的礼品，礼品可以是本国的工艺品或其他物品，但注意礼品上不能有韩国制造或日本制造的标志。如接受他们的礼物，不要当面打开。

韩国人受中国"一诺千金"的影响，不轻易许下诺言，一旦答应的事，很少再变卦。

韩国商人和别人交往很友善，有时候见面还鞠躬，你会感觉到他们有一种文化内涵，并且会感受到一种亲和力。

韩国商人贸易经验丰富，做生意很精明，绝对会精打细算。他们往往能够在于己不利的谈判中反败为胜，西方商人称他们为"谈判强手"。

韩固商人十分重视贸易谈判。谈判前他们通常要通过海外咨询机构了解对方底细以及有关商品行情等，做好充分准备后才从从容容坐到谈判桌前。

韩国商人谈判时喜欢内容条理化。他们在谈判开始时往往先与对方商谈谈判的主要议题，谈判主要议题每次各有不同，但一般包括各自阐明意图、叫价、讨价还价、协商、签订合同等五个方面内容。进入实质性谈判，他们把需要讨论的条款统统罗列出来，然后逐条逐款磋商，从头到尾商议后，再从第一条款开始检查有无分歧或需要补充的内容，直至最后一款。在此基础上，就分歧或补充内容双方进行磋商，寻找共同点。

有的韩国商人谈判时，在一些对他们来说不太重要的条款上让步，然后在一些重要条款上让你让步，有时还会采用"疲劳战术"。

礼仪提醒

和韩国人谈生意，必须把需要考虑的方方面面细节问题谈妥，并在合同中一一列明。不要以为请韩国人吃饭生意就好做了，他们会把朋友和生意严格区别开来。

五、韩国的节庆礼仪

1. 新年的礼仪

韩国人从新罗时代就开始过春节了，在韩国，它是仅次于中秋节的第二大节日，也称"新年"。韩国人过春节时家家户户都要准备很多糯米打糕，分赠邻居和亲友。从这种习俗中产生了"吃打糕过年"的说法。**据说米糕含有诚心、爱心和孝心之意，象征新的一年团圆美好。**春节最重要的活动是祭祀祖先，以缅怀祖宗之德、承继先人之志。

其祭祖程序严格，仅供桌的摆法就有"鱼东肉西"、"头东尾西"、"红东白西"、"枣栗梨柿"、"生东熟西"、"左饭右羹"等规制。祭祖完毕后晚辈要向长辈拜年。家有丧事或服三年丧者则不拜年。

拜年时，长辈要给晚辈压岁钱，并把有"装福"寓意的福笊篱（过滤用的汤勺模样的工具）送给别人或挂在家里。春节期间，人们见面的寒暄问候是"新年多福"。而对于那些春节时不能回家过年的或者露宿街头的无家可归者，市民团体就组织起来为他们过春节，使其感受到社会大家庭的温暖。韩国人春节往往互赠礼物，礼物的种类繁多，大多用嫩粉色等柔釉绚丽的纸进行包装。因为韩国人大都在家里过年，所以春节期间大部分饭店都关门。在韩国也和中国一样有回家过年的风俗，一家人穿上绚丽多彩的韩服，自驾车奔向故乡，构成了一幅典型的韩国节日风俗图。韩国私家车普及率高, 自驾车回乡过年, 或许还有衣锦还乡、光宗耀祖之感吧! 韩国人称春节回家探亲为"归省"。

礼仪提醒

在韩国, 过春节时, 一家人凑在一起多玩一种叫作"尤茨"(相当于中国的掷十二象)的游戏。女人则玩跳跳板, 据说正月里跳了跳板, 脚板一年都不会扎刺。另外, 还有一种驱鬼的风俗, 初一黄昏时, 在门口拉上禁线, 撒上黄土, 并燃放鞭炮。睡觉时, 则把小孩的鞋藏起来, 以免被鬼偷去。

2. 元宵节的礼仪

韩国人称农历正月十五"上元"为"大望日"。人们对正月十五的喜爱不亚于新年。这一天人们要节食, 吃用五种以上谷物煮制的五谷饭, 祈愿丰年。这一天还要吃花生、松子、栗子等坚硬的果实, 吃的个数要与自己年龄相同, 边吃边祈愿健康。据传这一天, 还有一大早就起来喊"卖暑了", 向别人卖暑的风俗。如果把暑卖掉, 就可以保证今年夏天不会中暑。在正月十五的民俗游戏中, 最有代表性的是"放风筝"和"放鼠火"。"放鼠火"指在正月十五的晚上火烧田埂上的杂草, 用来赶走杂鬼迎接神圣的春天。杂草燃烧起来, 会烧死害虫的蛋卵, 赶走耗子, 还可为田造肥。放风筝是全世界人民都喜爱的一种游戏。韩国人主要在农历正月初一到正月十五放风筝。**他们大都在风筝上挂上写有"去祸迎福"的条幅, 等到太阳落山时就拉断丝线放飞风筝, 据传这有助于防止疾病、事故、荒年等, 即去祸迎福。**

这天, 还喝"耳明酒"。据说, 这天晚上向圆月许的三个愿望都会实现。大部分的韩国民俗活动集中在正月十五, 这与祈求丰收的咒术形式有密切联系。

代表性的民俗活动还有拔河、车战游戏、踩铜桥、跳园舞等, 其中, 济州道的野火节最为有名。

3. 浴佛节的礼仪

佛教是韩国最大、最为活跃的宗教之一，拥有数以百万计的信徒。

韩国佛教信徒每年5月举行仪式庆祝佛诞日（农历四月初八）。据历史学家介绍，佛祖释迦牟尼大约诞生在2551年前，虽然不知道他具体的生辰日期，但是韩国佛教徒普遍把他的生日定在了农历四月初八，每年的这一天都要举行隆重的仪式欢庆佛祖释迦牟尼的诞生。

白天，佛教信徒们会在寺庙中举行佛教仪式。晚上，他们便提着莲花灯游行。因此，浴佛节又叫"莲灯节"。

4. 端午节的礼仪

端午节俗称端阳节、端五节、天中节，是插秧结束后祈求丰年的日子。

东亚各国过端午的习俗略有不同。中国有吃粽子的习俗，但日本和韩国就没有。日本人过端午是男人游泳，女人洗头；而韩国则是男人摔跤，女人用菖浦叶洗头，荡秋千，还吃用艾叶做的像车轮一样的车轮饼——艾糕。因此，韩国又将端午节称为车轮节。

韩国人从不否认农耕社会时期为祈求丰收和安康的端午节发端于中国。在李朝时期，端午节算是一个大节，至今在偏重农业的韩国一些道郡仍将端午节看成重要的节日，特别是"江陵端午祭"尤为有名，已成为民众共同参与的传统大型民俗祝祭活动。"祭"既有祭祀之意，也有庆典之意。其实，端午节在中国原本也是祭祀活动。"江陵端午祭"除了荡秋千、摔跤、长跪比赛、举行假面舞剧、跆拳道比赛、高校足球赛、表演农乐舞之外，还有独特的祭祀活动，包括祭山神、祭酒神、演巫术、伐神木等。祭祀活动有一套完备的程序，迎神和送神都由专门的祭官主持。**韩国人认为江陵的这种有特色的端午祭祀和庆典活动，不是泛指的"端午节"。**1967年，"江陵端午祭"被韩国政府批准为国家级第13号"重要无形文化遗产"予以保护，它每年吸引国内外大量游客参与和观光，同时也使人从中了解韩国的民俗风情。2005年11月25日，由韩国申报的"江陵端午祭"被联合国教科文组织正式确定为"人类口头和非物质遗产代表作"。

5. 中秋节的礼仪

在韩国人的心中，中秋节是不亚于甚至高于春节的传统民俗节日。

韩国人又称中秋节为"秋夕"或"感恩节"。**"每逢佳节倍思亲"，韩国秉承了汉字文化圈的传统，中秋节成为一年中最重要的节日。**全国放5天假，也有公司采用串休的办法使员工假期更长一些。韩国人极重孝道，中秋节子女能否回家拜见双亲长辈，是衡量子女孝顺与否的重要尺度。因而在韩国，中秋这一天不论身在何处，即使再忙也都要赶回去，与家人团聚。所以，临近中秋，只有4000多万人口的韩国就有3000多万人在路上，高速公路也变成了汽车的海洋，平时一个小时能到的地方，这天也要花上五六个钟头甚至更多。"秋夕"当天一家人团聚后，人们身着漂亮的韩服，开始举行隆重的祭祀礼仪，把精心制作与买好的各种美食，如牛肉、鱼、柿子、坚果等供品摆在祖先的牌位之前，敬献祖先。接着去扫墓，祭奠亲人，然后子孙给家中长辈磕头，一起共享美餐。

晚上，韩国人也要出来赏月，韩国妇女则聚集在月光下唱歌，并跳起传统舞蹈《羌羌水越来》。该舞蹈被韩国列为第8号非物质文化遗产。该舞蹈是由一群妇女身着韩服，手拉手围成圆圈载歌载舞。其渊源十分有趣。据说古时候敌军入侵时，妇女们围着村落旁的山峰转圈，让远处观察的敌军误以为有伏兵伺机而动，望而生畏，后来逐渐演变成了中秋节日的一项传统民俗舞蹈。

礼仪提醒

中秋节是中韩两国都有的节日，其渊源与中国也有密切关系，但在接纳、消化和吸收的过程中，韩国中秋的习俗、食俗已与中国有所不同：韩国中秋节的主要活动是为感谢祖先带来丰收去扫墓，而中国是在清明节扫墓；韩国中秋节的正餐是早餐，中国的晚餐是正餐；中秋节韩国人不像中国人那样吃月饼，而是吃特制的松饼。

六、韩国的婚丧礼俗

1. 韩国的婚姻习俗

韩国的婚姻民俗是传统婚俗、新式婚姻和宗教婚礼并存，具有浓厚的民族风格。

◇ 韩国的旧式婚礼

韩国传统的旧式婚姻程序多，礼仪很繁杂，大体包括以下程序。

①议婚。经媒人介绍，男女双方家长为自己的儿女商议婚事和订立婚约称议婚。按惯例，男女双方是依媒妁之言或父母之命而订立婚约的。订婚时，男方派人给女方送聘礼，亦称"送函"（木盒）。**函内装书信与青、绿两色的彩缎，供女方做上衣和裙子用。女方还要复信。**

②迎亲。结婚前，女方将选定的结婚日期函告男方称涓吉。婚前女方要按双方的四柱、五行进行占卜（"宫合"），并选择结婚的良辰吉日。结婚时，男方用两个箱子，分别装"礼状"（书信）和礼品。礼品用红丝线系好，先装红缎，后装青缎。箱子由男方未婚的亲友送给女方。

结婚迎亲当日，新郎早起，穿好结婚礼服（纱帽、团领、胸背、绣带、黑靴），向父母行拜礼，由父母到祠堂告祝拜祖。此后，新郎骑马与随行者一道去新娘家迎亲。随行者中的上客即新郎的父亲或叔父，须抱"木雁"同行。一路上撒盐，以示祝贺。

③再行和觐亲。结婚仪式后的第三天，新郎和新娘去妻子家拜见岳父、岳母及亲戚，这叫再行。新娘回娘家拜见双亲称觐亲。婚后两个月或满一年时，新妇由丈夫或公公陪同，带着食品和礼物回娘家拜见父母。个别地方有 3 年之内不许觐亲，甚至有终身不能回娘家的习俗。但聪明的人想出了中途相遇的补救办法，就是亲家之间，事先约好时间、地点，婆家为媳妇备好食品并送到约定之处，让媳妇同娘家人会面并在野外聚餐。以

上这种传统婚俗，不仅礼仪繁多，而且是很重的经济负担。

礼仪提醒

韩国人在结婚时，新郎、新娘一定要吃两样食品：一是冷面，长面条象征白头偕老、幸福安康；二是圆形的大年糕，象征花好月圆，夫妻相亲相爱，生活美满。婚礼当天要宴请宾客。婚宴后第二天，新娘拜见公婆后，公婆为答谢新娘而举行的家宴叫披露宴，要邀请亲友和邻居参加。

◇ 韩国的新式婚礼

新式婚姻是自由恋爱，订婚仪式可有可无，结婚仪式各地虽不尽相同，但大体有如下程序：在音乐声中，穿着婚礼服的新郎、新娘入场，相互致礼；主婚人介绍新郎、新娘简历，宣读结婚证书，新郎和新娘互换礼品；主婚人致词，男女方代表讲话，新郎、新娘致答词，来宾致词祝福；在乐曲声中新郎、新娘退场。**仪式结束后，由男方设宴招待客人，人们载歌载舞，为新人祝福。**

现在民间逐渐出现新式结婚仪式，但仍有些人沿袭传统婚俗。

2. 韩国的丧葬礼俗

韩国的葬礼深受儒家思想的影响，相信入土为安，因此传统的丧葬方式是土葬。葬礼一般在人去世 3～5 天后举行，最迟不超过 7 天。参加葬礼时直系亲属要穿白色的丧服，而吊唁的人则要穿黑色衣服。如果亡者生前信仰宗教，则要按其宗教信仰举行葬礼。现在，新的丧葬方式越来越流行，越来越多的人选择火葬。

在韩国民间，特别是在不少边远地区，仍保持传统的做法，主要内容包括下面几项。

①初终。从临终到发丧前的阶段称初终。**一旦得知父母行将去世，所有子女都须侍立在侧，否则就为不孝。**死者妻室为丧事主妇，妻室不在由长媳充任。

②发丧。宣告某人死去叫作发丧。由护丧人和司书人商议起草讣告，如无护丧人，则由丧主亲自起草，近处派人发送，远处邮寄，并在报上刊登消息。丧家常选在死后的单日举行发葬仪式，即从死者去世当天算起的第三、第五或第七天，特殊情况可拖得更久。

③朝夕奠。在丧事的3日丧仪中祭奠亡人，或服丧3年中每逢初一和节日举行祭奠仪式，称朝夕奠。死者的亲朋好友祭奠死者并慰问家属，称吊丧。吊丧人为表示悼念和慰问，向家属送祭文、挽词，或送银钱及绸缎。

④小殓。人死后第二天，进行祭奠和包扎尸体，称小殓。

⑤大殓。人死后第三天，即小殓后第二天，为死者穿衣和入棺称大殓。

⑥迁柩。将棺材从室内抬到运灵柩的车上，叫作迁柩。

⑦发引。"引"为挽柩车的绳索。柩车出发，送丧者执引前导，将灵柩运至墓地进行埋葬，称发引。

⑧虞祭。下葬后祭灵位称虞祭，分初虞、再虞、三虞。祭礼完毕后，回家当日祭祀灵位称初虞，就是用白纸写上死者名字及去世日期，与遗像一起摆在祖宗灵位旁，再次祭拜行礼。乙、丁、己、辛、癸日晨祭灵位，称再虞；甲、丙、戊、庚、壬日晨祭灵位，称三虞。

⑨小祥。父母去世满一年时还要举行祭祀活动，这类活动称为小祥。

⑩三年丧。父或母去世，长男及直系亲属在三年内穿孝服、立殡所、祭灵位，称三年丧。

第 三 章

印度的礼仪

印度位于亚洲南部，是世界四大文明古国之一，也是排名全球第二的人口大国。印度是佛教的发祥地，是释迦牟尼的故乡，受传统文化影响，印度人的生活中规中矩较多，除因宗教信仰不同而存在不同的文化习俗之外，各地方的礼仪要求也有很大差异。比如在饮食上讲究分餐进食，用手抓食，喜食咖喱，严禁饮酒；在社交活动中讲究穿民族服装，行合掌礼，对长辈以头触脚，向客人敬献花环等等。出访印度，一定要遵守其礼仪规矩，否则会引起主人的极为不满。

一、印度概况

印度的全称是印度共和国。是与中国接壤的国家之一。印度作为世界四大文明古国和世界宗教发祥地之一，其文化历史源远流长，在长期的历史发展中，受宗教信仰的深刻影响，印度人始终恪守着本民族传承不变的礼仪习俗。在日常生活、社会交际和节庆活动中，印度人十分注重礼仪修养。

1. 印度的地理与气候

印度位于南亚次大陆，西北部两侧与巴基斯坦接壤，东北部则分别与中国、尼泊尔和不丹交界，东部连接着缅甸和孟加拉国，东南面临孟加拉湾，西南濒临阿拉伯海，南部伸入印度洋。印度全国总面积 298 万平方千米（不包括中印边境印占区和克什米尔印度实际控制区等），海岸线长达 5560 千米。

全国分为西北部边境高山区、恒河流域平原区和印度半岛区三大区。印度西北部的高山区属喜马拉雅山脉南坡，干城章嘉峰海拔 8586 米，为全国最高峰。中部是恒河平原和印度河平原。南部为印度半岛的主体德干高原，东、西高止山分列高原两侧。沿海有狭窄平原。主要河流有恒河、布拉马普特拉河等，恒河最长。

印度宜人的气候使其成了"天然的植物园"和"美丽的大花园"。在那里，五颜六色的花草，枝繁叶茂的热带植物以及漫山遍野的芒果、柑橘、菠萝蜜、大香蕉、红苹果……无不令人痴迷沉醉。印度人喜爱鲜花，他们尤爱那亭亭玉立于水面的荷花，并视其为国花。

2. 印度的历史

印度是世界四大文明古国之一，公元前 2500 年至公元前 1500 年创造了灿烂的印度河文明（哈拉帕文化）。哈拉帕和摩亨佐·达罗是此时的文明中心，也是两个较大的奴隶制城邦。

公元前2世纪孔雀王朝的阿育王第一次统一了印度北部大部分地区，建立了君主专制的奴隶制帝国。这时的孔雀帝国北起喜马拉雅山南坡，南到迈索尔，东起阿萨姆西部，西达兴都库什山。继孔雀王朝后，印度又经历了巽加王朝、贵霜王朝和笈多王朝。

10世纪印度为一盘散沙，王公们各自为政。1206年入侵的阿拉伯人以德里为中心，建立了"德里苏丹国"，阿拉伯人实行政教合一的政治制度，把伊斯兰的语言、文化、生活方式大量传进印度，成了南亚文化的重要基础之一。

3. 印度的政治与经济

印度是一个资本主义联邦制共和国，总统是国家元首，但其职责是象征性的，实权由总理掌握。国家的总统及副总统任期5年，由一个特设的选举机构间接选举产生。总统职位因去世、辞职或罢免等原因而出缺，印度宪法第65条规定由副总统代行总统职务。当新总统被选出及就职后，副总统恢复原有职务。总统如果因疾病或其他原因不能履行职务时，由副总统暂时代理总统职能直至总统返回办公。

行政权力由以总理为首的部长会议（即印度的内阁）行使。议会多数党向总统提名总理人选，由总统任命总理。然后再由总理向总统提名副总理及其他内阁成员。

印度国务院设国务卿一名、国务委员若干名。

印度全国分为27个邦和6个联合属地（不包括印度政府非法设立的"伪阿鲁纳恰尔邦"）。另外，中国藏南地区现由印度非法实际控制。

印度首都是新德里，位于印度西北部，亚穆纳河西岸。其东北部有德里老城。**新德里、德里紧密相连，成为印度的政治、经济、文化中心和重要的交通枢纽。**

延伸阅读：

印度的国旗、国徽与国歌

印度的现用国旗启用于 1947 年 7 月 22 日，长宽比例为 3∶2。国旗自上而下由橙、白、绿三个长方形组成，白色部分中央为蓝色法轮图案。橙色象征勇敢、牺牲和自我克制的精神；白色象征和平与真理；绿色象征信念和丰饶；蓝色表示天空和海洋的颜色；法轮在印度被称为"查克拉"，是阿育王时代佛教圣地石柱柱头的狮首图案，上有 24 根辐条，对应一天 24 小时，象征生命的运动及死亡之停滞；对佛教徒而言，法轮是真理之轮、进步之轮。

印度的现用国徽是根据阿育王时代佛教圣地石柱的狮首雕像图案制定的，是印度古老文明的象征。象征信心、勇气和力量的狮子伫立在圆形台基上，面向四方；台基上刻有分别代表南方和西方的马、牛等守兽浮雕；正中为法轮。下端用梵文写着"唯有真理得胜"。

印度的现用国歌是《人民的意志》，启用于 1950 年 1 月 24 日。

印度独立后经济有较大发展。农业由严重缺粮到基本自给，工业形成较为完整的体系，自给能力较强。2010 至 2011 财年（截至 2011 年 3 月 31 日）国内生产总值同比增长 8.5%。

印度是一个农业大国，农村人口占总人口的 72%。印度是世界上最大的粮食生产国之一，拥有世界十分之一的可耕地，面积约 1.6 亿公顷。据欧盟报告：印度已成为农产品净出口国。因为印度的气候类型是热带季风气候为主，其中西南季风很不稳定，使印度降水量的时间分配很不稳定，水旱灾频繁，使印度的粮食生产很不稳定。

印度的主要工业包括纺织、食品加工、化工、制药、钢铁、水泥、石油和机械等。汽车、电子产品制造、航空和空间等新兴工业发展迅速。印度谋求成为"技术制造业中心"。

印度为混合型经济，大部分企业属私人所有。印度曾推行经济国有化，后推行经济自由化政策，减少国家对经济的干预。

全国耕地面积约 1.6 亿公顷，是亚洲耕地最多的国家。主要粮食作物是小麦和水稻。农业产值占国内生产总值的 18.5%。主要经济作物是棉花、黄麻和茶。印度属于低收入国家。2009～2010 财年国内生产总值达 9653 亿美元。

4. 印度的民族与宗教

印度是全世界排名第二的人口大国。全国总人口为 11.12 亿左右，由印度斯坦族、泰卢固族、孟加拉族、马拉特族、泰米尔族、古吉拉特族、坎纳达族、马拉雅拉姆族、奥利雅族、旁遮普族等十大民族和其他几十个小民族组成。**印度的主体民族是印度斯坦族，它占到全国总人口的 46% 左右。**

印度是世界宗教发祥地之一。主要宗教有印度教、伊斯兰教、基督教、佛教、锡克教、耆那教。宗教与印度社会的政治、经济、文化生活有着密切的联系。在印度人看来，没有宗教就没有生活，而保护宗教的人将受到宗教的保护。其中印度教是印度主要的宗教，信徒约占印度总人口的 80.5%。在印度这个宗教国度里，宗教势必对各种风俗习惯和礼仪产生重要的影响。

5. 印度的语言与文化

印度的语言复杂，是世界上使用语言较多的国家之一，数量至少有 1600 多种，较大的语言种类就有 10 多种。印地语为印度国语，印地语和英语同为印度的官方语言。

印度上古文学中有两部著名的作品《摩诃婆罗多》和《罗摩衍那》，这是两部史诗，对印度后来的文学产生了深远的影响。《摩诃婆罗多》和《罗摩衍那》的篇幅之长在世界文学史上是绝无仅有的。长达 20 多万行的《摩诃婆罗多》篇幅是荷马史诗的 8 倍，是世界最长的史诗，被誉为"印度古代社会的百科全书"。在印度一年一度的庙会上，艺人都要分段朗诵它，听众常常被感动得流下眼泪。

泰戈尔是印度现代著名的文学家，他一生创作了 50 多部诗集和大量的小说、戏剧，代表作《吉檀迦利》1931 年获诺贝尔文学奖。印度的音乐、舞蹈、电影风格独特，享誉全球。印度传统舞蹈注重用身体的每个动作和脸部表情来表现主题，且通常为独舞。印度电影业兴盛，有"电影王国"之誉。

瑜伽起源于古代印度，已流传数千年，是东方最古老的强身术之一。瑜伽一词原意是结合、和谐，古印度人修炼瑜伽术是追求天人合一的修行最高境界。位于印度北部的瑞诗凯诗堪称"世界瑜伽之都"，在这个人口不到 7 万的小城里，有 100 多家瑜伽学校，每年有成千上万名不同肤色的瑜伽爱好者不辞辛苦地赶到这里进行瑜伽修习。

二、印度的生活礼俗

1. 印度的服饰礼俗

印度人着装讲究朴素、整洁。衣着打扮具有极其鲜明的民族特色，可以由不同的服饰和装扮看出当地人的宗教信仰、种族、阶级、区域等。现在，城市居民的服装大部分西化，男的穿衬衣、裤子，平常多西装革履；女的以穿纱丽为多，也有不少改穿牛仔裤的。但各地区还是保持了不少民族特色。

◇ 女装

印度女性传统服装大致分为以下三种。

①纱丽。纱丽是印度最具特色的国服。据传，纱丽有 5000 多年的历史，最早的纱丽只是在举行宗教仪式时穿，后来逐渐演变为女士的普通装束，但是要 15 岁之后才能穿。**纱丽的穿法是从腰部缠起，最后披盖在肩上或蒙在头上。**纱丽一般分棉布、丝绸、纱和尼龙几种。

由于部落、语言、风俗、信仰和习惯的不同，印度纱丽的式样也多种多样。有的因生活环境和职业的不同而不同，还有因地理条件、民族的不同而不同。妇女们喜欢随着季节的变化而更换不同颜色的纱丽，夏季纱丽的颜色多为浅黄色、浅蓝色、浅绿色等，冬季纱丽的颜色多为深红色或浅红色，雨季时多为深绿色。

纱丽是印度妇女最钟爱的传统服装，不仅印度人喜欢，外国人也为之陶醉。在穿纱丽的时候，首先要穿紧身上衣，将双肩和胸脯紧紧包裹起来，而小臂和腰部完全裸露在外，下身要穿短裤或衬裙，然后将纱丽披在身上，一直到脚踝处。由于纱丽本身非常轻薄，容易透光，所以衬裙的颜色与纱丽要相配。**印度妇女有个习惯，就是肚脐随便露，但大腿和小腿则万万不能露。**

②沙瓦。沙瓦是由三部分组成的套装，包括一件很长的外衣、一条裤子和被称为楚尼的长纱巾。印度的女孩在日常生活中经常穿沙瓦，既方便也不失轻盈妩媚。

③古尔蒂与瑟尔瓦。印度妇人还有一种服装也比较普遍，上衣是"古尔蒂"，比较宽松，长至膝部；下身是叫"瑟尔瓦"的紧身裤子，脖子上再围一条纱巾。

◇ 男装

由于印度地处热带，一年四季气候炎热，男士多着白色服装。

印度男子最为普通的服装是"托蒂"，"托蒂"其实是一块三四米长的白色布料，缠在腰间，下长至膝，有的下长达脚部。随着社会发展，男子的衣服也有改进，除"托蒂"外，上身加了一件肥大的衬衣，名为"古尔达"，天冷时，再加一件披肩。不过在城市里，男子服装已经趋于西化，西装是最普遍的男子服装。印度男子，特别是有身份的政府官员，在正规场合常穿一种很像"中山装"的上衣，也是紧紧的衣领，胸部有一兜，再别支钢笔。

印度男性多半包被称为 Turban 的头巾。由于宗教的不同，头巾有各式各样的包裹方法。

礼仪提醒

印度教徒缠头巾是一种传统，也是为了防止阳光的直接照射。头巾色泽各异，具有特定样式。小孩头巾的样式比较简单，只用黑布绑成发髻形状。成年人头巾的样式比较复杂，首先必须用黑色松紧带将长发束成发髻，然后再以一条长约3公尺的布裹成头巾，样式为两边对称呈规则状。年轻人喜欢把头巾缠成船形。

印度男子在一些比较正式而又要求体现民族特点的场合多数穿"尼赫鲁服"，它有小竖领、单排扣，很像我国的中山装样式，只不过上身稍长一些，扣子也多出几排。这种服装是印度民族独立运动时期象征印度民族精神的服装。

◇ 饰品

①首饰。印度人流行佩戴首饰，首饰是印度人日常生活中不可缺少的装饰品。在印度，女性出门不戴首饰会被认为是没有礼貌的表现。女子把戴首饰视为生活的重要内容，但寡妇不能戴任何首饰。**首饰的种类很多，常用的首饰主要有头饰、鼻饰、耳饰、颈饰和脚饰等。**

鼻饰多为金银制品，未出嫁的少女一般不戴鼻饰，它是已婚女子的装饰标志。地域不同，佩戴鼻饰的讲究也大有区别。南部地区，新娘要在鼻孔两侧穿洞，戴上钻石鼻钉，或在左鼻孔下方佩戴镶有珍珠的鼻环。北部地区，新娘要把鼻环同头上的饰物用一根金链或银链串接起来，金链的另一端挂在耳朵上。

除了鼻饰、耳饰之外，已婚女子还须佩戴一种脚铃。

手镯和戒指不仅仅是妇女喜爱的饰品，一只手上带3个金戒指的男士大有人在，他们把此物视为长寿和幸福的吉祥物。颈饰中的项链被当作避邪之物在婚礼上由新郎给新娘带上，只要不离婚，妻子要将这根链子戴一辈子，印度农村至今仍有此风俗。

②吉祥痣。吉祥痣是印度民族风格的标志。印度妇女喜欢在额头正中离鼻梁一寸的部位点上一颗指头大小的红痣。它是人工点就或用红色锡箔

贴上的，象征喜庆和吉祥，印度人称之为"特丽佳"，我国称之为"吉祥痣"。在印度教里，吉祥痣表示女子的婚嫁状况，原先只有已婚女子才有此特权，现在已成了一种化妆美容的普遍做法，其颜色以红色居多，但亦有黄、绿、紫等色，不同的颜色代表的意义不同。一般说来，**已婚女子都点上红色的痣；未婚女子点痣不用红色而用紫黑色；生孩子或回娘家的女子，也以紫黑色痣作点缀。**

2. 印度的饮食礼俗

印度人的主食主要是大米和面食。他们烹调的方式主要有炒、煮、烩三种。印度人做菜喜欢用调料，如咖喱、辣椒、黑胡椒、豆蔻、丁香、生姜、大蒜、茴香、肉桂等，其中用得最普遍、最多的还是咖喱粉。咖喱粉是用胡椒、姜黄和茴香等 20 多种香料调制而成的一种香辣调料，呈黄色粉末状。**印度人对咖喱粉可谓情有独钟，几乎每道菜都用，咖喱鸡、咖喱鱼、咖喱土豆、咖喱菜花、咖喱饭、咖喱汤……每个餐馆都飘着咖喱味。**除了咖喱粉，印度市场上还出售各种调料粉，赤、橙、黄、绿、棕等，五颜六色。由于宗教的原因，印度人的饮食习惯也不同。虔诚的印度教徒绝对不吃牛肉，因为他们把牛奉为神牛。穆斯林不吃猪肉，但大啖牛肉。因此，杀牛和吃牛肉常成为印度教徒和穆斯林冲突的导火索。由于印度教徒占人口的多数（82%），牛肉是禁忌，因而，在欧洲市场上价格最贵的牛肉在印度是最便宜的，10~15 个卢比 1 千克，价格之低廉令人咋舌。猪肉也比较便宜，因为穆斯林和高种姓的印度教徒都不吃猪肉。低种姓的印度教徒和基督教徒才吃猪肉。羊肉价格最贵，因印度教徒和穆斯林都吃。虔诚的印度教徒和佛教徒是素食主义者，不沾荤腥。耆那教徒更是严格食素，连鸡蛋也不吃，但可以喝牛奶、吃乳酪和黄油。印度的素食者大约占人口的一半。**印度的牛奶价格便宜，质量也很好，男女老幼都喝牛奶。**奶制品如冰淇淋、奶酪、酸奶、蛋糕等的质量也属上乘。1 千克一盒的冰淇淋只要 10 个卢比。

印度人的主食主要有米饭和一种叫"加巴地"的烙成的小薄饼，还有一种油炸的薄饼，又香又脆。印度的蔬菜主要有花菜、圆白菜、西红柿、黄瓜、豆角、土豆、洋葱、冬瓜等。每样菜都烧得烂糊糊的，且放了不少咖喱粉，全是清一色的黄色。长时间的熬煮使维生素尽失，令人觉得可惜。印度人的早餐已经西化，一般是一杯牛奶、几片面包、果酱、黄油，但中午饭和晚饭则是地道的印度风味，每餐都有豆子汤。印度的豆子种类繁多，有大如蚕豆的红豆，还有黄豆、豌豆等，这些豆子都加上香料和盐，用来做汤。

印度最驰名的一道菜大概是"炖杜里鸡"，其名声犹如北京烤鸭。做法是把鸡腿、鸡块蘸满香料，放在炉子里用炭火烧烤而成。出炉时味鲜肉嫩，十分可口。

印度人进餐时一般是一只盘子、一杯凉水，把米饭或饼放在盘内，菜和汤浇在上面。多数印度人进食时不用刀叉或勺子，而是用右手把菜卷在饼内，或用手把米饭和菜混在一起，抓起来送进嘴里。留洋的知识分子或中产阶级家庭则使用刀、叉和勺子。

印度的甜食可谓名副其实，甜得发腻。甜食种类很多，有煎的、炸的、烘的、烤的，一应俱全，但每一道甜食都无一例外地甜得要命。多数印度人都嗜食甜食，印度人容易发胖，大概与嗜食过多的甜食有关。印度人的晚餐也晚得名副其实，最早的在晚上8点左右，晚的在晚上10点左右。

由于长期是英国的殖民地，印度人也像英国人一样有喝午茶的习惯。印度的茶是奶茶，做法是把牛奶掺水煮开，再把茶叶倒进去，煮沸后用小筛子把茶叶滤出，加糖后即可饮用。

到印度人家做客时，要向主人和他的家人问好。

饭前和饭后要漱口和洗手，因印度人就餐不用餐具，一般用右手吃饭，用右手递取食物、敬酒敬菜。在印度的北方，人们要用右手的指尖来拿吃的东西，把食物拿到第二指关节以上是不礼貌的；而在印度的南方，人们却用整个右手来搅拌米饭和咖喱，并把它们揉成团状，然后拿着食用。印度人用手进食时，忌讳众人在同一盘中取食。不得用手触及公共菜盘，不得去公共菜盘中取食，否则将被共同进餐的人所厌恶。就餐时常用一个公用的盛水器供人饮用，喝水时不能用嘴唇接触盛水器，而要对准嘴往里倒。

在印度，人们吃饭时只用右手抓取，不管吃米饭还是喝粥。此外，也只准用右手递接东西或食物。因为印度人认为左手是用来处理不洁之物的，是肮脏的。伸左手就是对别人的侮辱，有可能会令对方恼怒并发脾气，甚至会引发冲突。

在印度人的餐桌上，主人一般会殷勤地为客人布菜，客人不能自行取菜。同时，客人不能拒绝主人给他的食物和饮料，食品被认为是来自上帝的礼物，拒绝它是对上帝的忘恩负义。吃不了盘中的食品，不要给别人，一旦被别人触及了的食品，将被视为污染物，许多印度人在就餐前很在意他们的食物是否被异教徒或非本社会等级的人碰过。餐后，印度人通常给客人端上一碗热水，以供客人洗手。

在传统的印度人家庭或农村中，还存在如下习俗：**通常客人与男人、老人、孩子先吃，妇女则在客人用膳后再吃；不同性别的人同时进餐时，不能同异性谈话。**

作为客人，餐后要向主人表示敬意，即应当赞扬食品很好吃，表示自己很喜欢。一般不要说"谢谢你"等致谢的话，否则被认为是见外。

3. 印度的居住民俗

由于印度在历史上曾经多次被外族侵入统治，印度建筑总是处于不断吸收、兼容并蓄的过程。其建筑有多样性的风格。

◇ 民居

印度城市大部分住宅是平房，也有花园式的两三层楼房，现在高层建筑已开始在大城市崛起。住房多涂成白色。农村的住房一般是土屋土墙，屋顶用泥土和稻草搭盖。富裕人家建造砖墙瓦顶的平房和楼房。

印度很多民族如阿保人、加罗人住杆栏式住房。住房均修建在离地面有一定高度的木台子或竹台子上，台下是猪圈或牛圈。加罗人的住房一般建在木桩上。架是用木料钉成的，墙壁和楼板却是用竹子编制的，两面坡的房顶覆盖着茅草和竹叶。

◇ 宫廷建筑

印度的宫廷建筑也是风格多样，主要的代表作有阿格拉堡、泰姬陵。

①阿格拉堡。阿格拉堡又称"红堡"，坐落于印度新德里的东部老城区，由蒙兀儿大帝阿巴克开始兴建城门围墙，之后堡内建筑由历任君王续建，风格各异。因整个建筑主体呈红褐色而得名红堡。红堡属于典型的莫卧尔风格的伊斯兰建筑，当时城堡的主要功能是防御敌人，后来才变成皇室住所，塔堡样式融合印度及中亚风格。

②泰姬陵。泰姬陵是全印度乃至世界最有名的陵墓，被世人称为人间建筑的奇迹。它位于印度北方邦阿格拉城近郊亚穆纳河南岸，是莫卧尔王朝皇帝沙杰汗为其爱妃泰吉·玛哈尔建造的。

泰姬陵陵墓全部用洁白的大理石砌成，在清澈的水池中形成无比圣洁的倒影。陵墓的平台由红砂石铺就，与白色大理石陵墓形成鲜明的色调对比。泰姬陵宏伟瑰丽。凌晨或傍晚是观赏泰姬陵的最佳时刻，此时的泰姬陵显现出无与伦比的纯洁、静穆和优美。

◇ 宗教建筑

古印度是四大文明古国之一，是佛教和婆罗门教的发源地，又曾受到伊斯兰教的重大影响，因此，宗教建筑始终是印度建筑的主流。印度宗教建筑形式特殊且多样，其建筑文化源远流长，大致有以下几种建筑风格。

①佛教建筑。从最早建筑来看，主要有三种形式，即住人的洞穴、凿出的布道讲经的石洞、佛塔。这几种神堂都是为了供大量信徒聚会而设计的。布道石洞的主要形式和细部沿袭了早期木结构建筑的原型。佛塔为半球状的坟墩，其四周则有一条供信徒举行祭典仪式时行走的道路，印度最有代表性的当属桑奇佛塔。佛庙是石结构的神堂，其外部大多覆以丰富的雕饰物。

②伊斯兰建筑。崇拜伊斯兰教的莫卧尔帝国统治印度时，各地建造了大量清真寺、陵墓和城堡。主要建筑类型是清真寺和宫殿。著名的泰姬陵是伊斯兰教建筑的代表作。

③印度教建筑。这种风格的各式寺庙都有不点灯的神殿，神殿上部有

一尖塔，前部有一个或多个门廊形大厅，充作宗教性舞蹈的场所。殿堂内的雕饰通过形象的重复实现整体的协调。建筑表面以当地岩石雕刻栩栩如生的人物形象，使这些寺庙别具一格。

④婆罗门教建筑。从公元 10 世纪起，印度各地普遍建造婆罗门教庙宇。其形式和规格都参照农村的公共集会建筑和佛教的支提窟，用石材建造，采用梁柱和叠式结构，建筑形式各地不同：北部的寺庙体量不大，有一间神堂和一间门厅，都是方形平面；南部的寺庙规模庞大，通常以神堂为主体；中部寺庙的四周有一圈柱廊，内为僧舍或圣物库，典型的代表是马村拉大寺。

⑤锡克教建筑。在锡克教的活动中心阿姆利则市可以看到锡克教的最大寺庙——大金庙（因这座寺庙的顶和门户镏金而得此名）。大金庙是 15 世纪由锡克教第五代宗师阿尔琼创建的，后遭洗劫毁废，几经重建修复。1830 年重修时用了 100 千克黄金。

锡克教的寺庙一般有四个门，分别朝东西南北四个方向，意味着锡克教的大门向来自任何方向的兄弟姐妹敞开。任何时间都可以去大金庙参观，而且从不收费。

三、印度的社交礼仪

1. 印度的会面礼仪

印度是文明古国，待人接物特别讲究，见面礼节繁多，有合十礼、举手礼、拥抱礼、贴面礼、摸脚礼、献花环、握手礼、嗅礼等，下面简要介绍几种。

①合十礼。"合十礼"是源于印度古代的婆罗门教的礼法，后来佛教沿袭使用，成为各国佛教徒的日常普通礼节。

印度人认为右手为神圣之手，左手为不净之手，所以有分别使用两手的习惯；但是如果两手合而为一，则为人类神圣的一面与不净的一面的合一，所以通过合掌来表现人类最真实的面目和衷心敬意。

印度人见面和告别时多施双手合十礼并互相问好或祝安，但不许同时点头。

两手空着时，合掌问候，口念敬语"那摩斯戴"（"那摩斯戴"是印度人见面和告别时最常用的问候语，意思是"您好"）；若一手持物，则举右手施礼，切不可举左手口念"那摩斯戴"。

②拥抱礼。若久别重逢，或将远行，或有大事发生时，印度人要行拥抱礼。拥抱时，彼此将双手搭在肩上，先是把头偏向左边，胸膛紧贴一下，然后把头偏向右边，再把胸紧贴一下。有时彼此用手抚背并紧抱，以示特别亲热。

③献花环。献花环是印度人欢迎客人常见的礼节。迎接贵客时，主人要献上一个花环，戴到客人的脖子上。花环的大小长度视客人的身份而定。客人越高贵，所献的花环也越粗越长，一般应超过膝盖。给一般客人的花环仅到胸前。

④嗅礼。印度东南部的一些少数民族与客人相见时行嗅礼。他们把自己的鼻子和嘴紧紧贴在对方的面颊上，并用力地吸气，嘴里还要叨念："嗅一嗅我！"以示其对客人的尊敬。

2. 印度的交际礼仪

◇ 称谓

在印度，不同的宗教、种姓、性别、职位有着不同的称呼。为了表示尊敬，通常在印度教徒的姓或最后一个名字后加"吉"（先生），对锡克教男信徒称"赛尔达热"，婆罗门种姓的学者被称为"潘迪特"，伊斯兰教徒和基督教徒在姓或最后一个名字后面加上"萨赫伯"（先生）。伊斯兰教的学者被称为"毛拉那"，去过麦加圣地的穆斯林被称为"哈吉"。

与印度人交往，除非关系极为友好，否则绝不要以名字相称，而应该对男子称"先生"，对已婚女子称"夫人"，对未婚女子称"小姐"。

延伸阅读：

印度人的姓名

在印度，人们的正式姓名往往很长。印度人一般是名在前，姓在后，如桑贾伊·甘地，"桑贾伊"是名，"甘地"是姓。女子婚后随夫姓，如英迪拉·尼赫鲁嫁给佛罗慈·甘地后，随姓甘地，即英迪拉·甘地，人们通常称她为英迪拉·甘地夫人。对印度男人通常只称呼姓，不称呼名，如特里帕蒂·辛格，只叫辛格。对印度女人通常只称呼名，如妮摩拉·西尔玛，只叫妮摩拉。不同种姓的人，在自己的姓之前，必须加上一个表示本人种姓的专用称呼以示区别。在印度，"老爷"、"主人"一类的称呼，通常表示一个人的社会地位。

印度人的姓名可以反映出他的民族归属与宗教信仰，可以表明一个人是印度族、锡克族或穆斯林。普通印度族人的姓是苟帕尔、兰姆、普拉卡什、克里什那和维捷。全部锡克人都用辛格作姓（但并不是叫辛格的人都是锡克族）。普通穆斯林男人的姓是可汗、阿里、穆罕默德和侯赛因；穆斯林妇女的姓常以"贝格姆"或"汗"结尾。

◇ 交往

严格的等级制度在印度许多机构中是一个惯例，大家通常顺从高级领导的意见，几乎不会与之相抵触。握手是很平常的礼节，但女士不应首先同男士握手。与人打招呼时用合十礼，即双手合十鞠躬，道一句"Namaste"。

◇ 交谈

印度人交谈时，喜欢谈论文化方面的成就、印度的传统、家庭、教育、电影、美术和文化，以及外国的事和外国人的生活。

忌在印度人面前谈论印度的赤贫、宗教斗争、同巴基斯坦的关系、工资、贫苦、两性关系以及庞大的军费及外援，不要谈及个人私事。

天气也不宜作为一种交谈的话题。由于总是听到有关天气酷热的抱怨，印度人对此类话题会感到十分厌烦。

◇ 吸烟

由于宗教的原因，印度抽烟的人极少，锡克教、祆教信徒不准抽烟，上了年纪的老人和锡克人特别讨厌吸烟，在公务往来和红白喜事时也很少有人敬烟。不要在锡克人周围或在他们家中吸烟或向他们敬烟。不要向印度妇女敬烟，印度几乎没有妇女吸烟。

印度的烟仅 10 支装，印度人口袋里装一包烟、一个打火机的不多，一些烟民宁愿买一支抽一支。

◇ 肢体语言

印度人的肢体语言比较丰富，他们用摇头表示赞同，用点头表示不同意，可谓点头不算摇头算。人们用手抓耳朵表示自责；召唤某人的动作是将手掌向下摆手指，但不能只用一个指头；指人时要用整个手掌，不能用一两个指头。

在印度的一些邦（如西孟加拉邦）里，人们表示赞同时，总要先把头稍歪向左边，然后立刻恢复原状，有时动作幅度很大，连整个上半身都侧向左边；表示不同意，他们反倒点头示意。如果向一个印度人提出某种要求，他面无表情地说并点头，可能只是出于习惯或礼貌表示听见了，而不是表示听懂了或同意你的说法，更不表示他会去执行。在印度，如果有重要的事情要和印度人说，一定要再三确认。

印度人喜欢谈论文化艺术建筑遗产、外国风情等。要了解其家族状况，选择合伙人时最好找代理人，避免发生争议。合同要写得严密，以英文和当地文字书写。有款待和其他招待活动时，应邀请携带夫人。在印度男人不能与女人握手，更不能在公共场所与单身女人说话。与他们传递东西时，一律用右手。

3. 拜访礼仪

印度是一个开放而又十分重视宗教和社会风俗的民族，他们十分好客，对应邀或突然造访的客人都十分热情。印度人大多在旅馆或餐厅里招待外国客人，除非这类宴请纯粹是商务上的应酬，一般都邀请夫人参加。

如果宴请的客人是穆斯林，最好选择回教餐馆，很多印度教徒是素食主义者，邀请时需要注意。

去印度人家拜访，糖果与鲜花是最受欢迎的礼物。到印度人家里做客，不要参观整个房子或偷看每个房间。厨房被认为隐私之地，未经邀请不能进入。许多正统穆斯林家庭不允许女子被家庭以外的男人看见。做客完离去时不要说"再见"，这种说法被认为是不吉祥的，要说"我去了，并将回来"，这样的告辞会使主人感到满意。

印度阿萨姆邦的居民，对不接受或不品尝他们敬让的槟榔果的来访客人是极为不满的，认为这样是对主人的不友好和不信任。

印度人天性达观，乐天知命，随遇而安。无论发生什么事，都不愠不火，不急不慢。印度人的不着急，明显表现在时间观念上，他们不愿意受时间束缚，约好时间，晚到半个小时再正常不过了。

4. 印度的旅游礼仪

印度历史悠久，文化古迹很多，旅游的名胜和景点十分丰富。**现在印度政府已经把旅游业作为创汇的重要产业大力发展。**最著名的有卡杰拉霍，庙宇集中，以女性为主题的雕塑很多，技艺高超。这里有城堡、博物馆、瀑布，还有迈索尔、那兰陀、泰姬陵、阿格拉堡、阿迦汗宫、阿拉哈巴德、阿约提亚、阿旃陀石窟、安达曼－尼科巴群岛、奥兰加巴德、巴哈伊教庙、甘地陵、甘吉布勒姆、戈玛特斯瓦拉巨像、赫尔德瓦尔、红堡、胡马雍墓、贾玛寺、库塔布塔、拉克希米－纳拉因庙、老堡、鹿野苑、菩提伽耶、乔格瀑布、桑奇大塔、太阳神庙、乌贾因、锡坎德拉、印度博物馆等，都是很著名的名城、名山、名地、名河。印度人热情、开朗，尤其是女孩子爱说爱笑，天性活泼，对外国人也很友好。她们习惯问题提得很长，也善于演讲与辩论。如果要去印度旅游，这些情况必须了解。另外，印度人崇拜牛，视牛为神，不能伤害，见了要回避。有的地方崇拜猴子，有的地方崇拜蛇，拉贾斯坦邦还崇拜老鼠。还有一种奇怪现象，就是打扮得很妖艳的乞讨女子，她们被视为神的新娘，遇到乞讨时，必须给钱。

去印度旅行最好安排在天气比较冷的季节，即10月至翌年2~3月，这个季节气候凉爽宜人。应避免在7~8月旅行，因为此时正是印度的雨季，会给出行带来很多不便。如果是女性单独出游，为了安全和避免不必要的麻烦，建议穿上印度妇女的传统服装，并且途中尽量少和陌生人讲话，这样别人会把你当作本地人看待。**特别需要提醒的是，在印度买火车票是非常困难的，一般需要提前很多天预订车票。**所以，在印度旅行，要做好只能乘坐飞机的准备了。

在印度新德里，买酒是有时间限制的。每周的星期二、星期五和公休日及每月第一天为禁酒日，在这些天，无论你多么神通广大，也休想买到酒。在印度，进寺庙前一定要先脱鞋，不要穿着短裤和短裙，也不要佩戴以牛皮为材质制成的东西。

在寺庙不要大声喧哗，如见到身边的穆斯林在祈祷时，须轻声走过，不要影响其做礼拜。

在印度，有多种动物被人神化。除了被定为国鸟的蓝孔雀外，最受印度人崇拜的动物还有黄牛。黄牛出于宗教原因而广受人们崇拜。因受印度教的影响，敬牛、爱牛，不打牛、不杀牛、不使用牛皮制品，在印度也以形成为一种普遍的社会风气。与欧美人爱狗一样，印度人的爱牛也绝对不容非议。

许多虔诚的印度教教徒，平日有早睡早起的习惯。在每年之中，他们必须封斋一次，每次3天左右。在此期间，他们白天不可以进食。印度教教徒还认为"入河沐浴，可消罪过"，故此他们经常要下河。尤其是进入被视为"圣河"的恒河沐浴。按他们的说法，在恒河沐浴后，孩子可以长命百岁，新婚夫妇可以永结同心，老人则可以安然进入天国。**因此，在恒河沐浴，与居瓦拉纳西、敬湿婆神、结交圣人一道，被印度教教徒当作"人生四大乐趣"。**

在印度，当众吹口哨乃是失礼之举。在印度南部的一些地方，人们惯于以摇头表示同意。这种做法，与众大不相同。以左手接触别人，或摸别人的头，在印度通常都是不允许的。

印度人忌讳白色，忌讳弯月图案，忌讳送人百合花。1、3、7三个数字，均被他们视为不吉利。

延伸阅读：

牛的王国

印度有"牛的王国"之称，牛被印度教教徒视为"圣兽"。他们认为，牛既是繁殖后代的象征，又是人类维持生存的基本保证，是神圣不可侵犯的动物。所以，印度教教徒不准吃牛肉。在印度，每年僧侣都要举行一个节日，叫"波高"节，以此来表示对牛的崇拜，并且仪式规定不准妇女参加，由此可见牛在印度人心中的地位是何等的崇高。另外，在印度有些地方还可以经常看到牛随意漫步街头，与行人、车辆等共享道路的景象。因此，在印度驾车时，千万要注意牛。同时，最好也尽量避免以牛为摄影的对象，这些都被视为犯禁戒的行为。

牛在印度教中很受尊敬，印度教徒把白色母牛当作"神牛"。同世界上其他地方的牛一样，印度的牛也必须产奶、耕地和拉车，但是牛在这里享受最崇高的礼遇。牛可以在大街上大摇大摆地闲逛，不但没有人来赶它，其他交通工具还必须为牛让路。如果一头牛恰巧到了菜市场，它还可以大口大口地挑自己喜欢的菜吃。等到牛年事已高，还得把它送到养老院，为它养老送终。在印度每年还有一个牛节，每到这一天，人们鸣锣开道，欢迎牛游行。正因为牛在印度过得如此舒服，所以印度是世界牛最多的国家，总数不下2亿头。

四、印度的商务礼仪

1. 商务穿戴与时间安排

接触印度商人或与其做生意，男士一般穿西装打领带，在夏天则可以穿整洁的短袖衬衫。女士应该穿整齐保守的裙装或裤装，上臂、身体和膝盖以下任何时候都必须被衣服包裹。穿着皮革服饰可能会冒犯到严格的印度教徒。

在印度，经商的最佳时节为 10 月到次年 3 月。商务访问应避免节假日。印度大节日有 1 月 1 日的元旦、12 月 26 日的国庆节、3～4 月份有一个泼水节、8 月 15 日独立日、10 月 2 日国父甘地诞辰纪念日、10～11 日灯节（庆祝 3 天）和 12 月 26 日圣诞节等。印度教徒也有不同假日。访问新德里最好选择每年 10 月至次年 6 月，访问孟买最好选择 9 月至 10 月，这样可以避免碰上酷热。

2. 商务洽谈的礼仪

外国人与印度商人相见应递英文名片，英语是印度的商业语言。**在会谈正式开始之前，印度商人通常会为客人献上一杯茶或咖啡，客人不应拒绝。**如果受到印度商人的邀请吃饭或家访，客人也不应拒绝，如不能允诺可言辞含糊并避免确定时间。在拜访印度商人时，可选精致的工艺品、挂历、小型电子产品等作为礼物送给对方。锡克教禁止吸烟，见到锡克教商人不宜敬烟。在谈判时，心中要有个确定的价格，以免争论不休。

与印度人做生意，要尊重他们的民俗、教义，要热情有礼。准备要充分，摆事实讲道理，事实更重要，说清楚利益关系，最好直接与决策者、高层人士谈判为好。

做出决策的通常是高层人员，中层管理者是中间人。所以亲密的人际关系很重要，闲聊和热情好客都能对生意有所帮助。

3. 注意交流方式

在印度，缓慢的交流方式，特别是通信，可能被视为通常的官僚作风，因此尽可能使用电子邮件。"不"这个字在印度被认为是很生硬的，用"我不确定"听起来就好一些。当你表示不赞成时，尽量小心谨慎。在商务交往中，人们不习惯幽默，可能也无法理解双关语和西方的俏皮话。应该选在 10 月和 3 月去印度，这样可以避开较极端的天气。在做旅行准备之前先查看一下综合的宗教日历。

五、印度的节庆礼仪

1. 杜尔迦节的礼仪

杜尔迦节是印度的宗教节日。每年 10 月初开始。据《往世书》记载，湿婆和毗湿奴得知凶神阿修罗变成水牛折磨众神，便向大地和宇宙喷出一种火焰，火焰就变成了女神杜尔迦。女神骑着喜马拉雅山神送的雄狮，伸出 10 臂向阿修罗挑战，最终将阿修罗杀死。印度教徒为感谢杜尔迦女神的功绩，用投水的方式送她回家与亲人团聚，由此兴起杜尔迦节。节日期间，随处可见神棚、神像。人们在神棚中聆听祭司朗诵歌颂女神的梵文，并祈祷女神为他们驱灾避难。节日的高潮是送女神回家。玛女信徒则载歌载舞，把神像运往圣河威圣湖边，投入水中。

杜尔迦节是印度东部孟加拉地区的最大节日。当地人民主要庆祝恒河女神杜尔迦下凡。节日期间，热闹非凡，神像林立，人海如潮。你若进城，到处可见神棚。神棚用红绿色厚帆布搭成，讲究的神棚分里外两层。神棚的另一边有座高台，在那里表演各种节目。有动人的话剧，优美的舞蹈，悦耳的歌曲和音乐等。表演结束后舞会便开始了，凡参加活动者都穿着最新最好的衣服，特别是妇女穿上五颜六色的纱丽，鲜艳夺目。最受欢迎的热歌劲称为 Dandia，是一种以竹节互击的民俗舞蹈。Dandiyu 竹棒舞则是逆时针方向展开，动态十足的舞蹈十分好玩。到第十天，人们开始举行盛大的赛神会并游行，最后把神像抛入河中。

2. 灯节的礼仪

2月17日，是印度最欢快、最重要的传统节日之一："排灯节"。

排灯节是印度教的重要节日。为了迎接排灯节，印度家家户户都会点亮蜡烛或油灯，因为它们象征着光明、繁荣和幸福。

在每年印度旧历的最后一天，烟火和各种节日的灯会照亮黑暗的夜晚，这是全世界约 10 亿印度教信徒在庆祝排灯节——一个灯的节日。**这是世界上最广泛庆祝的节日之一，在印度、斐济、尼泊尔和特立尼达岛，排灯节甚至是全国性的节日。**

礼仪提醒

排灯节来自梵语词 deepa 和 avail，字面意思是"排灯"。排灯节与几个印度的神话有关，这些神话讲的是正义战胜非正义、光明战胜黑暗的故事。其中有一个故事讲的是，印度教的克利须那神消灭了破坏天地的恶魔和地狱之神纳拉卡苏拉。

排灯节没有正式的典礼，它与世界上其他地方的圣诞节和新年庆祝活动相似。为了表示对神的尊敬，人们把房间打扫得干干净净并进行粉刷。人们穿新衣，开始新的生活。商人停止使用他们的老账本，开始使用新账本。在黄昏的时候，每个家庭和商店点亮各种灯，烟火照亮了天空。朋友和家人团聚在一起并交换礼物。从宗教方面来说，人们在这天讲述与排灯节有关的各种故事；从社交方面来说，明友和家人就像其他任何一个节日一样进行聚会。

人们庆祝排灯节在印度历 8 月朔望月的月末，即在印度阴历的最后一个月的最后一天。它正好在阳历的 10 月或 11 月。2012 年，排灯节是在 11 月 1 日。

3. 十胜节的礼仪

十胜节是印度宗教节日，每年 9 月或 10 月举行，持续 10 天。按照印度传统，9月份有15天祭祖日，其后的第十天即为十胜节。该节是为庆祝罗摩战胜十首魔王罗波那而设的节日。

节日期间，大街小巷一片欢腾，到处人群熙攘，张灯结彩，旗幡飘飞，门楼林立。无论城镇还是乡村，人们一连10天搭台演出描写罗摩王生平的歌舞剧《罗摩哩啦》，并在第十天焚烧罗波那的模拟像，以象征罗摩的彻底胜利。演戏前，许多地方用牛车或象车载着演员游行。前有乐队开路，后有善男信女簇拥，孩子们扮成剧中的猴兵猴将奔前跑后，兴奋至极。节日的最高潮是第十天的夜晚，即"胜利的第十天"。傍晚日落前，人们聚集在各地的广场上观看《罗摩哩啦》中罗摩战胜罗波那的最后一段歌舞。广场的一端竖立着3个巨大的纸人，每个有十几米高，个个青面獠牙、面目可憎。中间最高的就是恶魔罗波那，两旁是他的弟弟和儿子。他们全穿着彩色纸衣，里面装了许多烟花和爆竹。待日落的一瞬，戏中的罗摩便弯弓射火箭，将竖立在广场的3个巨大的恶魔像射中。只听"轰"的一声，恶魔腹中的爆竹被引燃，顿时火光四起，焰火腾飞，呼声连天，不一会儿恶魔像便灰飞烟灭了。人们欢呼雀跃，拍手庆贺，体味着"善有善报，恶有恶报"的古训。**印度教徒认为罗摩是天神毗湿奴的第7次化身，只要对罗摩表示虔诚，就可国泰民安，因此节日十分盛大、隆重。**

4. 恒河圣水沐浴节的礼仪

恒河圣水沐浴节，又称为大壶节，每12年举行一次，距今已有两千多年的历史。每逢圣水沐浴节，成千上万的印度教徒就聚集在恒河河畔，在圣洁的恒河水中沐浴，以洗去身体的污秽，并净化精神和灵魂。

传说中，圣水沐浴节首次举办是在雅利安人时期（公元前1500年定居于印度）。当时众神和群魔达成临时协议，双方合力取得银河系中的长生不老仙露后平分。然而当盛有仙露的大壶出现时，群魔却抢走大壶并逃之夭夭。众神穷追不舍，他们为争夺仙露壶在空中混战了整整12天12夜（相当于人间12年）。据说在战斗中仙露撒落到了四个地方：阿拉哈巴德、哈里瓦、乌疆和纳锡。因此，圣水沐浴节也就在这四地举行。

后来，古印度的一个名叫巴格拉莎的国王希望恒河净化人间，于是他祈祷恒河下降人间。掌管恒河的女神甘格德芙出现在巴格拉莎国王面前，同意满足他的愿望。从那以后，湿婆（印度教毁灭之神）支撑着巴格拉莎国王头上的恒河，甘格德芙的圣水也就流到了人间，净化所有与它接触的东西。

圣水沐浴节中最主要的活动就是在预定的时间和地点进行宗教式的沐浴。其他活动还包括宗教讨论、圣人分派圣餐，以及讨论教义、规范教义的一些宗教集会等。

5. 湿婆神节的礼仪

湿婆神节也叫湿婆神之夜节，在印度教寺庙庆祝，时间在公历 2 ~ 3 月（印历 12 月黑半月第四天）举行。节日时期，不分男女老幼、高低贵贱都要斋戒。

湿婆，是印度教三大神之一，毁灭之神，前身是印度河文明时代的生殖之神"兽主"和吠陀风暴之神鲁陀罗，兼具生殖与毁灭、创造与破坏双重性格。呈现各种奇谲怪诞的不同相貌，主要有林伽相、恐怖相、温柔相、超人相、三面相、舞王相、璃伽之主相、半女之主相等，林伽（男根）是湿婆的最基本象征。

湿婆为印度教毁灭之神，在《梵书》、《奥义书》两大史诗及往世书中都载有他的神话。据说他有极大的降魔能力，额上的第三只眼能喷毁灭一切的神火，曾烧毁三座妖魔城市和引诱他的爱神，得三魔城毁灭者之称。诸神和阿修罗搅乳海时，他吞下能毁灭世界的毒药，颈部被烧成青黑色，得青颈之称。印度教认为"毁灭"有"再生"的含义，故表示生殖能力的男性生殖器——林伽是他创造力的象征，受到性力派和湿婆派教徒的崇拜。**湿婆是苦行之神，终年在喜马拉雅山上的吉婆娑山修炼苦行，通过最严格的苦行和最彻底的沉思，获得最深奥的知识和神奇力量。**他还是舞蹈之神，创造刚柔两种舞蹈，被誉为舞王。

湿婆还富于自我牺牲精神。当恒河女神从雪山天国降凡之际，湿婆为了避免水势过猛淹没众生，他亲自以头接水，让恒河在他的发绺间流转千年，经缓冲后再流到人间。

6. 大宝森节的礼仪

大宝森节是印度人的节日，又称屠妖节或万灯节，家家户户会把房屋打扫干净，在住屋周围点上灯，迎接守护神和幸运女神，印度兴都教徒会举行盛大庆典，用车载着神像游行庆祝，有些教徒身上背着铁架，刺着银针，向神表示谢恩或赎罪。

大宝森节是印度人非常重要的宗教节日。根据淡米尔日历计算，在每年阳历 1~2 月之间，是战神斯坎达的诞辰，信徒将此日称为大宝森节。许多信徒在节前斋戒，沐浴 3 天或 7 天，戒食肉类和鱼，禁止房事，戒烟、戒酒。节日当天参加游行时，在柏鲁马庙集合。一些信徒光着上身，胸和背部插满针、银箭、钩等，扛着木棋，赤脚步行约 4 千米至齐智庙，敬苏巴马尼亚神。有的表示忏悔以求赎罪，有的为了答谢神恩。沿途有信徒替他们洗脚，为他们唱歌、跳舞、击鼓、吹喇叭，为他们助威。苦行者扛着木棋到达齐智庙后，先在庙内绕 3 圈，再把木棋放在神坛前。由祭司把苦行者身上的针、银箭和钩等物拔掉，用"圣灰"擦伤口。至此，整个仪式才告结束。

六、印度的婚丧礼俗

1. 印度的婚姻习俗

印度人的婚礼是社会地位的代表，也是一生中重大的仪式。印度青年到了适婚年龄，都会由父母代替为寻找社会阶级、语言相同，以及星相合适的可以配合的对象。

◇ 印度教的婚礼

正统的印度教徒认为婚礼是一种圣礼，是每个人都必须履行的人生职责。印度教徒相信生辰八字，双方家长有意向性目标后，首先要由占星师算男女双方的生辰八字，看两人是否相克，能否恩爱、白头偕老。如果两人八字相符，就开始谈嫁妆，然后定婚期。印度教的婚礼相当烦琐，从说媒、订婚到结婚，中间要经过许多仪式，包括说媒、订婚、填怀、黄信、擦姜黄仪式、帕德仪式、诵经祈祷等。

印度的婚礼仪式一般于早晨或傍晚在女方家举行。仪式开始前，新郎和新娘在各自亲属的陪同下走上婚礼台。婚礼仪式一般从点燃圣火开始，然后依次进行以下步骤。

①洗脚。新娘的父母用牛奶和清水为这对新人洗脚，祝福他们开始新的生活。

②耿雅丹。又叫握手仪式，这是新娘的父亲把新娘交给新郎而举行的一种仪式。新娘的父亲把女儿的右手放在新郎的右手上，表示他已把女儿交给新郎。通过这种仪式，新娘成了新郎的终身伴侣。有些地区做法不同，不是由新娘的父亲出面，而是由祭司代劳。男女双方的宣誓由祭司带领，祭司说一句，新郎、新娘重复一句。

③马里格拉合纳。这是一种握手仪式。在耿雅丹仪式之后，新娘的右手被放到新郎的右手中，牧师诵读完圣经，在新郎和新娘的肩头缠绕24圈白布，象征他们的结合。这时，新郎握着新娘的手念六句咒语，并且向新娘宣誓说道："我握你的手，祝你高兴，你要同我白头到老，做终身伴侣，养活你是我的责任。"还说："我们已经相互把手交给了对方，我们以后要相亲相爱，相依为命，祝我们的孩子长命百岁。"

④拉吉豪姆。这是一种烧拉瓦祭火神的仪式，也是一种祝愿仪式。**新郎、新娘面朝东方站立，中间生着一堆火，新郎、新娘朝拜火神，把火神当作结婚的证人**。新娘的兄弟或表兄、表弟带领新娘和新郎围绕火焰连转7周（至于具体圈数，不同地区有各自的规定），每转一圈说一句誓言，所以又叫七誓仪式，也叫七步仪式或七圈仪式。新娘和新郎的手中必须拿着大米、燕麦、树叶等，象征着财富、健康、繁荣和幸福。完成这种仪式后，新郎和新娘把手里的大米、燕麦等投入火中，向火神祈祷，连念三句咒语，保佑新娘，新娘还向神祈祷，保佑新郎健康无恙，此时，新郎送给新娘一些衣服等物，以示自己养妻子的决心。其后，新郎、新娘向长辈行

"触脚礼"，即跪在地上用前额去触长辈的脚，或用手先触长辈的脚再触自己的额头，同时接受长辈的祝福。

⑤阿希马劳合郎。在这个仪式中，新娘的兄弟把新娘的一只脚抬起放在一块石头上。这时新郎向新娘说道："你登上这块石头，像它一样信守教规，安分守己，始终如一，尽到一个贤淑女子的责任。"然后二人同向火神祈祷。有的地区做法有所不同：新娘一只手搭在新郎肩上，另一只手握住新郎的手，两人各将一只脚踏在石头上，意思是愿他俩的关系坚如磐石。然后新娘放开双手，新郎和新娘各自向火神祈祷一番。最后，新郎的兄弟们向新人抛撒玫瑰花瓣以驱除邪恶。

上述仪式完成后，结婚仪式才结束。结婚典礼仪式过后，新娘要喂给新郎满满五口印度糖果，说明照顾丈夫和给全家做饭是她应尽的义务。然后新郎再同样喂新娘糖果，说明供养妻子和全家是丈夫的责任。双方的亲戚给新人额头点上红点，并向他们抛撒大米，祝愿他们能长久、幸福地生活。

礼仪提醒

印度教婚礼仪式非常复杂，而且宗教成分很浓，所有仪式都离不开敬神、祈祷，各地的仪式各异，但是其仪式一般各地均可见到，尤在北印度流行。

◇ 印度锡克人的婚礼

锡克人的婚礼一般比较简朴，多为集体婚礼，要求新郎、新娘一齐唱诵锡克教圣经中的圣歌，然后新郎、新娘再按照锡克教风俗，把彼此的头巾系在一起，围绕锡克教圣经转4圈，婚礼即告结束。

◇ 耆那教的婚俗

耆那教的婚俗，南北有所不同。**耆那教和非耆那教徒之间可以通婚，白衣派中尤为普遍，但婚后妻子要改信丈夫的宗教**。北印度的耆那教禁止堂兄妹之间通婚，但卡纳塔克地区却允许堂兄妹之间或非直系的长辈与晚辈之间通婚，允许寡妇再嫁。

◇ 佛教的婚礼

印度佛教徒的婚姻一般由父母决定，结婚前要查双方的生辰八字。婚礼通常由新娘的舅父主持。结婚当天，新娘身穿华丽的服装，在父亲等近亲的陪同下，与颈项上挂着花环、打扮一新的新郎走进一座花亭。新娘的父亲会对新郎、新娘叮嘱一番，之后由婚礼主持人将新娘右手的食指和新郎左手的小拇指系在一起。有的地方，新娘还将一只脚放在新郎同一侧的脚上。接着，新娘收回脚，站起来，双手合掌，围绕新郎走一圈，向他致敬。现在，佛教徒的自由婚姻越来越多。

2. 印度的丧葬礼俗

印度人的殡葬，主要有三种方式：印度教盛行火葬和水葬，伊斯兰教盛行土葬，拜火教盛行天葬。

◇ 印度教火葬

印度教一般实行火葬。人们把尸体抬到焚尸场或运到河边焚烧。在抬往焚尸场或河边的路上，人们嘴里还不停地喊着罗摩的名字，即罗摩在召唤，死者要升天了。有的地方有边走边敲鼓的习惯。在送葬路上，要不时地向拥来的观众投掷零钱。一般家庭，用普通木柴浇上煤油焚烧尸体；而一些富有之家，则用带香味的木柴浇上酥油焚烧尸体。焚烧时由死者的长子举火燃柴，认为这样死者才能升天。点火前，长子和家属从右至左，绕尸体三圈，然后才动手点燃。除死者妻子外，所有寡妇和无子妇女均不得在场，因为她们属于不祥之人。有的地方禁止所有女子到场。由于死人的头颅不易烧透，长子要用木棒将它敲碎。人们认为，头颅被敲碎后灵魂才能升天。若长子已不在世，由次子代替，以次类推。若无亲生儿子，可由侄子或近亲长子代办。**骨灰一般撒在河里，让河水冲走。人们认为这样可洗掉死者生前的罪过，死者可以升天。** 尸体火化后，家属回家先洗澡，否则不能接触他人或任何东西。办完丧事，有的还要去庙里敬神，给些施舍，有的还请穷人吃饭。虽然做法不一，但大都要做些行善积德的事情，以超度亡灵。

◇ 伊斯兰教和基督教土葬

伊斯兰教徒和基督教徒不火化，而是按教规实行土葬，葬礼由阿訇或牧师主持。

◇ 印度拜火教天葬

印度拜火教徒盛行天葬。教徒死后，用白布把尸体裹好，安放在建于山丘的平台上，让鹰鹫等鸟类啄吃，剩下部分经过一段时间的自然腐烂风化，变成碎块，由管理平台的神职人员推入下面的神井之中。

第 四 章

新加坡的礼仪

新加坡位于马来半岛南端，是由50多个岛屿组成的美丽国家。新加坡建国历史不长，居民多为华人，种族多元化。在饮食习惯和日常礼仪上与中国东南沿海一带的人相差不多。新加坡人多信仰伊斯兰教，同时又很重视传统儒家文化的礼仪之道，非常讲究节日庆典礼仪。新加坡人忌说脏话和严惩不文明之举，非常反感"恭喜发财"之类的祝语，忌左手传递东西。到新加坡旅游时对这些礼仪要求要详知并谨守，否则会受到法律严惩。

一、 新加坡概况

新加坡全称是新加坡共和国，是一个集国家、首都、城市、岛屿为一体的城市型岛国。由于它一年四季鲜花盛开，清洁美丽，故此在世界上有"花园之国"和"亚洲旅游王国"的美称。在马来语里，"新加"的意思是"狮子"，"坡"的意思是"城市"，所以新加坡又有"狮城"之称。在海外华人中，它多被称作"星加坡"、"星洲"、"星岛"。它的古称是淡马锡，意即"湖泊"、"海域"。

1. 新加坡的地理与气候

新加坡位于东南亚马来半岛的南端，是一个由新加坡岛及附近63个小岛组成的岛国。它的北端隔柔佛海峡与马来西亚为邻，并有长堤同马来西亚的新山相连。它的南部，则隔新加坡海峡与印度尼西亚相望。新加坡国土面积为699.4平方千米，海岸线则长为193千米。

新加坡地势低平，平均海拔15米，境内最高的武吉知马山海拔仅170米。海岸线长约193千米。新加坡岛的南部和东部分布着众多岛屿，较大的岛屿有德光岛、乌敏岛、圣淘沙岛等。新加坡离赤道仅137千米，属热带海洋性气候，高温多雨。年平均气温24～27摄氏度，年平均降水量2345毫米。充足的水热条件使得这里常年植物茂盛、水果飘香。但因受海洋调节，这里的气候并不炎热。

2. 新加坡的历史

历史上有关新加坡的最早记载是在公元3世纪，8世纪属室利佛逝王朝。由于新加坡所处的地理位置是航海必经之地，不断有包括中国帆船在内的各国帆船造访，因此，这里被称为淡马锡（意为"海城"）。13世纪新加坡建立了僧伽补罗国。当时新加坡的商业已经非常繁荣，中国的瓷器、阿拉伯国家的纺织品和东南亚的香料都在这里汇集。后来贸易港地位被马六甲王国取代，到 19 世纪新加坡成为柔佛王国的辖地。1824 年新加坡沦为英国的殖民地，转口贸易港地位再次突出。新加坡 1963 年并入马来西亚，于 1965 年脱离马来西亚，成立新加坡共和国。

3. 新加坡的人口与民族

由于历史的原因，新加坡和纽约一样，也是世界各民族的大熔炉。这个总面积 618 平方千米的国家，近年来每年要接待来自五洲四海的旅游客人达 500 万人次。新加坡现有 276.3 万人，由 208 个民族组成。其中，华人占 76%，马来人占 15%，印度人为 6%，还有英国人、日本人、阿拉伯人、缅甸人以及欧亚混血种人等。**新加坡政府执行各民族一律平等的政策，同时又给予马来人某些特殊的优待。**该国宪法规定："政府应承认新加坡本土人民马来人的特殊地位。"

新加坡华人的祖先多数是 200 多年前从我国福建、广东等沿海省份到"南洋"（即新加坡、马来西亚、印度尼西亚、文莱等）一带谋生的，因此至今华人的许多生活习惯仍沿袭着福建、广东等地的礼俗。譬如，腊月二十四拜祭灶神爷上天，新春到来之际张贴对联，大年初一不许扫地，端午节包粽子、划龙舟等，他们中有不少人也喜欢在家倒贴"福"字。谁也无法否认，新加坡的现代文明和中华文化有着千丝万缕的联系，但是这种文化随着社会历史条件的变化以及与其他民族文化的交融，在传承中已发生了深刻的变异。

4. 新加坡的政治与经济

新加坡现在实行议会共和制政体。它的国庆日是 8 月 9 日。新加坡的国徽格言是"前进吧，新加坡"。1990 年 10 月 3 日，新加坡与中国正式建立了大使级外交关系。

新加坡是一个国际性的经济多元化国家，自然资源非常贫乏，仅有一些建筑用的花岗岩、造玻璃用的黄沙等，但是它所处的地理位置和高素质的人口成了最宝贵的财富。独立以来，新加坡致力于经济发展。直到 20 世纪 80 年代中期，经济保持了年均 9% 的高速增长，成为"亚洲经济四小龙"之一。**新加坡是东南亚海运、空运、贸易、加工制造、金融服务中心和最大的造船基地，是世界最繁忙的港口、世界第三大炼油中心和世界第四大金融中心。** 2009 年国内生产总值 1840.3 亿美元。新加坡市不仅是世界著名的港口，还以美丽、清洁、繁荣著称，被称为"花园城市"、东南亚的"卫生模范"。此外，新加坡还以治安良好享誉全球，曾连续 10 年获选最适合亚洲人居住城市。

延伸阅读：

新加坡的国旗、国徽与国歌

新加坡的现用国旗启用于 1959 年 12 月 3 日，长宽比例为 3：2。新加坡国旗由两个相等的横长方形组成，上为红色，下为白色。左上角有一弯白色新月和五颗白色五角星。红色代表平等，白色象征纯洁和美德，新月象征国家，五颗星代表民主、和平、进步、正义和平等，新月和五颗星的完美组合象征着新加坡人民的团结互助精神。

新加坡的现用国徽中心图案为盾形，红色盾面绘有国旗图案，构成新加坡国家的主要标志。左侧的金色狮子象征新加坡，新加坡在马来语中意为"狮城"；右侧的金色马来虎象征新加坡同马来西亚之间历史上的联系。下方有金色的棕榈枝叶，底部的蓝色绶带上用马来语书写着"前进吧，新加坡"。

新加坡的现用国歌是《前进吧！新加坡》。

5. 新加坡的语言、文化与宗教

新加坡以马来语为国语。英语、华语（以汉语普通话、福建话为主）、马来语、泰米尔语为官方语言，英语为行政用语。大多数新加坡人都会使用英语和华语。

新加坡处处显示出多元文化的特征。华人、马来人、印度人、印度尼西亚人、阿拉伯人、欧洲人在这里毗邻而居，他们都为新加坡丰富的文化组合增添了色彩。各式各样的传统服饰、饮食、节日显示着新加坡文化的包容与繁荣。许多国家把新加坡看作不同民族与文化和谐共处的典范。

新加坡重视教育，儿童6岁开始享受免费的国民教育，强调识字、识数、双语、体育、道德教育、创新和独立思考能力并重。双语政策要求学生除了学习英文，还要兼通母语。识字率达到95.7%（15岁以上）。大多数学校为公立。主要大学有新加坡国立大学、南洋理工大学和管理大学。

新加坡重视道德建设，注意把儒家文化和伦理灌输到人们的日常工作和生活中，宣传奉献精神和群体精神，树立敬老尊贤的社会风气和强烈的家庭观念与家庭责任感。

新加坡是多宗教的国家，主要宗教为佛教、道教、伊斯兰教、基督教和印度教。华人大都信仰佛教或道教，马来人基本信仰伊斯兰教，印度人信仰印度教，巴基斯坦人也大都信仰伊斯兰教，西方人一般信仰基督教。

延伸阅读：

新加坡的各种宗教

◇ 佛教。早期的华人移民，如同其他种族的移民一样，带来了他们的宗教信仰与习俗。不同籍贯的华人，各自兴建庙宇，让善男信女参拜。其中有一些庙宇，已成为国家古迹，如天福官、双林寺和凤山寺等。在新加坡，绝大多数的佛教徒，是属于大乘学派，其次是小乘、金刚乘和其他学派。

◇ 兴都教。前来新加坡的印度人，也把他们的宗教、文化和艺术带到新加坡。他们早期的宗教活动，是在新加坡不同地区兴建兴都庙，其中大部分是以南印度的风格为主。兴都庙成为许多印度节日与庆典的焦点。

◇ 天主教会。新加坡的天主教会历史，可以追溯到1819年莱佛士发现新加坡的日子。1972年12月22日，已故教宗保禄六世颁令新加坡成为另一个主教区。在1977年7月26日签署的协议下，澳门主教把他在新加坡的教会管辖权移交给新加坡主教。这项协议于1981年5月27日获得罗马教廷的批准。当这道教令于1981年6月26日颁布，同年7月1日生效，此后在新加坡的天主教教会，就直接由罗马教廷管辖。

◇ 基督教会。在莱佛士登陆新加坡后 4 个月，他把一块土地赠送给伦敦宜教会。5 个月后，第一位传教士抵达新加坡。在最初的数十年里，一些不同的团体，对新加坡的基督教教会的发展作出了独特贡献。这其中包括西方商人族群、马六甲的海峡华人族群、海外传教士以及印度与中国的基督徒移民。神学院与圣经学院也随着成立。

二、新加坡的日常生活礼俗

1. 新加坡的服饰礼俗

◇ 传统服饰

新加坡人的国服是以胡姬花作为图案的服装。在国家庆典和其他一些隆重的场合，新加坡人经常穿着自己的国服。

新加坡不同民族的日常穿着各具特色，华人男士多穿长衫、长裤，妇女多爱穿连衣裙和旗袍。马来人男子头戴一顶叫"宋谷"的无边帽，上身穿一种无领、袖子宽大的"巴汝"服，下身穿长及足踝的纱笼；女子上衣宽大如袍，下穿纱笼。印度人是男子缠头，女子身披纱丽。新加坡的年轻人也穿各式各样的休闲服装。但是很多公共场所，如果衣着极其随便，如穿牛仔装、运动装和过于暴露的衣服，往往被禁止入内。此外，政府部门对其职员的穿着要求较严格，在工作时间不准穿奇装异服。

◇ 正式服饰

新加坡是赤道气候，四季如夏，穿着打扮一如中国南方的夏季。女人一年四季穿裙子，特别是年轻姑娘，裙子的颜色特别鲜艳，但大多数还是将洁白的上衣罩在薄薄的裙子上，轻盈飘逸，颇为大方。老年妇女则讲究庄重，裙子颜色一般较为素雅。学生上学都穿校服，男学生穿白衬衫、黑裤子；女学生穿白上衣、蓝裙子，也有穿红裙子的，衣着显得整齐大方，美观活泼。文职官员衣着较为规范，一般是短袖白衬衫，西装裤，打着一条领带。

在新加坡的许多公共场所，穿着过分随便者，比如穿牛仔装、运动装、沙滩装、低胸装、露背装、露脐装的人，往往被禁止入内。

礼仪提醒

新加坡对男子留长发极其反感，认为这是一种可耻的行为，应受到社会舆论的谴责。在新加坡许多公共场所，常有"长发男子不受欢迎"的告示。新加坡人对蓄胡子的人也不欢迎。

2. 新加坡的饮食礼俗

在新加坡，各种各样的美食都可以品尝得到，主要有中式美食、马来西亚美食、印度美食等等。

◇ 中式美食

粤菜是在新加坡最受欢迎的中国菜，以清淡及推陈出新闻名，从简单的叉烧面到精心制作的上汤鱼翅或脆皮乳猪，都令人食欲大增。新加坡的许多餐馆在午餐时推出粤式点心，蒸或炸的点心为特色，颇受欢迎。除了粤菜，其他有名的中国菜还有北京烤鸭、上海鳝鱼、潮州卤鸭、海南鸡饭、客家酿豆腐与辛辣的四川菜等。

①海南鸡饭。海南鸡饭是20世纪二三十年代由海南移民带到新加坡的，却意外地大受当地人欢迎。最初的海南鸡饭就是白饭配上鸡肉和姜茸，经过不断演化，现在还有粤式鸡饭和马来鸡饭等口味。**海南鸡饭现在已是新加坡的一道准"国菜"。**海南鸡饭的制作方法特别讲究，将全鸡用水煮至嫩熟，切块，装盘，洒上芝麻油与酱油；饭也是用鸡汤和鸡油一起蒸煮的，所以特别香滑可口；再蘸点黑酱油、蒜末或一种特制的酸辣辣椒酱，口感极棒。海南鸡饭的鸡肉绝对不能全熟，要骨头周围的肉略微呈桃

色，鸡的骨髓还是带着血的，才算合格。

②咖喱鱼头。咖喱是地道的印度特色，而鱼头又为华人所最爱，二者能结合在一起，的确可算是一道新加坡自创的印度佳肴。这道菜由在新加坡的印度人首创，原本只是做给爱吃鱼头的华人的，渐渐地，马来西亚人和印度人也开始爱上这道菜肴，经过多年的改良，"咖喱鱼头"的名声大振。

礼仪习俗

近几年，随着越来越多的中国人来到新加坡，新加坡最近开始兴起吃四川、重庆火锅的热潮。在一年四季都是炎炎夏日的新加坡，火锅竟如此火爆，真是难以想象。

◇ 马来西亚、印度美食

凉拌菜如 rojak、gadogado 等都是受新加坡人欢迎的美食。satay（沙爹）烤肉串则是最受当地人及西方游客喜爱的食物，一串串腌好的牛肉、羊肉或鸡肉在火炭上烤熟后，再蘸上花生及椰浆调制而成的沙爹酱，非常美味。虽然马来西亚和印度尼西亚是传统香料的盛产地，但是并非每道菜都是辛辣的，还有许多清淡的菜可供选择。

①沙爹。近年来，到新加坡领略东南亚"沙爹文化"正逐渐成为各地美食族追求的新时尚。沙爹就是指传统的马来串烧羊肉、牛肉和鸡肉，容纳了东南亚许多国家美食的精华。事先腌好的牛肉串、羊肉串、鸡肉串要用木炭烧烤，并要控制好火候。别看它的模样和中国的烤肉串差不多，味道却大不相同。其中的秘诀就在当地特有的沙爹酱上。东南亚的沙爹酱是由花生酱、椰酱、幼虾等多种来自异国他乡的香料调制而成的，香醇无比，入口时浓浓的南洋风令人眷恋不已。在享用一串串沙爹的同时，别忘了再来点椰叶或班兰叶包裹的传统马来米饭、小黄瓜及洋葱等，入口的沙爹才会更加味道分明。

②印度飞饼。印度飞饼也叫印度抛饼，是众多新加坡人早餐与夜宵的最爱。**色泽金黄、略带焦香的印度飞饼吹弹即破，外层金黄酥脆，内层柔软白嫩，嚼在嘴里，妙不可言。**印度飞饼可加蛋或不加蛋，可根据各自的

喜好选择不同的咖喱或白糖蘸着吃。有些人干脆直接用手抓着吃，确实是一种吮指美味。如今的飞饼已有不少创新，食客可以依照自己的口味，让厨师在饼上撒些沙丁鱼、番茄，甚至奶油和冰激凌等。吃飞饼的时候如果再配上香浓的印度拉茶，那更是锦上添花。

◇ 娘惹美食

娘惹菜是由长住马来西亚、新加坡的华侨，融合中国菜与马来菜所发展出来的家常菜。娘惹指的是过去居住在新加坡、马六甲及槟榔屿的土生华人女性，由于土生华人是早期马来人与华人通婚的后代，因此娘惹食物融合了马来菜与中国菜的烹调特色。从口味方面来说，娘惹食物是最特别、最精致的传统佳肴之一。一些娘惹面食，例如汤汁混合椰浆 laksa（拉沙），以及掺以酸辣汤汁的 meesiam（马来炒米粉），都是一般美食中心常见的小吃。

◇ 海鲜

新加坡附近水域海产丰富，肉质鲜美，龙虾、螃蟹、贻贝、墨鱼及各种海产品都是上桌的好菜，正因海鲜如此受欢迎，以至一些餐厅专卖各种海鲜。一般而言，东海岸一带的海鲜餐厅收费较市区的许多餐馆便宜。菜品中最受欢迎的是辣椒蟹。

新加坡地处热带，据说当地人为了降暑排毒，所吃的各种料理口味自然就偏重麻辣。而在各种新加坡传统麻辣口味的料理中，又以辣椒蟹和黑胡椒蟹最为出名。

辣椒蟹就是将整个的大螃蟹切开，连肉带壳加上茄汁、辣椒一起拌炒。蟹肉的鲜嫩伴着茄汁的甜和辣椒的冲，非常过瘾，堪称绝配。黑胡椒蟹集中式的酱油、印度的黑胡椒、马来的小辣椒与西式的牛油于一体，造就出了这另类"冲鼻"的独特味道来。

值得一提的是，新加坡的海蟹个头特别大，一个蟹脚就有两根手指般粗，蟹壳厚而脆，用蟹钳一夹，会发出清脆的碎裂声，只见红汁从嫩白的蟹肉中溅出，引人开怀大吃。这里的海蟹肉质非常细腻，鲜美无比。

◇ 日式美食

新加坡共有 30 多家日本料理，可让顾客在富有日本情调的气氛中享用日本传统美食；以香辣为特色的泰国美食也日渐受人欢迎，许多餐馆都设有泰国餐。其他受欢迎的亚洲佳肴还有越南、中国台湾及韩国传统美食。

◇ 西式美食

新加坡是一个国际大都市，西式美食自不可少，无论是快餐店、普通小吃店还是气派豪华的巴黎餐厅，所供应的食物都令人大呼过瘾。此外，在新加坡还可以尝到墨西哥、英国、意大利、法国、德国、奥地利、中东、俄罗斯及美国等国家的佳肴。

◇ 茶

饮茶是新加坡当地人的普遍爱好，新加坡人多为华侨与华人，其嗜茶习惯与中国的闽粤人相似。他们每日以茶为主要饮料，每逢客人光临，总要以茶敬宾。

肉骨头茶是新加坡人传统的饮料，香味可口，别具风味，通常是边吃猪排边饮茶。肉骨头选用的是上等的包着厚厚瘦肉的新鲜排骨，然后加入各种佐料，炖得烂烂的，有的还加进各种滋补身体的名贵药材。来到肉骨头茶店落座不久，店主就会端上一大碗热气腾腾的鲜汤，里边有四五块排骨和猪蹄，外加香喷喷的一碗白米饭和一盘切成一寸长的油条，顾客可根据不同的口味加胡椒粉、酱油、盐、醋，在吃肉骨头的同时必须饮茶，显得别具风味。

新春佳节之际，人们经常会在清茶中佐以橄榄，谓之"元宝茶"，寓有"财运亨通"之意。

> 礼仪习俗
>
> 新加坡是一个多民族的国家，有华人、马来人、印度人以及西欧人等，因其种族的多元化，新加坡的饮食因而丰富多彩。无论是中式菜肴、西式快餐、日本料理、韩国烧烤、泰国餐、印尼餐，还是马来风味、印度风味的饮食，这里都有。新加坡被称为美食天堂，在这里不用出门，就可以吃到异国的食物。

新加坡人接待客人一般是请客人吃午饭或晚饭。与新加坡的印度人或马来人吃饭时，应注意不要用左手。到新加坡人家里吃饭，可以带一束鲜花或一盒巧克力作为礼物。谈话时，避免谈论政治和宗教，可以谈谈旅行见闻以及新加坡的经济成就。

新加坡华人在饭馆里吃饭时，常用筷子和瓷匙。如果需要。饭店会提供餐叉和汤匙。但如果一个外国旅客能使用或试着使用筷子，将会被认为是恭敬的表现。有时用手指帮忙是允许的，尤其是在吃鸡或其他禽类时。马来人或印度人可能用右手代替筷子，用芭蕉叶代替盘子。当采用马来人或印度人的方式吃饭时，应向主人请教或模仿他的做法。**用餐时不要把筷子放在碗或装菜的盘子上，不用时不要交叉摆放，应放在托架、酱油碟或放骨片的盘子上。**如有海员、渔夫或其他爱好划船者同席，不要把盘子里吃了一半的鱼翻转过来，因为那将预示着翻船，应把鱼骨移开以吃到下面。

延伸阅读：

新加坡人的喜爱与忌讳

受华人传统文化的影响，新加坡华人对传统民俗非常讲究，吉祥字、吉祥画在他们的周围随处可见。最受他们喜爱的吉祥字有"福""吉""鱼"等。最受他们欢迎的吉祥画，则有表示"平安"的"苹果"，表示"和平"的"荷花"，表示"力量"的"竹子"，表示"幸运"的"蝙蝠"，等等。

在色彩方面，绝大多数的新加坡人都非常喜欢红色。他们认为，艳丽夺目的红色，是庄严、热烈喜庆、吉祥的象征，而且还具有激励人们奋发向上的作用。在一般情况下，过多地采用黑色、紫色不为新加坡人所欢迎。在他们的意识里，黑色、紫色代表着不吉利。另外，新加坡人对白色也普遍看好，视之为纯洁与美德的象征。新加坡目前的国旗，就是由红色和白色两种色彩构成的。

就数字而论，新加坡人对"4"与"7"这两个数字的看法不太好。这主要是因为，在华语中，"4"的发音与"死"相仿，而"7"则被视为一个消极的数字。在新加坡华人看来，"3"表示"升"，"6"表示"顺"，

"8"表示"发","9"表示"久",都是吉祥的数字。

平时，新加坡人十分忌讳用食指指着别人，更讨厌别人紧握拳头打另外一手的手心，或将拇指捅在紧握着的食指、中指之间。这些具体动作，都被视为是带有侮辱性的。他们还认为：你要是动不动就双手插腰，那可就表示你正生气呢。

三、新加坡的社交活动礼仪

1. 新加坡的会面礼仪

新加坡华人见面打招呼，通常是鞠躬60度，拱手作揖，面带微笑。马来人相遇时，先用双手相互接触，然后指向各自的胸前，表示衷心的问候。新加坡的印度族人，亲朋相见，行合十问候礼，不宜握手或拥抱，男女之间更忌握手或拥抱，年轻一代则大多采用西方的握手礼。在一般情况下，他们对于西式的拥抱或亲吻是不太习惯的。即使是男女之间表达情感，若要如此这般也不被新加坡人赞许。

与新加坡人打交道，以姓称其为"某先生"、"某太太"或"某小姐"，无论对何种民族都是适用的。会见时，握手、微笑、直视和一句"您好"都是必不可少的。与新加坡人见面，最好事先约定，并准时赴约。新加坡人的时间观念较强，认为准时赴约是对客人的尊重和礼貌。

新加坡普遍使用名片，双方首次会面照例要互换名片，因为这样双方都容易记住对方。名片最好是中英文对照，因为新加坡懂英文的人很多，这样对非华人很方便。但政府规定，当地政府官员不得使用名片。

与新加坡人交谈，最好的社交话题是当地的烹饪和餐厅、特别喜欢的旅游地以及对方业务兴隆的情况等。**回避的话题是：谈论个人性格，议论当地政治或不足之处、种族摩擦、配偶情况和宗教信仰。**

在待人接物方面，新加坡人特别强调笑脸迎客，彬彬有礼。对新加坡人而言，在人际交往中讲究礼貌、以礼待人，不但是每个人所应具备的基本修养，而且业已成为国家和社会对每个人所提出的一项必须遵守的基本行为准则。

2. 新加坡的拜访礼仪

到新加坡人家做客，可以带一束鲜花或一盒巧克力作为礼物，这样女主人将会很高兴。新加坡人接待客人时一般是请其吃午饭或晚饭。如去新加坡的印度人或马来人家做客，吃饭时注意不要用左手，左手被认为是专门用来处理不洁之物的。因此，吃饭时，左小臂最好沿桌边贴放，或垂放于桌面以下。交谈中，注意避免淡及政治和宗教问题。因为，新加坡人忌讳谈论这些。可以谈谈旅行见闻。或是当地风味美食、餐馆及主人一方的商业成就等。

与新加坡人攀谈时，不仅不能口吐脏字，而且还需要记住多多使用谦词、敬语。与此同时，对于话题的选择务必加以注意。最受新加坡人青睐的话题，主要是运动、旅游、传统文化以及有关经济建设方面的成就。对于新加坡国内的政治、宗教、民族问题，执政党的方针政策，领导人的选拔，以及新加坡与邻国的关系问题，最好不要涉及。

新加坡的华人大都很讲"面子"，并且"乡土观念"极强。与其进行交往时，千万不要不给对方"面子"。要是能用"家乡话"与其进行交谈，则必会大受欢迎。

3. 新加坡的馈赠礼仪

如应邀去新加坡人家里做客，带上一盒巧克力或一束鲜花是比较保险的选择。如果希望选择别的礼物，可以参考新加坡人喜欢吉祥字、吉祥画以及重视传统民俗的习惯，选购带有"福"、"吉"、"鱼"等字的吉祥字或画有表示"和平"的荷花，表示"力量"的竹子，表示"幸运"的蝙蝠等的吉祥画。如果考虑送一些带有地方特色的礼物，一定要确保这些礼物不与新加坡人的信仰和风俗习惯相冲突，否则会引起双方的尴尬和不快。**马来人和印度人可以接受礼物，但他们不提倡送礼。**

礼仪提醒

新加坡人拜年一定会带橘子，送橘子表示送吉祥。送礼者若未成婚，不宜给小孩红包，因为根据新加坡的习俗，没结婚者送人红包，男的娶不到老婆，女的嫁不出去。

4. 新加坡的文明礼貌

在开国之初，新加坡政府就注重"礼治"，立志要将新加坡建成一个礼仪之邦。政府不但强调"不学礼，无以立"，而且专门编制了《礼貌手册》，对于人们在各种不同场合的所作所为是否符合礼仪，都做出了明确的规定和指导。"人人讲礼貌，生活更美好"、"真诚微笑，处世之道"等一系列具体规范，在新加坡早已家喻户晓、深入人心。**在新加坡，不讲礼貌不仅会让人瞧不起，而且还会寸步难行。**

新加坡政府十分重视文明礼貌的教育。美国著名作家凯文·钱伯斯曾说过："新加坡在很大程度上是李光耀总理艰苦努力精神的写照：他不吸烟，所以，政府也不鼓励吸烟；他不喜欢蓄长发，因而海关拒绝'嬉皮士'型人进入；他爱好整齐、清洁，他的政府便对乱扔东西的人、随地吐痰的人和走路不守交通规则的人课以重罚。"**新加坡形成良好社会风气的原因是多方面的，但是，政府的大力倡导显然是一个重要的因素。**自1979年以来，新加坡每年都要开展一次"礼貌月"和"敬老周"活动。各地书店经常出售有关文明礼貌教育的书刊，报纸上不时辟有"处处待人讲求礼貌"的专栏，街头随处可见讲求文明礼貌的宣传栏。为了推动礼貌运动的开展，政府总理和部长还经常到各区的联络处发表演说。政府鼓励年轻一代孝敬老人，为此专门设计建造了一种布局合理，设备完善，每套约160平方米的"多代同堂住宅"，深受广大居民的欢迎。同时，政府对乱扔东西、随地吐痰和不守交通规则的人实行必要的处罚，使宣传教育和健全法制相辅相成,有机地结合起来。经过长期不懈的努力,文明礼貌已蔚然成风,所以尽管新加坡是世界上人口密度最大的国家之一,但这里却时时处处使人感到清洁美丽,秩序井然,生活舒适。尤其是使外国游客有一种宾至如归之感。

5. 新加坡的旅游礼仪

新加坡旅游业发达,各种级别的宾馆、酒店齐全,住宿时可以根据自身的经济条件选择相宜的住处。新加坡酒店的大多数服务人员都会讲英语和中文。所以,有任何的需求都可以和他们直接联系。一般酒店的入住办理时间都是在中午12:00至下午4:00。所以,如果因为某种原因无法在这个时间到达时,请在预订酒店的时候提前说明,避免酒店取消房间;退房在中午12:00之前办理,如果有事不能及时退房,也要事先和酒店说明,看是否需要办理延迟手续,不然超时要多收一天费用的。**此外,新加坡的大多数酒店不提供牙刷、牙膏、拖鞋等用品,需要自己准备。**酒店的电压为220伏特,与我国相同,所以,带去的电器在这里可以正常使用。

在公交车站等车,见到你要坐的车到了,你最好提前招手示意停下。否则,如果刚好这站没人下车,而你又没有招手,司机很可能就不停车。相反,在公共汽车里,如果你快到站时,没有提前按车上的铃提醒司机,又正巧这站没有人上车,司机一般是不会停车的。

初到新加坡旅游的中国游客,也许会注意到:这里的驾车方向与国内相反。新加坡曾为英国的殖民地,各种制度及习惯均沿袭英国。除了走路或乘电动手扶梯靠左外,就连驾驶规则也从靠右行驶转为靠左行驶。所以,在新加坡过马路时,要特别小心。先要注意右方来车情况,以免搞错方向,造成险情。

新加坡商场的营业时间是周一到周六10:00~21:00,星期天关门。在新加坡,大商场的商品价格是固定的,小商场可以讲价。在商场购物时,千万别忘了索要发票,因为,一旦发现商品有质量问题可凭票退换。另外,橱窗上贴有红色鱼尾狮标志的商场为旅游促进局和消协推荐的商店,可以放心购物。

政府重视旅游业，它是创汇的主要产业。新加坡景点繁多、名胜不少，如天福宫又叫妈祖宫，很多石柱、神像都从中国运去；裕华园面积大，造型仿北京颐和园，景多塔高；龟屿、蝴蝶园和世界昆虫馆、虎豹别墅、蜡像馆、牛车水、奇石博物馆、圣淘沙、狮头鱼尾像、双林禅寺、晚晴园、西洛索要塞遗迹、小印度、动物园、国家博物馆、海底世界、文物馆、植物园、裕廊鳄鱼公园、斯里·玛利安曼庙等都是游客云集之地。**如果有机会去新加坡旅游，就必须严格遵守它的各项规定，如公共场所不许吐痰、乱丢纸屑、烟头，处处保护环境，讲究卫生，更不准抽烟。**如果有违规者，不仅要重罚，还要鞭打，在公共场所不准拥抱和亲吻。

四、新加坡的商务礼仪

1. 时间安排与着装礼仪

新加坡人多从商，所以他们中大多数的华人和马来人的时间观念都较强，有准时赴约的良好习惯。他们认为准时赴约是对对方尊重和礼貌，同时也期待对方遵守约定的时间。

到新加坡从事商务活动的最佳月份是 3 月至 10 月，以避开圣诞节及华人的新年。11 月至次年的 2 月人们忙于过节，大多数商人都放假。与大公司商谈业务要提前 1 个月用电报预约。

商务会谈约定时间最好提前一至两个星期，尤其在参与会议人数较多的情况下。新加坡人嗜好旅行，开会要尽可能避开有公共假日的长周末。在会议举行前一天，应该再次确认会议的时间、地点。

在会前，如果可以获得对方与会人员的名单，了解对方的头衔、所负责的部门，甚至是种族、籍贯等，能为会议的顺利进行以及将来的合作打下良好的基础。

开会当天切记要准时，迟到的话会被看作不尊重对方，尽管新加坡人其他场合参加聚会是出了名的"迟到大王"，比如华人婚宴、庆祝晚宴等，一般请帖上的时间都比正式开始时间至少早半个小时。**如果真的由于不可控制的原因耽搁（如交通阻塞等），在路途中可以拨电话给对方说明可能迟到的缘由，并告知大致到达时间。**

男士穿着深色裤子、浅色的长袖或短袖衬衫，打领带，也可穿夹克。女士身穿浅色的长袖上衣，一般遮住上臂，也可穿裙子或长裤。新加坡女性的衣着一般紧随最新的世界服装潮流，并尽量使之适合工作场合。

因新加坡气候湿热，着装比较随意，一般不穿夹克。请注意新加坡的办公楼、购物中心、出租车、公共汽车以及大规模快运系统里都有空调，因此都比较凉快。

2. 以诚相待，注意维护面子

当地工商界人士多讲英语，见面时要交换名片，名片可用英文印制。递接名片最好用双手。在商务谈判中，必须以诚相待，注重维护对方的面子。如果对方是华人，采用方言洽谈，将有助于密切双方关系。商讨具体事宜时，一般新加坡人会直奔主题，有时候他们也会先拉一下家常，这时最好不要强行打断他们的说话。应该让对方自然地进入主题，特别是当双方有共同背景，比如同籍贯、同方言、同种族，或者毕业于同一个学校等，免不了会寒暄一阵，这其实是一个很好的开头，与新加坡人很多交易的达成，就是因为双方决策人员中有"共同之处"。

另外，和新加坡人商务洽谈，要注意"面子"问题，稍微谦虚一点的表现能让气氛更加融洽（顺便一提，适当的幽默也很受新加坡人欢迎）。**"面子"的另一表现在于新加坡人不太当面回绝，所以我们要留心他们的面部表情、手势或语气所传达的真正意思。**新加坡人很重视书面依据，商务洽谈后一两天内，送上一份商谈记录及各方所要跟踪事项的备忘录是一个不错的举措，它不仅明确了各方的职责，也会让对方感觉到我们处事的专业性和责任感。同样，准备合同时要尽可能地把各种细节考虑在内，并且给予新加坡方充裕的时间来确认合同内容。

3. 不能随意馈赠礼品

新加坡政府严禁贪污受贿行为，因此不要随便送礼给新加坡客户，尤其是政府客户。新加坡讲究"廉政"，如果贸然送礼，他们可能会"歪曲"送礼者的意图，并作为"行贿"行为处理。应避免赠送任何可能构成贿赂行为的礼品。较适宜的礼品是钢笔、办公用的小装饰品以及名片夹等。对华人来说，最好的礼品是来自中国的工艺品，配成对的礼品更受欢迎。

4. 宴请不讲排场，注重节约

新加坡人不喜欢挥霍浪费，宴请对方不要过于讲排场，尤其是在商务活动中，答谢宴会不宜超过主人宴请的水平，以免对方产生其他想法。邀请新加坡客户共进午餐或晚餐，要记得确认是否有需要去清真餐馆（如果对方有回教人士），或者特别为素食者准备不同的餐食。用餐时不要点过多食物，够了就好。

五、 新加坡的节庆礼仪

1. 春节的礼仪

新加坡华人非常重视春节。

新年来临之际，一派繁荣景象。这时，小摊贩也开始出售各种传统节日礼品，如嫩柳、小橘树、梅花以及各种风味小吃。象征着吉祥的红色和金色装饰在商店里随处可见，舞龙狮的敲锣打鼓声震耳欲聋。除夕夜，华人家庭都会聚在一起吃顿团圆饭。在新年的第一天，每个孩子都可以得到一个红包和代表好运的金橘。每年农历新年会举行春到河畔迎新年。开幕前，五颜六色的烟花将夜晚的天空装扮得绚丽多彩。其他饶有趣味的还有文化演出和杂货市场，在这里您可买到各种美食和各式各样的商品。

新加坡华人过春节仍保留许多特殊或传统习俗。

每到农历新年，华人都习惯全家团聚，然后到亲友家拜年。特殊的是，新加坡华人在拜年时，一定拿着一个精致的小纸袋，里面装着两粒柑橘作为贺年礼，两粒柑橘含有"大吉大利"、"两粒黄金"和"好事成双"等多重意义。主人收下两粒柑橘后，等到客人要离开前，也要回赠两粒柑橘，新加坡人俗称"换橘子"。正因如此，柑橘成为新加坡华人农历新年前必须采购的年货之一，金橘在年前往往供不应求。

大多数新加坡华人会在除夕回到父母家中，全家人一起吃团圆饭，直到初一、初二，这是和一般华人社区较为不同的地方。

新加坡华人没有初二回娘家的习俗，而且因为觉得初三拜年不吉利，所以向亲友拜年的活动只到初二为止，必须赶在初二前向亲友拜年。

此外，农历新年"穿新衣、戴新帽"的传统习俗也在新加坡保留了下来，更甚者，连床单、被套也都一律要换新的。

去拜年时，请记住：不要穿黑衣服。新加坡人还有这样的新年风俗：不能说不吉利的话；初一不能扫地；在初三，不要去拜访别人。因为在他们看来，初三是最容易吵架的日子，那时各自最好待在自己家里。

2. 食品节的礼仪

新加坡的食品节在每年的 4 月 17 日。节日这一天，全国各地要热热闹闹地庆贺一番。节日前夕，大小食品厂显得异常忙碌，要赶制各种精美的食品供应节日市场。每家食品店都积极组织货源，尽力满足顾客的需要，节日前后是一年中食品销售最旺盛的时期。城镇市面上到处都是各种各样食品大减价的广告。人们竞相采购各种各样的特别食品，大街小巷熙熙攘攘，食品商店被挤得水泄不通。这期间，报纸上刊有食品商的大幅广告，广播里教人们怎样制作具有特殊风味的食品。人们见面，谈论的是食品的种类，议论的是食品的价格、包装以及质量等。

在新加坡，食品节含有团聚的意思。因此，身在异地他乡的人们，总

是在节日期间尽量赶回家，同家人一道过节。丰盛的食品和晚餐是新加坡人庆祝食品节最主要的内容。富裕人家会摆上数十种，甚至上百种各式美味食品，在一阵阵热闹的爆竹声中，全家人坐在一起聚餐。晚辈向长辈表示祝福，长辈向晚辈提出希望，大家依次品尝各种食品，热情的话语在客厅里回荡。节日期间，即使是家境贫寒的人家，也要尽力准备比平时丰盛得多的食品，全家人围坐在一起，边吃边谈，高高兴兴地度过节日之夜。

新加坡人还把食品节看成友谊、幸福的象征。节日期间，人们要根据自己的经济情况购买味道鲜美、制作精细、包装美观的食品拜访同行、看望朋友、慰问亲人，从而增进了解，加强友谊。一些平时闹了矛盾或纠纷的朋友常常借食品节相互交谈，最后各自不计旧怨，和好如初。许多青年男女将举办婚典的日子选在食品节这一天，举行丰盛的食品晚宴，这样既为婚礼节省了开支，又为婚礼增加了热烈隆重的气氛。

六、 新加坡的婚丧礼俗

1. 新加坡的婚姻习俗

在新加坡人眼中，男婚女嫁是一件大事，不论华人还是马来人都很重视。新加坡的华人以福建人、潮州人和广东人为主，在婚俗上虽保留了一些中国两岸三地的传统，但由于西化影响较严重，渐渐演变成中西合璧式婚礼。

新加坡把女子 20 岁、男子 30 岁视为结婚的最佳年龄。新加坡虽然还保持着"媒人"之说，但多为形式，实际上男女终身大事都由自己做主，经过自由恋爱，只要情投意合，合乎婚姻注册条例，就可以注册成为合法夫妻，建立家庭。年轻人择偶的标准除门当户对外，对男子要求有较高的学历和较好的职业，女子则要"秀外慧中"、独立干练。

华人按传统比较喜欢选择在阴历八月举行婚礼。这是中秋节所在的月份，也是一年之中"花好月圆"的美好时光。相反，阴历的七月是中元节所在的月份，人们都避免在这个月举行婚礼。此外，任何一方遇有丧事也不举行婚礼。

在喜庆之日，新娘穿上结婚礼服，披纱，花车迎送，欢宴亲友。宾客及亲友得送金钱或礼物作贺礼。但是，新加坡华人的祖籍不同，或多或少都还保留着祖先留下的风俗习惯，各有地方特色，包括议婚、请期、迎新、祭祀祖先及婚神、拜见翁姑、回门等礼节。**但有一点是共同的，即男女双方草拟一个结婚声明，登在报纸广告栏内。**刊登结婚声明的内容是：男女双方经过××人介绍，征得父母同意，结为美好姻缘，两人表示今后一起生活，相互尊重，相互爱慕，百年好合。同时刊登结婚照一张。一般是结婚数天前就见报，一是向社会公开，给亲朋好友一个通告；二是表明心愿，互相尊重，共同约束。

新加坡政府规定，每对新人必须到结婚注册局注册结婚，法律才承认婚姻的合法性，许多新人也都希望注册后能够排队申请政府的租屋，所以一些特殊的结婚习惯也由此衍生出来。在华人的观念中，华人新人到结婚注册局注册后，还要宴客才算真正结婚。所以，有些新人在结婚注册局注册后，仍住在各自家中，一直要等到宴客后，两人才会住在一起生活。

马来人的婚事要经过求亲、送订婚礼物、订立婚约等程序。马来人的婚礼几乎邀请全村人前来参加，来宾酒足饭饱离去时，手上都握着一个煮熟的蛋，表示多子多孙之意。

印度人的婚礼在庙里伴着宗教的圣歌和祷告举行，显得十分肃穆。新娘身上着一件挂满珠宝的丝绸，新郎则跪在她面前悄悄地在其脚趾上套一枚戒指。婚礼的高潮是新娘戴上用茉莉花和兰花编成的沉重的花环时，来宾向新人身上抛撒花瓣，在芬芳的花香中，完成了隆重的结婚仪式。

礼仪习俗　一般情况下，经人介绍，男女相识，约定地点，家长参加，当场可拒绝，可接受。如接受后，还要算命，看男女属相是否合适。如果合适就要举行订婚仪式，交换戒指或珠宝，交换礼物，男方还要送红包。结婚仪式如同我国。

伊斯兰教徒的结婚登记和仪式在结婚登记处举行。厅堂布置得很华丽，新人打扮好后，庄重地走到主任登记官面前，共同朗读《古兰经》的有关内容，然后进行宣誓仪式。非伊斯兰教徒在专设的结婚登记处，由主任登记官主持，要有新人双方的父母或亲友在场做证婚人。仪式开始时，新人庄重地走到主任登记官面前，回答工作人员有关提问、询问，然后新人庄重宣誓：自己绝无配偶、绝不背叛自己的配偶等。接受登记后要张榜公布，三周内无人反对，才能正式批准。

华人新娘在婚礼上要穿红色或粉红衣裳；新人要向自己的父母敬酒。新郎要用彩车把新娘接到家里来。在婚礼上，还要双双跪拜父母亲后，进入洞房。新人还要向来宾敬酒点烟、施礼，来宾要给新人送红包。婚后三天，新人要到新娘家里去探亲。

2. 新加坡的丧葬礼俗

新加坡的华人讲求孝道，在葬礼方面是非常重视的。由于新加坡华人来自中国不同的省、市，因而丧礼的礼仪有很大的差异，但是仍有一些大家都共同遵守的礼俗程序。一般说来，新加坡华人都遵从下列丧礼程序。

◇ 送终

当家中长辈临终之时，全体家庭成员，包括儿子、媳妇、女儿、孙子都必须集合在他的床前，直至他断气，这叫作"亲视含殓"。如果父母或祖父母临终时，子孙没有侍候在侧，就会被认为不孝。即使是远行或身在外地的子孙，也必须赶回家奔丧，当至亲死亡时，家人都要号啕痛哭，叫作"哭丧"。**如果在家里守丧，客厅的家具杂物要作适当的搬移，并在大门挂上白布，表示家里有人去世。**接着是发丧受吊，向亲友报丧，以电话通知亲友。有些丧家也在报纸上刊登讣告，更广泛地向亲友报丧。华人是重视长寿的民族，因此不论在讣告上或在灯笼上，都把死者的年龄多加3岁，并且以虚龄计算。

父母或祖父母的去世与整个家庭都有密切的关系，全家人必须守丧。华人丧礼标志着家族成员之间的血缘关系，以及家庭的社会关系。

◇ 服孝

当至亲去世后，家庭成员必须穿上孝服。这种礼俗叫作"上孝"，也叫作"成服举丧"。孝服的颜色有白色、黑色、蓝色和绿色，不同的颜色代表家庭成员和死者不同的亲属关系。儿子、媳妇、女儿与死者的关系是最亲密的，他们穿上棉布缝制的白色衣裤。新加坡华人丧服的颜色已趋向简化，大部分人采用白色或黑色孝服。

根据礼俗，守丧的第一天就必须举行"上孝"仪式，除了穿孝服之外，还得在衣袖上端别上一小块"孝布"，叫作"戴孝"，孝布长1寸半、宽1寸。如果死者是男性，孝布别在左袖上，如果死者是女性则别在右袖上。至于该别上什么颜色的孝布按照家庭成员和死者的亲属关系不同而有所区分，它的差别大体与孝服一样。

按照传统，家庭成员必须为死者戴孝3年。在新加坡，一般人只戴孝49天或100天。在守孝期间以及戴孝期间必须穿着素色衣服，不可以穿红色、黄色、褐色或色彩鲜艳的衣服。

◇ 安魂

按照传统观念，一般人相信死后灵魂会上西天，即所谓的"人往西天"、"驾鹤西归"。为了帮助死者顺利"上路"，便会举行各种仪式，这些仪式虽然因籍贯不同而有差别，但是仍有一些仪式是大家共同遵守的。

①买水洗遗体和穿寿衣。过去，家属必须到河边提取河水回来或向神灵·"买水"替死者洗净遗体。现在，一般人都用自来水。**这种仪式通常由死者的儿子执行，象征性地为死者洗身。洗净之后，随即替死者穿上寿衣**。在丧葬礼俗过程中，这项仪式是最重要的。死者如果身体不清洁，到了阴间将会被鄙视和受惩罚。

②入殓。为死者洗净身体、穿上寿衣之后，接着便举行入殓仪式，同

时把死者的一些日常用品或喜爱的东西也放在灵柩内，这些物品叫作"随葬品"，人们相信死者到了阴间还能继续使用生前所用过的东西。

③祭祀。死者入殓之后，设立灵台，摆设三牲水果等祭品，基本的祭品有饭、肉和鱼，并点燃香烛和纸钱。供奉香烛和纸钱象征着死者与家属之间的关系绵延不断，即"薪火相传"之意。

④做功德。在停丧的最后一晚，请僧尼或道士为死者诵经做功德，超度亡魂。

◇ 守丧

守丧通常是3~7天，按习俗必定是奇数。守丧期间，亲友陆续前来吊祭以表最后的敬意。守丧礼俗可在家里或殡仪馆举行。在新加坡，守丧期已逐渐缩短。**前来吊唁的亲友都会向丧家慰问，比较传统的礼俗是上一炷香拜祭死者。**也可以向死者三鞠躬表示最后的敬意。死者的家属在灵台旁边站立，鞠躬表示谢意，更加庄重的家属还跪着致谢，礼毕，吊唁者也应该向死者家属稍微鞠躬回礼。

在守丧期间，死者家属会通宵守着灵台，为了帮助孝子贤孙消除睡意，有些亲友会在治丧处搓麻将，不过这种做法削弱了办丧事的严肃气氛，也会使好赌的人把治丧处当作赌场。我国华人一般是送花圈或给帛金，向丧家表示吊唁。也常有丧家在讣告中表示"敬辞花圈帛金，转购慈善礼券以捐赠慈善机构"的做法，这种善举比赠送花圈来得更有意义。

前往吊唁的亲友应该穿着素色的衣服，丧家以一束红丝线或一个包着银角的红包送给前来吊唁的亲友，让亲友安全回家。吊唁者离开时不必向丧家告辞，静静离开即可。

◇ 土葬或火化

停丧的最后一晚，做完功德之后，家属必须为死者的出殡盛事做好准备。出殡当天的清晨，应把一切善后事都准备妥当，接着把灵柩送往坟场埋葬或送往火化场。

出殡之前，家属和亲友为死者举行最后的致敬仪式，随即由六位自愿人士或殡仪馆工人把灵柩扛上灵车，灵盖上饰有狮子或仙鹤，以区别死者的性别。

送葬的队伍通常由一支乐队领头，奏乐的目的是驱走躲藏在附近的鬼魅。送葬的队伍跟在灵车的后面，第一排是儿子和女儿，其他家属跟随在后。根据传统的送葬礼俗，是要步行把灵柩送到坟场的。在新加坡，送葬的队伍只需步行一段很短的路程，然后登上车辆，前往坟场。

到了坟场，把灵柩扛下后，应在灵柩之前点燃一对香烛，供奉一些简单的祭品，家属和亲友向死者再表最后的敬意，然后把墓穴填平。这时候，长子和次子分别捧着死者的遗像和灵牌。

近年来，由于新加坡土地短缺，已普遍采取火化仪式，但是，除了以火化代替土葬之外，其他仪式仍旧不变。到了火化场，先把灵柩置放在祭坛前的架子上。僧尼或道士做完法事之后，工人把灵柩推入密封的炉中火化。第二天，家属回到火化场捡拾骨灰。先把骨灰放在托盘上，家属细心地捡起小块的骨肢，置放在骨灰瓮里，随即把骨灰瓮密封安置在寺庙或骨灰塔。

◇ 安置神位

葬礼完毕后，子孙便把死者的遗像和灵牌带回家，安置在祖先神坛上。在新加坡也有人花一笔钱，把先人的神位供奉在寺庙里。一般人都以香烛和食物在祖先神位前拜祭先人，这种礼俗是要让子女对祖先表示尊敬和怀念。

第 五 章

以色列的礼仪

以色列位于亚洲西部亚、非、欧三大洲结合处。是犹太教、伊斯兰教和基督教的发源地。居民全部由犹太民族组织。以色列是历史悠久的古老国家,后曾多次被灭国,现在的国家是二战后根据联合国大会决议于1948年正式建国。长期的民族迁徙与颠沛流离的特殊经历,造就了以色列独特的民族文化与礼仪传统。以色列人一般非常讲究文明,注重礼仪,给人们的印象是有教养、高素质。在与以色列人的接触中,务必要尊重其宗教信仰,恪守其习俗礼仪而不可自行其是。

一、以色列概况

以色列全称"以色列国"，国名来源于《圣经》。犹太人祖先雅各布和天使角力并取胜，上帝给雅各布改名为"以色列"。以色列国位于亚洲西部，与黎巴嫩、叙利亚、约旦接壤，西濒地中海，南连亚喀巴湾，是亚、非、欧三大洲结合处。建国时首都在特拉维夫，1950 年迁往耶路撒冷。

1. 以色列的地理与气候

以色列位于亚洲西部。**北与黎巴嫩交界，东北部与叙利亚接壤，东面是约旦，西濒地中海，南连亚喀巴湾**。是亚、非、欧三大洲结合处。沿海为狭长平原，东部为山地和高原。

以色列各地气候差异较大，总体上终年阳光充足，4～10 月炎热干燥，11 月至次年 3 月温和湿润。地中海沿岸平原为地中海式气候；山区温差较大；而埃拉特和死海地区气候炎热干燥，日照时间长，很少下雨。大部分地区夏季气温 20 摄底度～32 摄底度，冬季 7 摄底度～17 摄底度。北部年均降水量 708 毫米，南部荒漠地区年均降水量 220 毫米，埃拉特附近仅 39 毫米。

2. 以色列曲折的历史

以色列是世界主要宗教犹太教、伊斯兰教和基督教的发源地。犹太人远祖是古代闪族的支脉希伯来人。公元前 13 世纪末开始从埃及迁居到巴勒斯坦地区，曾先后建立希伯来王国及以色列王国。公元前 722 年和公元前 586 年，这两个王国先后被亚述人征服和被巴比伦人灭亡。公元前 63 年罗马人入侵，大部分犹太人流亡世界各地。7 世纪巴勒斯坦被阿拉伯帝国占领，从此阿拉伯人成为该地居民的绝大多数。16 世纪巴勒斯坦地区被奥斯曼帝国吞并。

19 世纪末，欧洲犹太人发起"犹太复国主义运动"，并于 1897 年成立了"世纪犹太人复国主义组织"。1917 年英国占领巴勒斯坦，11 月 2 日发表《贝尔福宣言》，表示主张"在巴勒斯坦为犹太民族建立一个由公共法律保障的犹太人之家"。1922 年，国际联盟通过了英国对巴勒斯坦的"委任统治训令"，规定在巴勒斯坦建立"犹太民族之家"。以后，世界各地犹太人大批移居巴勒斯坦。**1947 年 11 月 29 日，联合国大会通过决议，决定在巴勒斯坦分别建立阿拉伯国和犹太国。1948 年 5 月 14 日以色列国正式成立。**

4000 多年文明传统，3 次背井离乡的大流散，百年犹太复国主义运动以及半个多世纪求生存和发展的国家发展史，造就了以色列独特的文化。而长期悬而未决的巴以间宗教冲突和土地纷争，又给它打上了另一层血色烙印。

3. 以色列的文化、宗教与教育

以色列的官方语言为希伯来语和阿拉伯语，通用英语。

以色列十分重视教育与文化传统。以色列建国后制定的第一部法律就是《义务教育法》，其中规定 5 ~ 16 岁的人受免费教育，如本人愿意，到 18 岁仍可接受免费教育。现在，以色列的名牌大学如科学和人文学院、希伯来大学、特拉维夫大学等亨誉全球；独具特色的博物馆如以色列博物馆、犹太民族博物馆、字母博物馆等闻名海内外；高雅艺术如交响乐团等堪称世界一流水平；用各种文字发行的报刊达 1000 多种。更值得称道的是，以色列人均拥有图书数量多年来一直居世界首位。

以色列居民大部分信奉犹太教，其余信奉伊斯兰教、基督教和其他宗教。犹太教为国教。居民中，约 85% 的人信奉犹太教，13% 的人信奉伊斯兰教。在以色列，犹太人的一切思想和行动都必须遵守"犹太法典"的戒律。《旧约圣经》中规定男人不剃胡须和鬓毛，这里不少的犹太人都遵守这一戒律；另外，进行礼拜、祭祀和进食时都严格按"犹太法典"进行，不可自行其是。

4. 以色列的政治与经济

以色列是一个民主议会制国家，实行立法、行政和司法三权分立。目前，以色列没有宪法，只有议会法、总统法和内阁法等基本法。议会是最高权力机构，拥有立法权，负责制定和修改国家法律，对政治问题表决，批准内阁成员的任命并监督政府工作，以及选举总统和议长。总统是象征性的国家元首，职能基本上是礼仪性的。政府以总理为首加上部长组成，总理必须是议会议员。政府对议会负责，并需得到其信任。主要政党有前进党、利库德集团、"我们的家园以色列"党、以色列工党、沙斯党等。

以色列建国时首都在特拉维夫，1950 年迁往耶路撒冷。1980 年 7 月30 日，以色列议会通过法案，宣布耶路撒冷是以色列"永恒的与不可分割的首都"。对于耶路撒冷的地位和归属，阿拉伯国家同以色列一直有争议，阿拉伯国家要求以色列撤出 1967 年以来所占领的全部阿拉伯领土，包括阿拉伯的耶路撒冷（指东耶路撒冷）。目前，绝大多数同以色列有外交关系的国家仍把使馆设在特拉维夫。以色列总体经济实力较强，工业化程度较高，以知识型产业为主。在电子、通信、计算机软件、医疗器械、生物技术工程、农业以及航空等方面拥有先进的技术和优势。**以色列在农业方面形成了特有的滴灌节水技术，充分利用现有水资源，将大片沙漠变成了绿洲**。以色列私人企业比重较大，但政府对主要部门控制严格，许多大企业都由国家控制或监管。合作经济主要以农村的"基布兹"（集体社）和"莫沙夫"（合作社）为主。

延伸阅读：

以色列的国旗、国徽与国歌

以色列国旗旗底为白色，上下各有一条蓝色宽带，白色旗面正中是一个蓝色的六角星，象征国家的权力。

以色列国徽为长方形盾徽。蓝色盾面上有七支烛台，据记载此烛台为耶路撒冷圣殿中点燃祭坛的物件。烛台两旁饰以橄榄枝，象征犹太人对和平的渴望。烛台下方用希伯来文写着"以色列国"。

以色列国歌是《希望之歌》。

正是基于上述这些独特的民族传统和深刻的文化底蕴，所以在以色列人们讲究文明、注重礼仪就成了非常自觉的行为。不管什么场合，以色列人留给人们的第一印象一般都是有教养、素质高。

二、以色列的日常生活礼俗

1. 以色列的服饰礼俗

以色列人没有全国统一、式样一致的"国服"，这主要是因为以色列人来自世界各地，并且依然沿用自己原来的穿着打扮之故。在以色列，来自西方的人往往穿着西装，而来自阿拉伯世界的人则依旧爱穿自己的大袍。这种情景，至今随处可见。

总而言之，以色列人穿着打扮的特点，是注重整洁、协调、素雅和庄重。大红大绿的衣着，对比强烈的打扮，极端前卫的服装，都不为他们所欣赏。

以色列对头发的梳理、洁净，发型十分重视，对剃光头者和留怪异发型者持不屑一顾的态度。在正式场合，男士必须穿深色西服、礼服。在平时的日常生活里，女士一般穿短的连衣裙，喜欢戴耳环手镯等首饰；男士穿宽松的衬衣。当地阿拉伯人喜欢穿自己的传统服装，妇女头上包一块头巾，上衣是宽大长袍，并有一条腰带系于腰间。男子服装很随便，穿什么的都有。现在的年轻人喜欢赶时髦，特别喜欢欧美的新颖服装。

犹太教教规规定：犹太人的头部不得裸露。所以在以色列，人们一般是不会剃光头的。不仅如此，在正式一些的场合，例如，进入犹太会堂从事宗教活动，或是出席议会、例会的时候，以色列男子通常都必须头戴无檐小帽遮住自己的头顶，而以色列妇女也必须戴上头巾。依照犹太教教规，犹太人均不得剃除自己的胡须和鬓毛。因此，在以色列，大多数男子都是满脸胡须，甚至胡须与鬓角连在一起。

2. 以色列的饮食礼俗

总的说来，由世界各国移民所组成的以色列人的饮食习惯可以说是各式各样。有些时候，设宴待客的以色列人往往会热情地向客人推荐一道"以色列国菜"。其实，它们通常也会各不相同。与主人一样，它们也来自世界各地。完全可以这样说，各个国家的饮食，都可以在以色列的家中见到。

如果非要说以色列人在饮食习惯上具有共性的话，那便是所有的犹太人无一不在饮食方面严守教规，丝毫不敢疏忽大意。

犹太教教规规定：犹太人可以吃禽类和植物。**在所有水生物之中，不可以吃无鳍无鳞者。而在一切畜类当中，则只准吃羊肉、牛肉和鹿肉。**与信奉伊斯兰教的阿拉伯人一样，犹太人也忌食猪肉。在以色列，人们甚至忌讳提到"猪"这个字。在非犹太人和非穆斯林用餐的餐厅之中，需要点猪排这道菜时，人们只能称之为"白色的肉排"。此外，犹太人还忌食兔肉、马肉、骆驼肉，不吃咸肉、火腿，不吃虾、龙虾、鳗鱼、蛤蚌。

对允许犹太人食用的羊肉、牛肉、鹿肉，犹太教还做出了种种具体的限定。这类限定主要有：其一，因病、因老死亡者，不准食用；其二，非正常死亡者，不准食用；其三，生肉不准食用；其四，血液不准食用；其五，蹄筋与腹膜下的脂油不准食用；其六，不准与乳制品一起食用。

餐饮方面，以色列人一般是用刀叉的，但很多以色列人在吃中餐时愿意用筷子。以色列人酒也喝一点，但喝得不多，他们不想喝醉。**以色列人常饮的饮料是矿泉水，咖啡也喝得很多，也喝中国茶。**

礼仪提醒

犹太教规定：供犹太人所食用的牛羊与禽类，在宰杀时必须一刀毙命，不得延长其痛苦的时间。对于它们是否合乎教规以及洁净与否，需要由犹太人的教士拉比来进行验证。

三、以色列的社交礼仪

1. 以色列的会面与接待礼仪

以色列人与其他人初次见面时，一般都以握手作为见面礼节。假如彼此同为男性，并且相互关系很好的话，也可以拥抱，同时互贴面颊。在很多情况下，行过拥抱、贴面礼之后，双方还需再行一次握手礼。以色列人问候他人的方式极其讲究。如果对方是一位老人的话，以色列人通常在见面时会恭祝对方："愿您活到120岁！"他们的姓名与我国的正好相反，名在前，姓在后，一般情况下只称名字，正式场合要求称呼名姓全称。以色列人见到老年人都很尊敬，并且有祝福长寿的话语。

在迎接重要来宾时，以色列人通常专门为其宰杀羔羊。在许多情况下，他们还会郑重其事地捧出"盐和面包"或者"酒和面包"，请来宾品尝。这一做法，是以色列人隆重迎宾的大礼之一。

礼仪提醒

同以色列人闲聊，不宜主动涉及的话题有阿以矛盾、宗教信仰、男女关系以及历史上的排犹运动等。犹太人大多博学，家常话题众多，娱乐、艺术、各地名胜古迹、动物、植物、天下大小趣闻等都可列入话题。

2. 以色列人人际交往的特点

以色列人在人际交往中往往既表现得热情、友好，又显得有些矜持、庄重。讲究分寸，恪守犹太教教规，更是他们在待人接物方面所表现出来的主要特点。

犹太人在历史上屡遭迫害，历尽磨难，这使他们形成了举世罕见的凝聚力和向心力。与此同时，他们也因此而变得在人际交往中有些敏感多疑和工于心计。对于宗教信仰相同者，以色列人通常会一见如故。对于信奉其他宗教的人，他们则往往显得有一定的距离。但是他们既不会倨傲不恭，也不会媚态百出。**精明稳重，富于自信，崇尚理性，思维活跃，是以色列人给人的主要印象。**

犹太民族有良好的教育和很高的素质，所以他们的智商很高，个人注重打扮，男士西服革履，仪表堂堂；女士个个英姿飒爽，美丽而活泼，生命力显现得非常旺盛。不论男女老幼谈吐文雅，举止大方，有涵养，有韵味。他们对在人面前跺脚、吹气、吸气、身体不正、双手叉腰、双手抱于胸前等举止很讨厌。在公共场合里，男女不要表现出任何亲热，更不能相互搀扶。

礼仪禁忌：

以色列人在习俗禁忌方面深受犹太教教规的影响。

安息日（每个星期五日落开始至次日日落前），犹太教徒不得从事任何劳动，不得接触金钱、火柴和机器，只能够休息。犹太人及其所居住的区域是不允许外人拍照、录像的。

四、 以色列的旅游与商务礼仪

1. 以色列的旅游礼仪

以色列国土虽小，但旅游业很发达，虽然战事不断，欧洲、美洲的不少游客通过埃及边境进入以色列，也有的游客从约旦河桥进入以色列，每年都有数百万人去该地旅游。原因在于此地有一些独特的旅游资源吸引游客。例如西垟，又叫哭垟，是公元前曾两度建筑的犹太教圣殿，两度遭外侵者焚毁，现在的遗迹是十分珍贵的古迹；又如死海，世界最低的湖面，低于海平面约 392 米，含盐极高，据说人躺在湖面上可以读书看报，也不会下沉；还有橄榄山，基督教徒和犹太教徒朝圣之地；还有太巴列，既有古城，也可以避寒，更可以游览景色。

以色列的几大城市都是由高速公路连在一起的。特拉维夫－雅法是世界上最大的钻石切磨中心，有"钻石城"之誉。每年特别是 11 月至翌年 4 月都吸引着大批游客前来这里观光旅游。

在以色列，车行道、人行道规定得很清楚，车辆、人员靠右行。在街上行走时不得随地吐痰、扔果皮纸屑。在公园里游玩时，不得践踏草坪和攀树折花。打电话时，要选择适当时间，尤其是在深夜若无特殊情况不可贸然打扰。

对提供行车、住宿、参观等活动服务的有关人员，可给予 10% 左右的小费。如果拒收或谢绝，则不要勉强，并口头表达谢意。

2. 以色列的商务礼仪

以色列经济较发达，私人公司占比重大，是中东地区第一工业大国，主要贸易对象是欧美和日本等国，近年来同我国等一些发展中国家的贸易往来有了明显发展。主要出口钻石、纺织品、皮革和化工产品。以色列经济的崛起同他们的勤劳智慧和在商务方面的良好形象是分不开的。

以色列人经商智慧举世闻名，犹太人曾经几千年没有自己的国家，他们分散在世界各地，所能做的工作就是经商，其他是不允许做的，这样时间长了自然做生意就精明起来。以色列人通晓各地商业习惯，善于驾驭各种机遇。

在商务活动中，以色列人既讲原则，也不乏随机应变的能力；既让客人感到难以对付，又会让人觉得他们态度虽硬朗，但可以信任，因为他们说一不二，不拖泥带水。对双方认可的准则或约定，执行起来肯定不会走样。强烈的时间观念、效率观念和信誉观念是他们的三大法宝。他们谈判时很有耐心，但绝不陷入无谓的争论或漫无边际的讨价还价之中。

在商务接触中，他们习惯使用商务名片。客人接到名片后，应认真看完名片上的内容并轻轻装进名片夹，不要随便一看就顺手插进口袋里，更不能插到裤袋里。

在向以色列公司作自我介绍时，请介绍主要业务，最好附上产品目录（英语目录）。

与以色列公司通信（传真或信函）请使用英语。他们的商人大部分会说英语，但是希伯来语是他们的通用语和官方语言，要是能在中国听到希伯来语，他们会感到特别亲切。

以色列公司希望外国合作伙伴迅速答复信函。如果一星期以后才能答复，请先用传真通知他们。

以色列商人做生意讲究谈判、商谈，实际上就是讨价还价。

和以色列人谈判注意诚信，一定要真诚，如果谈到价钱的时候，千万别报得奇高，这样他们会觉得你不是诚心的，那么生意就做不成了。

合同一经双方同意并签署之后不得随意违反或更改。

9. 以色列人经商的特点

以色列商人经商有四大特点。一是很守时；二是注重服饰得体；三是见面以前会做充分的准备工作；四是非常注重人际关系，信守合同。

一般做生意开始时他们都会准备书面合同，这对他们很重要。他们比较小心翼翼，有点害羞的样子，做事情一步步比较谨慎，在商务交往中信任感建立起来，建立了友谊，也许书面合同等对他们来说就不是很重要了，甚至不需要了。

以色列商人也会花时间搞一些公关方面的活动，比如请吃饭、请看戏等。如果成为长期合作伙伴，他们会记住你的生日，还会要求你带着家人一起出去游玩。

五、以色列的节庆礼仪

1. 逾越节的礼仪

每年，犹太教历尼散月的 14 日开始庆祝"逾越节"，前后共 7 ~ 8 天。据《出埃及记》中称，当时摩西假借耶和华神灵要杀死他们周围的埃及人，要求犹太人在房顶和门楣上涂羊血，以此为标记，避免造成误杀。此后他率领犹太人渡过红海，进入沙漠，逃出埃及法老的魔掌，故称逾越节以示纪念。集体活动有献羊、烤羊；众人腰系带子，手持棍棒，吃烤肉、酵饼、苦菜；家家设宴，家长穿白袍，把芹菜蘸盐水分给大家吃，祈祷、读圣经、喝酒、唱歌、畅谈理想等。

逾越节需要很多预备工夫。正月初十要挑选一只无瑕疵的羊羔，留在家中到十四日，这就是逾越节的羊羔。逾越节前夕，家中所有的酵和有酵之物都要取出来烧掉。这代表离开寄居埃及时的罪恶生活。

正月十四日逾越节那天，在黄昏的时候，要宰杀逾越节的羊羔，用火烤了与冤酵饼和苦菜同吃。羊羔的骨头一根都不可折断。无酵饼造法简单，只用面粉和水，且很快烤好。逾越节筵席含义丰富：羊羔的血代表罪得洁净；苦菜代表在埃及为奴的苦况；无酵饼代表纯洁。

逾越节的祭牲是一岁大的绵羊或山羊，传统上所译的"山羊羔"（lamb）一词是误导的。后来确定参与的成人数目至少为 10 人。作为献祭，它并未与利未记前头的几章所细述的任何献祭的架构相合，它是独特的。这或许由于事实上利未记的本意是要用种种方式维持在以色列人中所曾立的约；而逾越节则使这约成为可能。事非出于偶然，因为在新约中所见到基督的死，乃是用种种方法提供利未记献祭背后的实质，而特别与逾越节联系，因为他的死是要为人订立新约。

因为逾越节的山羊羔是祭牲，自从主后七十年圣殿被毁之后，现代犹太人的逾越节便只用一块胫骨作象征性的代表。然而撒玛利亚人却仍然献祭，并且在他们在圣殿原址基利心山上烤羊羔吃。

面包的发酵通常不是用酵母或一些其他制品，而是保留一些未烘的生面团作下一次用。人们相信，这样的连锁发酵每年重整一次，而这大抵是正确的。以色列人至今持守逾越节与七日的除酵节。它的确立，不但为了以色列人拯救的迅速，也为以后世世代代立了新的开始。

目前，逾越节的庆祝方式，是由圣殿第二度被毁开始的。由于圣殿被毁（到公元135年，犹太人甚至被逐出巴勒斯坦），到耶路撒冷过节变成了一句套话，直到1967年，羊肉也变成了羊骨。

2. 柱棚节的礼仪

这是犹太民族和犹太教的节日，又称收藏节。每年从犹太教历提市黎月（公历9、10月间）15日开始，为期7天或9天。为纪念以色列人出埃及进入迦南前40天的帐篷生活而设立。每逢节日，政府派人修剪树木，把剪下的枝条送给信徒搭棚。有些人还专门搭起帐篷或木棚，在里面住几天，还要做很多祭品感激冲灵赐给的丰收。除病弱者以外，所有犹太人都要住进棚中，献上祭品，以感谢上帝的恩赐。住棚节也是农民求神降雨的日子。

住棚节在希伯来语中，是苏克棚（sukkah）一词的复数形式，意为棚屋。在节日期间，犹太人必须建造一个临时建筑，在其中进餐、款待客人、休息，甚至在其中睡觉。**苏克棚是纪念古代以色列人离开埃及之后在旷野中漂流40年期间所住的棚屋，并追念耶和华在这期间供养了所有犹太人的饮食。**

在犹太教正统派中，在住棚节的每一天（除了安息日），男人和举行过成年礼（bar mitzvah，13岁）的男孩都必须遵守摇动住棚节四样植物的戒律。妇女没有摇动住棚节四样植物的义务，但如果她们想要这么做，在传统上，正统派妇女在犹太教保守派和犹太教改革派中，所有举行过成年礼的犹太人都要履行摇动仪式。摇动仪式通常每天在犹太会堂的祷告仪式中举行，也可以在私人家中或苏克棚中私下举行。在住棚节的前6天中，所有犹太会堂的礼拜者离开座位时都要排成队伍，手握四样植物绕行 sanctuary 一圈。在诵读 Hailel 时，摇动住棚节四样植物。节日的第 7 日，称为 Hoshanah Rabbah，礼拜者要绕行 sanctuary 7 圈。

紧接着住棚节之后的那一天是一个单独的节日，称为 "圣会节"（Shemini Atz. eret，意即 "第八日"）。在以色列，圣会节的庆祝包括妥拉节（Simchat Torah）。在其他国家，圣会节在住棚节之后的那一天庆祝，而妥拉节在圣会节之后的一天庆祝。因此节日的总天数在以色列是 8 天，而在其他国家是 9 天。

5. 安息日的礼仪

在以色列，犹太人都会依照教规守安息日。按照犹太人计算日期的方法，所谓安息日指的是：自每个星期五日落开始，至次日日落前为止。这一天主要指的是人们通常所讲的每个星期六。犹太教规定每 7 天一个安息日，每 7 年一个安息年，安息日不劳动，专门敬奉 "真主"，安息年是土地休耕、豁免债务。守安息日时，犹太人不得从事任何劳动，不得接触金钱、火柴和机器，只能够休息。安息日那一天，以色列的许多高楼大厦里的电梯，都要预先经过特别的安排，以便其自动启动或停止。否则，犹太人可就要寸步难行了。**在安息日这一天，犹太人不但不工作，不谈生意，而且也不准进行体育比赛。** 要是不知原委，非要在这一天前去拜访犹太人，多半就要吃 "闭门羹" 了。

六、 以色列的婚丧礼俗

1. 以色列的婚姻习俗

以色列的婚礼民俗深受宗教的影响，处处打上了宗教的烙印。犹太教禁止与异族通婚，这是犹太民族所特有的。因此，犹太人的内婚习俗在相当长的时期内存在，古代犹太人甚至与同父异母的兄妹结婚也是允许的。在以色列国内，甚至现在也不允许与异族结婚，但在国外与异族结婚者，予以承认。与之结婚的异族必须像以色列人。婚姻在传统中由父母做主，只要男女双方有意，就征求父母意见，如果同意就举行订婚仪式。在仪式上，男女双方及其父母、亲友参加，男方要给女方订婚戒指，起誓要娶她为妻，并要给女方一笔聘金。**如果此后男方退婚，聘金不能索要，如果女方退婚，加倍偿退聘金。**近现代的犹太人实行夫妻制，其婚姻民俗包括订婚仪式和结婚典礼两部分。

◇ 订婚仪式

经媒人介绍，如果男女双方同意则举行订婚仪式，双方要签署订婚协议书。其内容包括双方结婚的条件，举行婚礼的时间、地点，双方的财产责任，包括新娘的嫁妆和无充分理由而解除婚约的一方应该支付的罚款数目等。在订婚仪式上，男女双方依次喝一杯葡萄酒，然后小伙子对姑娘说："按照摩西和以色列法律，你已经和我订婚，请戴上这枚戒指。"姑娘同意以后，小伙子为她戴上。它被视为男方给女方聘礼的一种象征。之后打碎一只大盘子，订婚仪式结束。

◇ 结婚典礼

在举行典礼的前一个安息日，新郎至犹太教堂诵读《托拉》（宗教经典）。其时，人们向他扔稻、麦、糖果，表示祝福。新娘要在前一个晚上沐浴。典礼前新郎新娘不允许见面。如果新郎是孤儿，必须在前一周去拜父母的墓地，以告示父母在天之灵。

结婚典礼要择吉日举行。周一不好，周二最合适，因为这一天上帝讲两遍"天很好"。**现今的以色列，每逢周二下午，参加婚礼的人之多，仿佛是倾城出动。**典礼在新娘家或者教堂举行。主持婚礼的神职人员拉比及两位证婚人皆同在。拉比面对一杯酒，诵读婚礼祝词，然后新郎新娘共饮这杯酒；饮光后，新郎用脚把杯子踩碎。婚礼上踩碎酒杯和订婚仪式上摔碎盘子之俗，都是表示追忆昔年圣都、圣殿陷落的悲惨情景，不忘犹太人亡国的伤痛。饮酒礼之后，新郎新娘遵照同处的古俗，在一个房间稍留一会儿。因为按照旧俗，新郎新娘在婚礼之日要禁食，这时可以稍吃些食品。随后，新郎新娘接受亲朋好友的祝福，结婚典礼结束。接着是宴会，宴请亲朋好友。

由于特殊的历史因素，以色列人的订婚仪式和结婚典礼往往一起举行，以减少变因和节省时间及费用。现代的以色列青年多追求简单、温馨的婚礼，仪式日趋简单。

2. 以色列的丧葬礼仪

犹太人实行土葬，人死后，把尸体洗干净，用白布缠裹或穿白衣。由祭司主持葬礼，念经或圣诗。下葬后，吊唁者在死者墓前放一块小石头以示纪念。服葬 7 天，亲属撕破衣服哭啼，不洗脸，不理发，或坐在地上或跪在地上接待前来吊丧的宾客。

以色列的犹太人有守丧 7 天的习俗。丧期内，人们不得理发、刮脸、嫁娶和从事其他日常工作。亲友前来吊唁，男子满 10 名即可在死者家中举行正式祈祷。如遇安息日或重大宗教节日则不守丧或中止丧期。

第 六 章

土耳其的礼仪

　　土耳其位于亚洲西部，地跨欧、亚两洲。土耳其是历史悠久的亚洲古国，被誉为是"勇敢者之国"。土耳其的国教是伊斯兰教，绝大多数土耳其人都属于穆斯林逊尼派信徒。由于特殊的地理位置和历史渊源，土耳其长期活动在欧洲区域，与亚洲的洲际活动渐渐减少。因此在礼仪文化传统上，带有明显的欧洲习俗特点，并且宗教色彩鲜明。很多现代社会的一些正常活动往往被视为伤风败俗而遭禁止。

一、土耳其概况

1. 土耳其的地理与气候

土耳其的正式名称是土耳其共和国。**土耳其作为国家的名称，来自该国的主体民族土耳其人之名**。而"土耳其"一词，又是由"突厥"一词转变而来的。在鞑靼语里，"土耳其"的本意是"勇敢"。因此，作为国家名称的"土耳其"，其含义即"勇敢人的国家"。由于土耳其人尚武成风，故此该国又有"尚武之国"之称。

土耳其位于亚洲西部的小亚细亚半岛和欧洲东部的巴尔干岛上，是一个地跨亚、欧两个大洲的国家。土耳其东部与伊朗、亚美尼亚、格鲁吉亚交界，东南同叙利亚、伊拉克为邻，西部和西北部与希腊、保加利亚毗连，北部濒临黑海，西南则与塞浦路斯隔地中海相望。它的全国总面积约为 78.36 万平方千米，海岸线总长约 7200 千米。

土耳其沿海地区属于亚热带地中海式气候，内陆高原向热带草原和沙漠型气候过渡。温差较大，夏季年平均气温为 14℃～20℃，冬季年平均气温为 4℃～18℃。年平均降水量黑海沿岸为 700～2500 毫米。地中海沿岸为 500～700 毫米，内陆为 250～400 毫米。

2. 土耳其的历史

土耳其是一个由突厥人建立的亚洲古国，公元 14～16 世纪奥斯曼土耳其成为世界上强大的封建帝国，其疆土曾包括整个巴尔干半岛、中东和北非的大部分地区。从 17 世纪开始，土耳其日渐衰落，北边的俄罗斯乘虚而入，在 300 多年中，俄、土两国发动了 27 次战争。土耳其人说，每 3 个土耳其人祖先的坟墓中，就有 1 人是对俄作战而死的。

18 世纪土耳其已经处在内外交困之中，一方面欧洲国家不断侵吞土耳其的西部领土，另一方面土耳其帝国内部的其他民族要求独立。1830 年，希腊首先取得了独立，塞尔维亚、保加利亚和亚美尼亚也紧跟其后。**1908 年，青年土耳其党人发动政变，控制了土耳其的最高权力，进行了一定程度的资产阶级改革。**

奥斯曼帝国只剩下小亚细亚半岛以及地中海东部沿岸和阿拉伯半岛沿岸的土地。1918 年协约国占领土耳其大部分地区。1920 年 8 月，奥斯曼帝国与协约国签订条约，重新划分疆界，奥斯曼帝国丧失 3/5 的领土。1919 ~ 1923 年穆斯塔法·凯末尔发动资产阶级革命，战胜外来侵略军，于 1923 年 10 月 29 日成立土耳其共和国。1924 年 3 月，土耳其废除了奥斯曼哈里发的王位。

3. 土耳其的民族、语言文化与宗教

土耳其的全国总人口目前约为 7430 万，土耳其族约占全国总人口的 90% 以上，最大的少数民族是库尔德人，约占总人口的 11%。此外还有阿拉伯人、亚美尼亚人、希腊人、格鲁吉亚人等。全国约 98% 的居民讲土耳其语。土耳其的国语是土耳其语。

土耳其的主要宗教是伊斯兰教，其信徒占全国居民总数 99%，绝大部分土耳其的穆斯林属于逊尼派，其余属阿拉维派。

土耳其文化受希腊、罗马、基督教和伊斯兰教的影响相当大。**曾几何时，不同文化、不同种族的帝国在这里殊死搏斗，然而今天当我们漫步伊斯坦布尔街头，看到的却是多种文明的和平共处、其乐融融的景象。**在土耳其，随处可见美丽绝伦的清真寺和金光闪闪的基督教堂比肩而立。

4. 政治与经济

土耳其目前实行共和制政体。土耳其以民族主义、共和主义、世俗主义思想作为国家政治制度的基础和准则，采取共和政体，实行政教分离及议会民主制度。议会实行一院制，大国民议会为最高立法机构。总统为国家元首，由全民直选。主要政党有共和民主党、正义党、救国党、民族行

动党等。土耳其的国庆日是 10 月 29 日。1971 年 8 月 4 日，土耳其与中国正式建立了大使级外交关系。在行政区划上，土耳其全国分为八大行政区。行政区划等级为省、县、乡、村。全国共分为 81 个省。**土耳其的首都是安卡拉，从本意上讲，"安卡拉"意即"山羊毛"。**

土耳其首都为安卡拉。安卡拉历史悠久，有些历史学家认为，早在公元前 13 世纪以前，赫蒂人就在安卡拉建立了城堡，当时称为"安库瓦"，或其变音"安基拉"。另一个传说则认为这座城市是在公元前 700 年左右为弗里吉亚困王米达斯所建，由于他在那里发现了一个铁锚，这便成了这座城市的名字。之后，几经变化就成了"安卡拉"。

土耳其是传统的农牧业国家，农业占重要地位，农业从业人口占总人口的 46%。农产品主要有小麦、大麦、玉米、甜菜、棉花、烟草和马铃薯等。安卡拉羊毛闻名于世。矿产资源主要有硼、铬、铜、铁、铝矾土及煤等。轻纺、食品工业较发达，主要的工业部门有钢铁、水泥、机电产品和汽车等。土耳其法定货币为土耳其里拉（TRL）。

延伸阅读：

土耳其的国旗、国徽、国歌与国花

土耳其的国旗为红色旗面，中央有一颗白色五角星，左侧为一弯白色新月。土耳其国旗来源于古老的传说，1453 年奥斯曼土耳其帝国攻入拜占庭，当晚穆罕默德二世梦见一弯新月从东到西横贯苍穹，预示伟大帝国将出现的征兆，于是采用新月和星星作为帝国标志，并绘制在红旗上定为国旗。新月和星星既象征对伊斯兰教的信仰，又象征吉祥和幸福。

土耳其国徽为图案为一弯新月和一颗五角星，寓意与国旗相同。新月和星置于一个红色椭圆形中，其上方写着"土耳其共和国"。寓意与国旗相同。

国歌为《独立进行曲》。

土耳其国花是郁金香土耳其人钟爱郁金香。郁金香的生物学名是 Tulipa，来自土耳其语 TUberld，含义是郁金香花像包着头巾的伊斯兰少女一样美丽。

二、土耳其的日常生活礼俗

1. 土耳其的服饰礼俗

土耳其人的服饰有着鲜明的民族特色。土耳其人的传统衣着为：男子头戴红色的高筒毡帽或呢帽，身穿长袍与灯笼裤。妇女则面罩黑纱，身着黑袍与灯笼裤。这种传统的穿着打扮方式，随着土耳其社会的发展与政教的分离，在日常生活中已不多见。

土耳其人目前的着装，可以说是既保留了自己的传统特征，又基本上西方化了。**土耳其的传统服装在农村和特殊的日子里常穿，在平时或在城市中就很少看见了。**男人的传统服装有衬衣、短裤、毛袜、皮鞋。妇女的传统服装有两种，一种是头巾和头饰，棉衬衣，无裆裤很宽大；另一种是"三件头"，即三块布组成的长裙子，穿在衬衣和裤子外面。

在现代，土耳其人虽然有99%的人信仰伊斯兰教，但是，自1926年以后，国家正式废除了伊斯兰教徒的女性必须头戴面纱，身穿长袍的习俗。现在城市的人们都是短裙、衬衣，男士的西服很标致。

一般来讲，在信奉伊斯兰教的国家之中，土耳其人的穿着打扮相对而言是比较开放的。**但是，这种开放依然必须以不触犯伊斯兰教教规为限。**

2. 土耳其的饮食礼俗

土耳其的餐饮业极其发达，因此土耳其有着"美食国"之名。有人曾经将土耳其与中国、法国一道并列为世界上三个最讲究饮食的国家。正因为如此，土耳其人很喜欢请人们品尝本国的美味佳肴。

平日里，土耳其以面食为主食，并非常爱吃大饼。在土耳其，人民也喜欢吃大米，只是它主要被用来制作羊肉大米汤，充当菜肴。一般而论，土耳其人不吃太咸的东西，而是喜食各类甜品。

土耳其人爱吃羊肉、牛肉、鸡肉、鱼肉和鸡蛋。在肉类之中，他们最爱吃羊肉，并且把羊的脑髓当作上等的补品。在土耳其，转烤羊肉、砂锅羊肉、纸包羊肉等都属于名菜。

在所有蔬菜之中，土耳其人最看重的是茄子。在土耳其，光是用茄子烹制的菜肴就多达几百种。土耳其年产榛子 30 多万吨，占世界总量的 70%。

在日常饮食中，土耳其人还是有一些禁忌的。一般来讲，土耳其人不太爱吃咸的东西，而喜食甜食。主食以面食为主，也喜爱吃大饼、大米，但大米主要被用来制作羊肉大米汤这款菜肴。忌食的东西主要有猪肉、狗肉、驴肉、骡肉、甲鱼、乌龟、螃蟹、死物之肉、未诵安拉之名宰杀之物、动物的血液等。由于土耳其禁酒，所以，饮料主要以凉开水、牛奶、咖啡与红茶为主。

在日常生活之中，土耳其人的主要饮料有凉开水、牛奶咖啡与红茶。**不论是待客还是自饮，红茶都是土耳其人首选的饮料。**

在土耳其给客人送一杯咖啡表示友好。在商店也经常有服务员给顾客咖啡。咖啡屋由来已久，像现在的酒吧一样，成为人们娱乐、畅谈的场所。其实，土耳其不出产咖啡，咖啡出产在埃塞俄比亚，由于土耳其人制作独特，即把阿拉伯咖啡豆加入卡达蒙香料磨细，放到铜咖啡壶里煮，这壶叫杰兹韦。不喝咖啡渣，喝咖啡不失眠，土耳其人时兴用咖啡渣算命，叫咖啡法勒。

礼仪提醒　茶在土耳其和咖啡一样重要，生活中不可缺少。他们喝的是自制的红茶。烧茶很特别，壶有两层，上面放茶叶和水，下面放水，下面的蒸汽把上面的茶叶和水烧开，颜色是红的，故称红茶，放糖喝。近年来，中国的绿茶和花茶也逐渐传入，特别是妇女很喜欢中国的绿茶。

三、 土耳其的社交礼仪

1. 土耳其的会面礼仪

在人际交往中，土耳其人大都殷勤好客。他们认为，将客人招待好了，才有助于建立或发展双方之间的友好关系。在尚武之风的影响下，土耳其人的性格显得豪爽而奔放，热诚而直率。

当地男女青年不在大庭广众之下有过分亲昵的举止，否则会被视为伤风败俗。

土耳其人在交际场合同别人相见时，通常都会首先向对方问好，然后再以握手作为见面礼节。接下来，土耳其人一般还要祝愿对方身体安好。

与亲朋好友见面时，土耳其人一般会与对方行亲吻礼，即与对方互相亲吻双颊。

有的时候，晚辈在拜见长辈之际，会向对方行一种大礼。具体做法是：首先捧过长辈的右手亲吻一下，随后再恭恭敬敬地将它捧至自己的额头上，轻轻地碰上一下。它被称作"捧手碰额礼"。

在称呼土耳其人时，一般宜称其姓，不称其名。假如对方身份、地位较高的话，尤其需要注意这一点。在一般情况下，还可以在对方的姓氏前分别冠以"先生"、"小姐"或"夫人"等尊称。

和土耳其警察打交道时，最好采用该国约定俗成的做法，将其称为"公务员先生"。这被认为是对其职业所表示的尊重。

在极其正式的场合，称呼土耳其人士可在对方的全名前加上其职务或学位，然后再冠以"尊敬的"字样。

土耳其的欧洲部分仅占其全国总面积的 3.1%，但土耳其人却一直把自己当作"欧洲人"看待。所以一定要记住，在人际交往中切勿将其称为"亚洲人"或"中东人"。同时，也不要按照平时对待亚洲人的态度去对待土耳其人。

2. 土耳其的拜访礼仪

土耳其人很喜欢邀请客人到自己家中做客，并一定会十分殷勤地招待客人，咖啡、香烟、点心、水果等，会让客人一一品尝。他们还特别喜欢外国客人用土耳其语同他们讲话，哪怕对方刚刚学会一句同他们对讲，他们也会因此对你格外亲热。如被邀请去他家里吃饭，可以带些鲜花、糖果或糕点作为礼物。如果这家人喝酒的话，可以送酒。

跟主人打交道时，特别要牢记以下三点。第一，不要议论其民族问题。除土耳其族之外，其他少数民族在该国都被视作"人种集团"看待，而不被当作独立的民族。第二，不要议论其宗教纠纷。近年来，伊斯兰激进主义者与推行世俗化政策的人矛盾重重。第三，不要议论其军方人物。在土耳其，军人的地位历来极高。除此之外，政治问题、库尔德人问题、土耳其与希腊有关塞浦路斯的争端，都是土耳其人讳言的问题。

此外，在乡下，进入屋内要脱鞋，但在城市已不再保持这一习惯。

和客人道别时，土耳其人一般都会告诉对方："请下次再来玩。"此时此刻，他们往往还会向客人行一种特殊的"交手鞠躬礼"。即面向客人，你先将双手平伸，然后使之交叉于自己身前，同时深深地向对方鞠上一个90°的大躬。这种告别礼，一再表明对客人的诚挚敬意。**有人说，土耳其人在送客时若是不行这种"交手鞠躬礼"，则意味着不欢迎客人再度上门做客。**

四、土耳其的旅游与商务礼仪

1. 土耳其的旅游礼仪

土耳其的旅游资源十分丰富，每年有 1000 多万人次的游客，旅游的重要城市有伊斯坦布尔，该市文化古迹很多，有古城堡、双重水道、"金门"凯旋门、君士坦丁宫、高塔、教堂、清真寺、博物馆、地下水宫、蛇形青铜柱、多尔马巴赫切、王宫、苏丹阿赫迈特广场、黑海海峡及海峡大桥、王子岛、伊斯蒂克拉尔步行街等。伊兹密尔是英雄城，有很多旅游景点：如圣帕利卡帕教堂、钟塔、文化公园等。还有埃菲斯古城遗址、库雷特勒尔大街、大理石大街、圣母玛利亚故居、阿耳忒弥斯神庙、乌岛、棉花堡、爱琴海地区的景点、安塔利亚、安卡拉等地的旅游景点。游客只准眼看，不准动手，还要保持环境幽雅。

土耳其拥有世界七大奇迹中的两个：阿台缪斯神庙和毛瑟陆斯陵墓。此外，东罗马帝国和奥斯曼帝国时代留下的建筑遗迹也是世界建筑艺术的珍品。亚洛瓦温泉和库什湖是世界著名的旅游胜地。

在住宿方面，土耳其的酒店出于环保原因，不提供牙刷、牙膏、拖鞋、电热水瓶等物品，建议自带拖鞋和牙具等一次性物品。酒店内自来水不可直接饮用，且没有热水供应。饮水可购买瓶装水或自带烧水电器。如需使用电吹风或其他电器，亦需自行携带。在酒店房间内拨打长途或市内电话，饮用冰箱内饮料、酒水，收看付费电视频道等，都需额外付费。土耳其酒店电压为 220 伏特，插头为两角圆形插头，请携带转换插头。酒店内的落地烟灰缸也不适合吐痰，请自备卫生纸。酒店中请勿穿着睡衣走出房间及穿拖鞋进入餐厅、酒吧等场所，且不可大声喧哗，以免影响其他客人。

在土耳其，收取小费是理所当然的，因为对于许多从事服务性工作的人来说，小费也许是他们的主要生活来源。乘出租车，小费一般为 10%，行李每件 90 里拉，对其他各种服务，一次常给 50 里拉左右的小费。

延伸阅读：

土耳其人的喜爱与忌讳

在土耳其，人们最喜欢的色彩是绿色、白色和绯红色。他们都被看作令人积极向上的颜色。土耳其人不喜欢的色彩主要是黄色与紫色，它们均被视为与死亡有关。另外，土耳其人还对花色厌恶至极。在他们看来，花色乃主凶兆，万万不可用其装饰房间。

土耳其人对于骆驼及其图案很是欣赏。但是，他们是见不得猪、猫、熊猫及其图案的。土耳其人之所以反感熊猫，主要是因为他们认为熊猫看起来像猪。

在土耳其民间，人们普遍对大蒜有着极其特别的感情。因此，许多土耳其人都爱在自家门上挂上几瓣大蒜，以便让它来帮助自己逢凶化吉。

受西方人，尤其是欧洲人的影响，不少的土耳其人都非常忌讳"13"这个数字。在日常生活中，他们总是要想方设法对"13"加以回避。

土耳其人的忌讳很多，他们认为每月的"13"日是不吉利的，不能做任何事情；兔子从面前跑过、乌鸦围着房子叫、黑狗从面前经过、坐在门槛上、晚上剪指甲、晚上照镜子、晚上吹口哨、剪刀开着、打破镜子等都将是不好的征兆或不吉利的举动，所以要严格禁止。还有猫头鹰在房子上空叫会死人、骂人死后会变成猪、站着穿裤子会变穷、孩子玩火晚上会尿床、有愿望重复 40 遍就会变成现实、喜鹊敲窗叫预示有好消息、谁发现三叶花长四个叶子有好运、鸟粪掉在头上有吉星、星期二不能开始工作等。

2. 商务活动礼仪

土耳其的伊斯坦布尔是古老的商业中心，现在因其地理位置于欧亚两大洲交界处，并跨两洲，正处于博斯普鲁斯海峡，是黑海和地中海的必经要道，所以商贸业发达。这里真货、假货都有，价格也悬殊很大。**但与土耳其人谈生意时要学会侃价，一旦价格谈定，就必须成交，否则，他们将**

非常生气，甚至会进行报复。

在土耳其，传递名片不能用左手，他们认为左手是肮脏的。在当地，各种商务活动均宜穿保守式样的西服，女性忌穿无袖的衣服。在商务活动中。馈赠礼品给对方是十分正常的，这样才显得热情和诚恳。

五、 土耳其的节庆礼仪

1. 土耳其的主要传统节日

土耳其的重要节日主要有：新年（1月1日），国家主权节（4月22～28日），凯末尔诞辰纪念日（5月19日，这天还是青年节和体育节），特洛伊艺术节（6月11～18日），自由与宪法节（6月26日），胜利日（8月30日），国庆节（10月29日）。

其他传统节庆主要有：骆驼斗兽节（1月中旬），麦加朝圣日（3月中旬），樱桃节（6月中旬），公牛赛（6月第三个礼拜），武装战斗节（8月26日），金苹果银鱼节（9月第一个礼拜），塑胶艺术节（9～10月），鲁米纪念大典（12月10～17日）。

2. 土耳其的国际文化艺术节

土耳其的主要城市每年都会举办国际性文化艺术节，如伊斯坦布尔、安卡拉、伊兹密尔、安塔利亚。伊斯坦布尔每年四月举办国际电影节，五月举办国际戏剧节，六月和七月举办国际音乐节，七月举办国际爵士乐节；安卡拉每年四五月份主办国际音乐节；伊兹密尔每年举办伊兹密尔国际艺术节；比尔坎特每年举办的国际安那托利亚音乐节，也是重要的节日活动之一。**节庆期间，世界各地的众多著名表演艺术家和音乐家欢聚在这些城市。**

在土耳其每年举办的节日活动还有很多。

橄榄油摔跤是传统摔跤的一种，从 1936 年开始，在西北埃迪尔市中心的一片草地上比赛，每年 6 月的第二周由市政府组织，按身高分组，摔跤手赤裸、光脚，只着黑色软皮裤，全身涂满橄榄油。比赛三天，从五六岁的小孩到成人，仪式完后祈祷，之后由 20 组开始摔跤，有裁判在场。

骆驼格斗比赛在西南部盛行，每年 12 月到第二年 3 月，在骆驼发情时举行，经过专门喂养和训练的雄骆驼在唢呐和大鼓伴奏下，为争雌骆驼而互斗，有裁判小组，每季保持不败者为冠军，主人会得到很多奖赏。其间热闹非凡，游客很多，要买门票入内。

东南部乌尔法地区有"轮夜"习俗。即年满 18 岁的男子轮流在家做主，在冬日的晚上，其他人都可以来聊天、讨论、游戏、唱歌、跳舞等，主人用各种食品热情招待，不准喝酒。

农村在干旱无雨时，要进行求雨仪式，在星期五的"相马"礼拜后举行，不准"不沽"的妇女和男人参加。**此间，吃饭不喝水，反穿衣服，光头、光脚、捡石子，祈祷，有的还赶着牲畜等。**

许多地方有叫"曼特法尔"活动的，其实就是算命和娱乐。每年 5 月份，男女老幼聚在一起，每人把一件东西放入一个瓦罐中，由一个蒙着眼睛的小孩随着大家的歌唱内容，一件一件取出来，取出一件，就为其主人祝福一番。

六、土耳其的婚丧礼仪

1. 土耳其的婚姻习俗

以前，土耳其的婚礼由阿訇主持。从 1926 年开始，废除一夫多妻制和宗教婚姻，实行了政教分离制度，使妇女的解放最早。现在仅有 10% 左右的人还按宗教仪式结婚。在农村早婚现象多，农村约有 3% 的人还是一夫多妻。他们的婚姻多数要经过这么几个环节：一是求婚，男方要找女媒人到女方家去看看，是不作声突然而至。第二次再去时就正式提出婚事。**女媒人要当面对姑娘考试，有时还特意抱个孩子来，交给姑娘照料，以观察其生活能力。**有的人还要到姑娘常洗澡的那里打听姑娘的情况。二是定亲，男方家去一些人到女方家，由男方父亲提出请求，双方商定后，就把事先准备好的礼金送给女方家，然后喝甜果汁，糖是男方家人带来的，再把订婚戒指给姑娘戴在手上，姑娘要亲吻每个妇女的手。有的地方在订婚时，男方准备很多东西，女方也准备好多东西，订婚时放到一起展示，吹吹打打，亲友很多。三是订婚后，结婚前的仪式，许多女亲友带姑娘去洗澡，叫新娘浴或开脚浴。还有互相拜访送东西，叫"查访"。婚礼前一周，男方要把准备好的结婚用品全装在一个精致的箱子里送往女方家。在婚礼前一天，女方家要把陪嫁品一起装进这个箱子里送到男方家。四是婚礼，前一天晚上叫"凤仙花之夜"，即由亲人替新娘染手心和脚心，戴头巾，撒红花瓣，然后唱歌、跳舞，其他亲人还要哭诉离别惜情。婚礼这天，一早就有一支早已准备好的人马去迎亲，把新娘接回来，新郎等新娘一到，就往新娘头上撒零钱、小麦、糖果、小米、苹果等，各地都有一些不同的做法，如新娘到了后往新娘额头上涂蜂蜜、摔盘子、过羊皮、喝甜果汁、撒面包屑、塞娃娃等。在新娘入洞房时，事前要让婆婆坐在洞房中的凳子上，先摔盘子，再放一张羊皮在面前，等新娘进来时吻婆婆的手。然后小伙子乱棒打新郎，再入洞房。还有踩脚、送礼、拉家常、煮咖啡等。在城市，往往结婚时在饭馆请客举行仪式。

土耳其人恐怕还是世界上最喜爱黄金的人，他们一直都有储藏黄金保值的习惯，而且在新娘枕头下面压"万两黄金"更是延续至今的习俗；"贴金"则是土耳其婚礼上必不可少的一环，即新郎新娘的亲戚朋友把事先准备好的金手镯、金币（分大小两种）和土耳其纸币（从20、50到100里拉不等）抓在手上。时辰一到，嘉宾就排起长队等候新郎新娘，有的把手镯戴在新娘手腕上，有的则把金币或钞票粘在新人戴着的白色长丝带上。

延伸阅读：

土耳其人在浴室里选新娘

土耳其浴的历史可以追溯到古罗马时代，经过历史的更迭，逐渐形成了今天独具特色的土耳其浴。在土耳其，浴室不仅仅是清洁皮肤的地方，还是人们日常交际的重要场所，有时甚至连婚姻大事也会在浴室里决定。土耳其人在闲暇时间，喜欢叫上亲人或朋友洗土耳其浴，在浴室等待搓澡和按摩的时候，边排队边聊天，聊到高兴的时候还会唱歌、跳舞。而那些未来的婆婆更是把浴室当成挑选媳妇的好地方。原来旧时，信奉伊斯兰教的土耳其女子平时除了用头巾包住头和脸部外，还穿着厚实的长袍，外人无法看清女子的长相和身材。这样一来，土耳其浴室就成了未来婆婆挑选儿媳的重要场所。一般来说，未来婆婆会在媒人的陪同下邀请未来儿媳一同沐浴。在浴室里，未来婆婆不仅要看儿媳的长相和身材，还要看她的骨盆，骨盆大的女子才能给家里带来多子多福的好运。而如今的土耳其，男女多是自由恋爱，未来婆婆到浴室里选新娘的做法有，但已不再常见。

2. 土耳其的丧葬习俗

土耳其人实行土葬，人死后将尸体放在一间单独的房子里，头朝麦加，两个大脚趾捆在一起，然后抬到清真寺，由阿訇在宣礼塔宣布葬礼的时间、地点、死者姓名和《古兰经》中的话语。**葬礼前，要把尸体洗干净，用白布裹好，放进木制棺材里，众人齐聚，举行仪式。**此后将尸体抬到坟地，由阿訇诵经尸体下坟穴。7天后举行纪念活动。52天时要诵经，为穷人提供斋饭和哈发糕。

第 七 章

巴基斯坦的礼仪

　　巴基斯坦位于南亚次大陆，是我国的近邻和友好邻邦。巴基斯坦人主要信奉伊斯兰教，在日常生活和社交活动中保留着传统的宗教文化习俗。其礼仪禁忌有着鲜明的本国特色。饮食上讲菜肴品质，爱吃牛羊肉和粗面豆类食品，禁食猪肉，不喝含酒精饮料，用餐习惯以手抓食。每天都要进行五次祈祷。在社交场合以握手拥抱为礼。但异性之间不握手。因此主客邀约会面时通常不请夫人。与巴基斯坦友人交往应格外注意这些礼仪禁忌。

一、巴基斯坦概况

巴基斯坦，国名全称"巴基斯坦伊斯兰共和国"。对于"巴基斯坦"这一名称的来历，人们有着不同的解释。目前，最流行的有两种讲法。其一是说它出自波斯语或乌尔都语。在这两种语言中，它的含义都是"清真之国"。其二则是说它是由组成巴基斯坦的八个主要民族名称的第一个字母拼写在一起而成的。在民间，它还被人们理解成含有"纯洁的土地"之意。

1. 巴基斯坦的地理与气候

巴基斯坦位于南亚次大陆西北部，是南亚通向中亚、西亚的陆上交通要冲，也是中亚国家出海的捷径。面积 79.6 万平方千米。南濒阿拉伯海，东、北、西三面分别与印度、中国、阿富汗和伊朗为邻。全境 3/5 为山区和丘陵地，南部沿海一带为荒漠，向北伸展则是连绵的高原牧场和肥田沃土。喜马拉雅山、喀喇昆仑山和兴都库什山等三座世界有名的大山脉在其西北部会聚，形成了奇特的景观。源自中国的印度河进入巴基斯坦境内后，自北向南，最后注入阿拉伯海。

巴基斯坦属于高温干燥的亚热带气候，不过由于它多样的地形，局部地区又表现出不同的气候特征：北部的山地地区，海拔较高，低温干燥，某些山区终年积雪；西部为伊朗高原地区，温差较大，日照充分；东南部为平原地区，炎热潮湿，属热带气候。此外东部和西南部分布有较大面积的沙漠，干旱炎热。

2. 巴基斯坦的历史

公元前 3000 年左右，印度河文明产生于巴基斯坦境内。直至公元前

2000 年，生活在中亚的雅利安人来到印度河流域，征服了当地的达罗毗荼人，印度河文明逐渐衰亡。此后的"吠陀时代"，雅利安人的政治中心开始向北转移。公元前 600 年起，波斯统治巴基斯坦北部地区；公元前 327 年，亚历山大曾率军攻占过此地。此后被贵霜人统治。

8 世纪初，阿拉伯军队征服巴基斯坦和印度，建立伊斯兰政权，并将伊斯兰教传入，使大批当地居民成为穆斯林。11 世纪初，巴基斯坦西北部处于阿富汗加兹尼王朝统治之下。12 世纪初，古尔王朝又取代了加兹尼王朝。1206 年，库特布·艾伯克建立奴隶王朝，巴基斯坦和印度开始处于同一政权统治之下。此后 300 年间历经了 6 个王朝，直至 1526 年被莫卧尔王朝取代。

在莫卧尔王朝统治的 300 多年里，伊斯兰教宗教哲学和文学艺术得到深入发展并取得了辉煌成就。

伴随莫卧尔王朝的瓦解，英国殖民主义者加紧了对印度的军事占领和掠夺。1757 年普拉西战役后，印度逐步沦为英国的殖民地。1857 年印度民族大起义失败后，莫卧尔王朝彻底覆灭，穆斯林在次大陆历时 600 多年的统治随之结束了。

在英国殖民当局"分而治之"的政策下，印度教徒和穆斯林之间的教派冲突日益加剧。

19 世纪中叶以后，在印度穆斯林社会中出现了伊斯兰教的改革和复运动。其中赛义德·阿赫默德·汗（1817－1898 年）领导的阿利加尔运动，在印度伊斯兰教近现代史上产生了重大影响。其继承者于 1906 年在穆斯林教育会议的基础上成立了印度穆斯林第一个全国性的政治组织——全印穆斯林联盟。1913 年后，穆斯林联盟和国大党在争取印度民族独立的斗争中曾一度合作，1928 年后合作破裂。1940 年 3 月 23 日，真纳领导下的穆斯林联盟在拉合尔召开全国会议，通过了建立巴基斯坦的决议。1947 年 6 月，英国公布"蒙巴顿方案"，实行印巴分治，巴基斯坦正式成为一个独立的国家。

作为原印度国土的一部分，巴基斯坦有着悠久的历史，次大陆的许多古代文化遗址都在今天的巴基斯坦境内。同年 8 月 14 日，巴基斯坦宣告独立。成为英联邦的一个自治领域，包括巴基斯坦东、西两部分。

1956 年 3 月 23 日，巴基斯坦改自治领为共和国仍为英联邦成员国，定国名为巴基斯坦伊斯兰共和国，并把这一天定名为国庆日。1971 年 3 月，巴基斯坦东部宣布孟加拉人民共和国。1972 年，巴基斯坦退出英联邦，1989 年重新加入。

3. 巴基斯坦的民族、语言文化与宗教

巴基斯坦人口约为 1.97 亿，主要有旁遮普人、普什图人、信德人、巴丹人和俾路支人等。乌尔都语为巴基斯坦国语，英语为官方语言，通行乌尔都语。巴基斯坦政府十分注意保持本国的文化传统。例如，过去大多数巴基斯坦商人喜欢穿西装，自从政府颁布法令要求政府雇员都穿民族服装后，民族服装很快就在全国市场上占了上风。政府还对所有进口的电影和录像片进行严格的审查，凡是色情片、暴力片和凶杀片，一律禁止发行。

伊斯兰教为巴基斯坦国教，居民中信奉伊斯兰教的占 95% 以上。其礼仪习俗几乎无一不和伊斯兰教教规相联系。少数信奉基督教、印度教和锡克教等。

4. 巴基斯坦的政治与经济

巴基斯坦是联邦制国家，最高行政机构是内阁。宪法规定只有穆斯林才能担任国家最高职务。总统是国家元首，由国民议会和参议院两院联席会议选举产生。总统经最高法院批准后有权解散议会，与总理协商后有权任免三军领导人。总理是国家行政首脑，由议会选举、总统任命。主要政党有巴基斯坦人民党、巴基斯坦穆斯林联盟（谢里夫派）、巴基斯坦穆斯林联盟（领袖派）、统一民族运动党等。

巴基斯坦如今实行内阁制共和政体。它是英联邦成员国之一。巴基斯坦的国庆日是 3 月 23 日。

巴基斯坦首都为伊斯兰堡。伊斯兰堡是世界上最年轻的首都之一。1959 年巴基斯坦政府决定在此建设新首都，1961 年开始兴建，1970 年基本建成。伊斯兰堡作为面积达 909 平方千米的新兴城市，成为巴基斯坦的

政治中心。

巴基斯坦是发展中国家，经济以农业为主，粮食基本自给。由于地处亚热带，水果资源非常丰富，素有东方"水果篮"之称。主要矿藏储备有天然气、石油、煤、铁、铜、铝土等，还有大量的铬矿、大理石和宝石。工业基础薄弱，主要工业是棉纺织业。手工艺以技术精湛、历史悠久而著称于世。巴基斯坦法定货币为巴基斯坦卢比（PRK）。

同时，巴基斯坦政府大力推行经济对外开放政策，放松进口限制，积极发展旅游业，其入境规定宽松，手续简便，礼仪周全，深受各国游客的称赞。

延伸阅读：

巴基斯坦的国旗、国徽与国歌

巴基斯坦国旗呈长方形，长与宽之比为3：2。左侧是白色竖长方形，宽度占整个旗面的1/4；右侧为深绿色长方形。中央为一颗白色五角星和一弯白色新月。白色象征和平，绿色象征繁荣，新月象征进步，五角星象征光明，新月和五角星还象征对伊斯兰教的信仰。

巴基斯坦的现用国徽中心图案为盾形，盾面上有棉花、小麦、茶和黄麻四组图案，代表巴基斯坦的主要农作物。顶端为象征伊斯兰教的五角星和新月图案，中间是盾徽，盾面分为四部分，分别绘有棉花、小麦、茶、黄麻四种农作物；盾徽两侧饰以鲜花、绿叶；下端的绿色饰带上用乌尔都语写着"忠诚、统一、纪律"六个字。

巴基斯坦的现用国歌是《祝福这神圣国土》，启用于1954年。

二、巴基斯坦的生活礼俗

巴基斯坦人的穿着打扮，时时处处都必须严格地恪守伊斯兰教教规，丝毫不得与之相悖。

1. 巴基斯坦的服饰礼俗

巴基斯坦南部属热带气候，其余属亚热带草原和沙漠气候，全年平均温度27℃。夏季，男子喜欢穿白色和米黄色的宽松衣裤。天气再热，也是长褂长裤，看不到穿背心的。冬天通常不穿毛衣或棉衣，而是上身反披一块毯子以御寒。女士夏天喜欢穿鲜艳的宽大长袍，赤脚穿拖鞋，但在任何公开场合都不露出胳膊的上部或腿部，外出时戴上一种只在眼睛处留几个小孔或者网眼的面罩。冬天则披上一块素色或花色的毯子。

在日常生活中，巴基斯坦男子一年四季大都穿着淡色宽松的长衫、长裤。夏天的时候，他们绝不会穿背心短裤，更不会打赤膊，但往往会穿凉鞋，甚至赤脚。天冷的时候，他们通常会身披一条毯子御寒，但却不喜欢穿棉衣或毛衣。

依照伊斯兰教教规，妇女除手、脚之外，身体的其他任何部位都不得暴露在外。因此，巴基斯坦妇女的日常穿着，主要是一件不露胳膊、不露腿部的宽大长袍。出门在外时，她们还必须以面纱遮盖自己的面容，仅仅允许将双眼露在外面。**在巴基斯坦，妇女是不允许穿裙子的。不然的话，就会被当作"坏女人"看待。**

尽管如此，巴基斯坦妇女依旧尽一切可能想方设法地装扮自己。平日，她们喜欢将手指甲和脚指甲染成深红色，并且大量地佩戴耳饰、颈饰、臂饰、鼻饰、足饰等各式各样的首饰。有时，她们所佩戴的首饰往往还被赋予某种特别的寓意。比如，佩戴鼻环，便是已婚的标志。

跟巴基斯坦人打交道时，切勿穿着黄色的服装。因为他们认为，那种色彩为僧侣专用。

在巴基斯坦的公共场所行动时，尽量不要穿背心、短衫或短裤。参拜清真寺时，尤需着装严谨。在进入清真寺之前，还必须脱去鞋子。

2. 巴基斯坦的饮食礼俗

巴基斯坦人很注意干净卫生，受到点滴污染的东西绝对不能入口。他们不吃驴、骡、马、狗肉和虎、狼、豹、鹰、蛇等猛禽的肉食。他们对任何死动物的肉和血严禁食用，特别是不能吃猪肉。他们要求宰杀食用牛、羊等动物时，要诵念安拉真主的名字数遍，否则，这些肉类也是不能食用的。他们视饮酒为失礼，根据巴基斯坦伊斯兰教规，穆斯林严禁饮酒，故酒的酿造和饮用在这里是被禁止的，违者将遭到80藤鞭处罚。因此，在巴基斯坦旅行，不要在公共场合饮酒，否则也要受到处罚。他们喜欢喝茶，提倡以茶代酒。以红茶为最多，先煮茶，再把茶叶捞出，放上奶和糖，其实这就是奶糖茶了，全民喜饮。早餐也是一杯奶糖茶和若干点心。机关工厂的干部、工人每天上午和下午各有一刻钟的饮茶时间，这是法定的，任何人都不能违背。很多机关或单位都设有茶房，有专人把奶糖茶煮好供职工饮用。冰水也是巴基斯坦人很喜欢饮用的，有不少家庭备冰水，供家人饮用，每顿吃饭时必有冰水，国宴也不例外，先要给每位宾客献上一杯冰水。

巴基斯坦人喜欢吃的蔬菜有西红柿、茄子、菜花、青椒、卷心菜、胡萝卜等。烹饪时爱放香油、黄油、胡椒、咖喱、辣酱等，其方法有煎、炒、烩、涮、油泡等。他们最喜欢吃的煎牛扒、咖喱鸡、炒羊肉丝、菊花鱼、涮羊肉、辣子牛肉丝、烧羊肉、烩鱼肚、香麻鱼脯、油泡虾丸等。

延伸阅读：

宗教习俗

巴基斯坦的国教是伊斯兰教，有严格的宗教法规，每天5次祈祷，第一次天亮之前，第二次在晌午时，第三次在午后约三四点钟时，第四次在太阳落山时，第五次在夜里睡觉前。祈祷时要面向麦加的方向。清真寺遍布城乡，每到祈祷时，清真寺里便播放《古兰经》，到处可以看到穆斯林教徒跟着颂读。有些会议和集体活动开始前要颂读《古兰经》。妇女的清规戒律更多，无重要事情不许出门。如果有重要事情必须出门，必须戴上面罩，一般情况下不允许撩开面罩，如果有特殊情况也要避开男人的视线。学校也实行男女分开，很少合校的，合校的要求女生把脸罩起来。

巴基斯坦97%的人信奉伊斯兰教，要做到"六信仰，五功课"。宗教意识很强，处处都表现得十分明显。要进入清真寺时，要求衣冠整洁，禁穿短裤、短裙，不准抽烟，更不准大声喧闹、唱歌跳舞，也禁止说污言秽语，以肃穆谨慎为好。

三、巴基斯坦的社交礼仪

1. 巴基斯坦的会面礼仪

巴基斯坦属于伊斯兰教国家，人们见面后除相互问好、握手或拥抱之外，还要说一声"真主保佑你"或"真主赐你平安"等祝福的话语。巴基斯坦人的摇头和点头是与我们的摇头和点头的含义正好相反，他们见面后要彬彬有礼地摇头，是表示赞赏、肯定的意思。如果碰到点头就是否定的意思。

巴基斯坦人非常热情好客，见到客人后，用一只手与客人握手，而另一只手伸到客人胸部抚摩一会儿，表示友好。如果要在他们那里借宿，他们会热情接待，三天内不会询问客人的身份与来意。

男性间的拥抱礼要先把头靠左边拥抱一次，再靠右边拥抱一次，最后又向左边拥抱一次才算结束，不能马虎。**女性间拥抱礼是先拥抱，稍停后吻客人的两颊和额头，然后再拥抱再吻。**如此三遍，不得马虎。

巴基斯坦人相互见面时的称呼，不仅要表示出尊敬，而且还要表示出亲切，甚至亲昵，所以不直呼其名，而在称谓后加"将"或"王其"。见到老年人时，就要更加表示出崇敬的样子和称谓来。巴基斯坦的妇女不允许家属以外的男人见到她。一般情况下，社交场合里妇女不露面。如果女人额上或发际间有小红点，多半是表示已经结婚。妇女不能与男子握手。

巴基斯坦有97%的人信仰伊斯兰教，他们相互间表示友好时，就用"色俩目"互祝问候，要郑重其事，不能在沐浴时和厕所里使用，也不能在诵经时和礼拜时使用。一般要求年少者先说于年长者，站立者先说于坐者，男子先说于女子……听到有人祝福时，必须认真恭谨地作答。

巴基斯坦人相见后施行的拿手礼也是比较特别的，这是在男性穆斯林教徒间施行的礼仪，方法是双方单腿成弓形状，双手相握。右手的拇指要交叉在里面，左手要辅握在外面，两人右肩紧靠在一起，同时口里诵念经文或相互祝福。

有些时候，一些巴基斯坦的穆斯林还会向熟人或来客行"抚胸礼"。它的做法是：向交往对象躬身点头，口诵"真主保佑"之词。并且同时用右手按住自己的左胸，以此来表示对对方衷心的祝福。

在巴基斯坦，男士一定要切记：不要问候巴基斯坦的成年女子"夫人好"。在公共场合，男女千万不要拥抱亲吻。否则不仅会让人嗤之以鼻，而且还有遭到囚禁的可能。顺便提一下，在巴基斯坦，在公共场合有意无意接触了妇女的身体，也是冒天下之大不韪的。

巴基斯坦人在欢迎嘉宾时，有在对方脖子上挂上一条用鲜花制成的花环的习俗。这种做法，是给予嘉宾的一种礼遇。

需要称呼巴基斯坦人时，应按照当地的习惯做法，不宜直呼对方的名字，而是称呼其姓氏，同时加上某些适当的头衔。在巴基斯坦，将长辈称为"大叔"、"大妈"，表示尊重；将同辈称为"弟兄"、"姐妹"，则表示亲切。

有必要对他们使用统称时，最得体的做法是将其统称为"巴基斯坦人"，而不宜以具体民族相称。在巴基斯坦，伊斯兰教徒被称为"穆斯林民族"或"多数民族"，非伊斯兰教徒则被叫作"少数民族"。跟当地人打交道时，务必要尊重他们的这种习惯。

在人际交往中，能讲一口流利的英语的人深受巴基斯坦人的敬重。反之，则会被视为没有受过良好教育，因而会受到冷遇。

2. 巴基斯坦的拜访礼仪

到巴基斯坦人家做客，需要提前预约，不可唐突到访。巴基斯坦人对时间观念的要求不是十分严格，迟到不会被认为是失礼的行为，但作为客人最好还是按约到达，以表示对主人的尊敬。在巴基斯坦，迎接、接待客人都由男主人出面，女主人一般不会露面，因为巴基斯坦的女性回避制度仍然盛行。巴基斯坦人慷慨大方，他们会用丰盛的食物招待客人，认为这样才能表达对客人的欢迎。巴基斯坦人喜爱甜食，常用甜菜泥、西式点心、染色的甜米饭、甜发面饼招待客人。进餐时，由男主人陪用，女主人是不出面的。饭后，还要请客人吃梨、柑、橙、香蕉、葡萄等水果。客人告辞时，主人要热情地送到院门外，把右手放在胸前，真诚地说"胡达哈菲兹"（真主保佑你），客人同样将右手放在胸前，回答说"胡达哈菲兹"。当客人已走出很远时，主人仍站在院门外目送着。在离开时，记得一定要表达对主人盛情款待的谢意。

延伸阅读：

巴基斯坦人的喜爱与禁忌

在巴基斯坦，人们普遍喜爱绿色、新月和星星的图案，因为它们都是穆斯林吉祥、幸运的象征，并且是该国国旗重要的组成部分。

巴基斯坦人认为黑色象征着消极，因而对其没有任何好感。除绿色之外，他们最为喜爱的色彩还有金色、银色和其他一些鲜艳之色。

"13"和"420"这两个数字，在巴基斯坦被视为会给人们带来灾难与厄运的不祥之数。在一般情况下，巴基斯坦人碰见它们时都会很不高兴。在每个星期五，他们还往往不会办公。

巴基斯坦人不欢迎的礼品有：酒、猪皮或猪鬃制品、带有女性图片的书刊和雕塑，等等。巴基斯坦人还非常讨厌送其手帕。他们认为，手帕是在人们悲伤之时擦眼泪所使用的。必须切记的还有，尽量不要给女主人送礼物。

巴基斯坦人对拍照、录像、摄制电影没有多大兴趣。未经允许，千万不要擅自对他们拍照。尤其要切记，在巴基斯坦，万万不可对妇女拍照、摄像或拍摄电影。

在一般情况下，巴基斯坦人在交谈时不喜欢涉及政治、军队和宗教问题。对于印巴两国关系，尤其是克什米尔争端和两国的与核有关的问题，更是不愿提及。

巴基斯坦人对于拍打别人后背的动作极度反感，因为在该国，只有警察抓人时才会这样做。通常，他们在人际交往中有凝视对方的习惯。但是忌讳在此刻双手握拳，或是露出自己的鞋底。

女子在街上行走时，不宜眼皮乱眨或乱瞥，不然就会被人误认为是行为不端。

巴基斯坦人极爱洗澡，但他们只习惯于淋浴或以壶盛水冲洗，而绝不洗盆澡。他们认为，那样做是很不干净的。

巴基斯坦人一般不抽烟，不喝酒，不让女性见客人，吃饭时只邀请男客而不请其夫人（即使你请了巴基斯坦人和他的夫人吃饭，他的夫人也常常不参加）。他们更不喜欢让女性就业，女性也很少会在街上行走，因而，购物也大都是男人办的事。在巴基斯坦，很多传统食品是用手抓食，抓食时须注意，只能用右手。从街面看来，这里真有一种"男人国"的感觉。

四、巴基斯坦的旅游与商务礼仪

1. 巴基斯坦的旅游礼仪

巴基斯坦的首都伊斯兰堡是最年轻的都城之一，建成于 1961 年，所以能把现代文明与伊斯兰的传统结合，使整个城市整齐美丽。特别是费萨尔大清真寺，采用最先进的技术和最好的材料建成，游人可以上到 58 米高度，内有电梯，礼拜大殿可容纳万人，四周的广场可容纳 20 多万人，是旅游观光的好地方。再如拉合尔，是闻名世界的花园城市，是莫卧尔王朝灿烂文明的聚集地，所以，名胜古迹很多。位于印度河上游平原，著名的皇家古城堡、巴德夏希清真寺、夏利玛公园都是游客云集之地。还有白沙瓦是世界闻名的历史古城，有古城遗址、佛教遗址、佛寺群建筑。山泉是 16 世纪建造的清真寺，我国的晋朝高僧法显、唐朝高僧玄奘、北魏使者宋云都到过此地。此外，莫亨朱达罗考古遗址、塔西克拉考古遗址、塔塔、果德迪吉、济亚拉特、莫恩焦德罗古城遗址、穆里山、齐拉斯石刻都是旅游者众多的地方。到巴基斯坦去旅游时，除了遵守他们的有关法规之外，一定要尊重他们的习惯。

巴基斯坦的火车分成三个等级，要买卧铺必须提前预订。享有旅行社签发的旅游证的游客可享受一定的优惠。巴基斯坦旅游开发公司经营有旅馆和客栈，卫生条件较好，价格合理。

乘坐公共汽车，一般是妇女从前门上车，男子从后门上车。车辆靠左行驶。乘坐出租汽车，小费为车费的 10%。

到巴基斯坦旅游要注意穿着，尽可能不要穿短裤、短裙以及其他袒露型服装，尤其是女性穿着要尽可能保守些。

巴基斯坦海关规定，不得携带酒、女性裸体照片与黄色杂志入境，不得携带佛像等文物出境。

2. 巴基斯坦的商务礼仪

在商务活动中，人们习惯第一次见面时互赠名片，但不必赠送礼品。若主人赠送了礼品，客人应尽快准备一份礼品以示答谢。商务馈赠一般都是小件礼品。如工艺品、土特产以及手表、汗衫等，但不要送烟酒以及猪制品。

在巴基斯坦从事商务活动的人以留学欧美者居多，与他们打交道，最好会讲一口流利的英语，否则会被人认为没有受过良好教育而被轻视，你所从事的商业活动也会受到影响。

商务邀请一般只请男士而不请夫人，商业上的聚会，清一色的是男性。到巴基斯坦商人家中做客，如未见到其夫人，不要询问，因为当地妇女一般不和家庭之外的男人交往。同样，你若请巴基斯坦商人及其夫人赴宴，他的夫人一般也不会参加。

在巴基斯坦，洽谈经贸的主要是经理以上职位的人员，他们有决策权。

按照巴基斯坦习俗，在整个商业谈判过程中，外国人必须亲自前来拜访，当面洽谈，这样谈判才会进展顺利。

双方任何约定，任何商谈成果，都必须写成书面字据。

巴基斯坦商人愿意和客人建立良好的友谊。外国商人常被邀请去喝咖啡、喝茶，被邀请是一种建立亲密关系的表示，尤其是被邀请到巴基斯坦人家中做客，说明他愿意和对方建立进一步的友谊。

巴基斯坦商人看重产品质量，不少商人喜欢还价，办事节奏相对来说比较慢。所以，与他们做生意一定要提供高质量、低价位的商品，而且还要十分耐心。

与巴基斯坦人做生意，谈判初期可能进展缓慢，但要有恒心，以诚心坚持下去交易就会有所进展。一旦第一宗生意成功，你的为人诚信和产品质量被他们认可，今后的合作会顺利而愉快。

四、巴基斯坦的婚丧礼俗

1. 巴基斯坦的婚姻礼俗

巴基斯坦人的婚姻是服从父母之命，媒妁之言，男女双方不许相见。公共场所一般都没有男女成双的，高等院校里也是男女分开的。他们提倡近亲结婚，不仅有姑表兄妹间的婚姻，而且还有堂兄妹间的婚姻，有的地方甚至规定，有姑娘必须嫁给堂兄弟，据说是为了财产继承问题。这种落后的观念影响其人口素质。

举行婚礼时男方用彩车把新娘接到自己家里，准备两个大厅或房子，一个是女宾客的，一个是男宾客的，新郎在男宾客厅里招待男客人，新娘在女宾客厅里招待女客人，有乐队伴奏，直到深夜。

按照伊斯兰教义，一个穆斯林男子多者可娶四个妻子，现在巴基斯坦一夫多妻的比例很小，原因是巴基斯坦人口中男多女少，加上女子很少有工作的机会，一般家庭难以养活几个妻子。婚前的礼仪烦琐多样，主要有芒恰仪式和迈哈迪仪式。

巴基斯坦的有些地方，一些年轻美貌的女子如果看上哪个意中人，就把纱丽披卷到腰中，向男子暗示，自己没有配偶，欢迎向她求爱。**男人娶妻必须给女方送很多礼品，这些礼品要在婚礼上逐一宣布和展示。女儿出嫁的几天内，女方家人要举行喜筵来宴请乡亲好友。**

伊斯兰教的男教徒可以娶犹太教、基督教的女子为妻，而其女教徒一般只能嫁给本教徒，严禁嫁给其他教徒。

2. 巴基斯坦的丧葬礼俗

巴基斯坦人的丧葬仪式按照伊斯兰教的教规进行。一个人临死前，家人都要肃立在将死者床前，由一人轻声祈祷，目的是减轻将死者的痛苦，并求得真主的原谅。人一旦咽气，即将死者挪向麦加方向，停尸床置于西北方。巴基斯坦人葬礼很复杂，人死后先要洗净身体，再用新的洁白布包裹，然后放在一个木头做的形似棺椁的箱子里抬到清真寺，祭司祈祷后再抬到墓地。**在墓地还有祭司祈祷，亲友家人都在场，一齐祈祷。**最后往死者身上撒土，面朝麦加然后埋葬。他们反对火葬，不准解剖尸体。他们把人死认为是生命的另一种形式，临终时要口念安拉，还要说些信奉的话语，如"安拉是唯一真主"等。

第 八 章

泰国的礼仪

　　泰国位于东亚中南半岛中部，古称"暹罗"。泰国是一个实行君主立宪政体信奉佛教的国家。泰国人受佛教文化影响，其日常生活、社交活动的礼仪有很多具有本国特色的习俗：食品喜食酸辣，习惯以手抓饭取食，平民中流行穿着纱笼，喜庆吉日时家家都会隆重庆祝。男子一生要做一次和尚，视白象为国宝和吉祥象征，与客人相见行双手合十礼，谈话中回避王室和宗教问题。这些国俗民风对外来游客而言，都是务必学习掌握的礼仪常识。

一、泰国概述

泰国，国名全称为"泰王国"，别称"黄袍佛国"、"大象之邦"。"泰国"一名由泰族语"孟泰"得名。**泰国人称自己国家为"孟泰"，"孟"表示"国家"，"泰"为"自由"之意**。泰王国——这个位于中南半岛中部的"白象之国"，近些年来经济发展十分迅速。

1. 泰国的地理与气候

泰国位于中南半岛中部，面积51.4万平方千米。西北与缅甸为邻，东北接老挝，东连柬埔寨，南部与马来西亚接壤。境内大部分为低缓的山地和高原，地势北高南低，最高峰为因他暖山，海拔2595米。昭披耶河（湄南河）发源于北部山地，纵贯南北，流经中部。全长1200千米，流域面积为15万平方千米，注入泰国湾，流域是中部农业区的重要灌溉水源和航运干线。湄公河是泰老两国的天然界河，在泰国境内的主要支流是蒙河。主要山脉为他念他翁山脉，主要岛屿有普吉岛、萨木伊岛、潘甘岛和强岛。

泰国大部分地区属于热带季风气候，一年三季，分别是热季（2月中旬至5月中旬）、雨季（5月下旬至10月中旬）和凉季（11月至次年2月中旬）。年平均气温22℃~28℃。年平均降水量1550毫米。

2. 泰国的历史

历史上泰国称为暹罗。大约5000年前泰国所在的地区就有人类居住。1238年开始形成统一的国家素可泰（意思是"幸福的黎明"）。1238年建立素可泰王朝，开始形成较为统一的国家。先后经历了素可泰王朝、大城王朝、吞武里王朝和曼谷王朝。

从16世纪起，泰国先后遭到葡萄牙、荷兰、英国和法国等殖民主义者的入侵。**1856 年 4 月 5 日，泰王被迫与英国签约时首次采用"暹罗"这个名称。**19 世纪末，曼谷王朝五世朱拉隆公在位期间，致力于推进泰国近代化，废除奴隶制度，吸取西方经验进行社会改革，泰国人尊其为"国父"。1932 年 6 月，人民党发动政变，建立君主立宪制政体。1939 年 6 月更名为"泰王国"，意为"自由之地"。1941 年被日本占领，泰国宣布加入轴心国。1945 年 2 月再次改为"暹罗"。1949 年 5 月，恢复国名"泰王国"。

3. 泰国的民族、语言文化与宗教

泰国是一个由 30 多个民族组成的多民族国家，其中泰族占人口总数的 40%，老族占 35%，马来族占 3.5%，高棉族占 2%。此外，还有苗、瑶、桂、汶、克伦、掸等山地民族。

泰国官方语言为泰语，英语为其通用语。

泰国文学艺术具有自己的特色。泰国文学最早产生于 13 世纪末的素可泰王朝时期。刻于 1292 年的《拍坤兰甘亨碑文》是泰国用文字记录的最早历史。14 世纪中叶阿瑜陀耶王朝时期，宗教文学与宫廷文学有了较大发展，出现了一批著名的宫廷诗人。曼谷王朝时期出现的诗剧《伊瑙》和长篇叙事诗《昆冒与昆平》在泰国文学史上占有重要地位。**20 世纪以来出现的著名作家有西巫拉帕（被称为泰国新文学的莫基人）、克立·巴莫、高·素朗卡娘等人。**

泰国有丰富多彩的民间舞蹈和优美典雅的古典舞蹈。丰收舞、长甲舞（演员戴着长长的指甲）、蜡烛舞、集体舞都是民间流行的舞蹈。泰国古典舞蹈有宫内与宫外之别。宫内舞蹈强调姿势优美典雅，宫外舞则较自由风趣。

佛教是泰国的国教，94% 的居民信仰佛教。马来族信奉伊斯兰教。还有少数人信奉基督教新教、天主教、印度教和锡克教。

泰国绝大多数人信仰佛教。几百年来，佛教对泰国人的日常生活有着强烈的影响。无论在城市还是乡村，寺庙都是社会生活和宗教生活的中心。泰国的文学艺术、风俗习惯和建筑等深受佛教的影响。在泰国到处可见身披黄色袈裟的僧侣以及富丽堂皇的寺院。因此，泰国又有"黄袍佛国"、"千佛之国"的美名。

在泰国，凡是信佛教的男子，满一定年龄，都要削发为僧出家一次，连王室和贵族也不例外。不曾入寺修行的男子将给子孙带来耻辱。许多人家里专门有一间房屋放置佛像和祭坛，供早晚膜拜。很多人脖子上系有佛饰，一旦到了被认为亵渎神明的地方，则要把佛饰解下放在怀里。泰国僧侣在社会生活中拥有许多特权，长老普遍受人们尊敬。许多重大节日的庆典都必须由僧人主持。

4. 泰国的政治与经济

泰国为君主立宪制国家。宪法规定世袭国王为国家元首和武装部队最高统帅。国王通过国会、内阁和法院分别行使立法、行政和司法权。国会为两院制，分上院、下院。总理为政府首脑，来自下议员。上议员不得隶属任何政党，不得担任阁员。主要政党有民主党、为国党、同心发展泰国党、自豪泰党、发展泰国党、皇家人民党、为泰党等。**国王和王室在泰国有很高的地位，国王是国家的象征。**宪法规定：国王神圣不可侵犯，任何人不得指责和控告。人们对国王和王室的尊敬到处都能感到：凡是集会场所、会议室、接待室，都悬挂着从曼谷王朝一世到现任九世王的画像，挂有现在主要王室成员的画像。在正式宴会上的讲话，开始要先祝普密蓬·阿杜德国王身体健康。然后是讲话，最后再向一般来宾祝福。凡正式宴会或公共集会，一般还要演奏歌颂国王的《颂圣歌》，全场肃立，不得走动或者说话，否则将被认为是对国王的不尊而受到惩罚。

泰国为传统农业国，主要生产稻米、玉米、木薯、橡胶等。木薯产量居世界第一位，泰国香米在世界上享有盛誉，橡胶产量居世界第二位。锡产量居世界第二位。工业在东盟国家中起步较晚，门类单一。基础薄弱，主要工业部门有采矿、纺织、电子、塑料、食品加工等。泰国法定货币为泰铢。1 泰铢 = 100 萨当。

延伸阅读：

泰国的国旗、国徽与国歌

泰国国旗是长宽比为 3：2 的长方形，由红、白、蓝三色的五个横长方形平行排列构成。上下方为红色，蓝色居中，蓝色上下方为白色。蓝色宽度与两个红色或两个白色长方形的宽度相等。红色代表民族，象征各族人民的力量与献身精神。泰国以佛教为国教，白色代表宗教，象征宗教的纯洁。泰国是君主立宪政体国家，国王是至高无上的，蓝色代表王室。蓝色居中，象征王室在各族人民和纯洁的宗教之中。

泰国国徽图案是一只大鹏鸟，鸟背上蹲坐着那莱王。传说中大鹏鸟是一种带有双翼的神灵，那莱王是传说中的守护神。

泰国国歌是《泰王国国歌》。

二、泰国的日常生活礼俗

泰国的各个民族都有自己的传统服饰。在正式一些的场合，泰国人都讲究穿着自己本民族的传统服饰，并且以此为荣。

1. 泰国的服饰礼俗

泰国人的服饰喜用鲜艳之色。在泰国，有用不同的色彩表示不同日期的讲究。例如，黄色表示星期一，粉色表示星期二，绿色表示星期三，橙色表示星期四，淡蓝色表示星期五，紫色表示星期六，红色表示星期日。因此，泰国人常按不同的日期，穿着不同色彩的服装。

由于气候炎热，泰国人平时多穿衬衫、长裤与裙子。只有在商务交往中，他们才会穿深色的套装或套裙。但是，在公共场合，尤其是在参观王宫、佛寺时，穿背心、短裤和超短裙是被禁止的。

现代的泰国人，男式服装多为衬衣、T恤衫、猎装，下身穿西式裤子。虽然地处热带，天气炎热，但是，大公司、银行、饭店及其他大单位的职员都穿长袖衬衣，打领带，袖口的纽扣也要扣好。他们虽然天天换装，但样式不变，只是颜色不同而已。一些官员和高级管理人员穿西装的也不少。一些大单位的员工也穿制服，上面印有单位标记和名称，一来是整齐划一，二来是为单位做广告。大中小学的校服也是这样。

女式的服装很多，样式奇特，颜色艳丽。有裸肩袒臂的风骚服装，当然这比较少见。而多数女子穿裙子，也有穿长裤或短裤的，上装多是蝙蝠衫；有的也穿连衣裙，也有的穿筒裙。很多女子爱穿黑色，配红、白装饰品。

在家里或农村，男人穿纱笼的很多，女人则穿筒裙的很多。而伴尾幔是一种男女皆宜的下装。泰国人特别爱好妆饰，国家对如何妆饰都有具体要求。男人戴戒指、项链的很普遍，而且都是大颗粒的宝石镶嵌。女人描眼、抹口红、涂指甲、洒香水、修眉、随身带化妆盒、一手戴几个戒指、手镯的很多，还有耳坠、耳环、金项链。

礼仪习俗

在传统服装或民族服装中，女装的样式最多，像泰式女便装、集叻达装、阿玛磷装、辟曼装、却克里装、却克里帕装、杜锡装、悉娃莱装、巴叻育装等；男服有"帕叻差他服"，有的也叫钦定服。

在泰国，每天都要换衣服、洗衣服、熨衣服，这是每个泰国人都要做的事情。对于泰国人来说，如果第二天穿与前一天同样的衣服，会被认为没有洗澡，很臭，不尊重他人。在泰国，由于天气炎热爱出汗的缘故，泰国人每天都要洗澡，而且不止一遍，最少也要洗三四次，而且每洗完一次澡就要换一件衣服。在泰国不洗澡是不可能的，因为这里的平均温度每天都在30度左右，出门前的最后一件事是洗澡，回来的第一件事也是洗澡。

2. 泰国的饮食礼俗

从疆域看，泰国是一个不大的国家，但无论从文化、自然风光还是气候来看，它都是个多元化的国家，当然，其饮食文化也具有多元化的特点。闻名世界的是泰国中部的饮食，其特点是吃鱼多，无论海鱼还是河鱼都吃。**最著名的菜品是泰式酸辣虾汤，用绿色和红色咖喱制成。**绿色咖喱的绿色来自未成熟的小辣椒加上罗勒，红色咖喱之所以为红色则是由于加入熟透的红辣椒。比较有名的还有各种面条、米线，在这方面泰国人受本国众多中国人的影响。

休闲胜地甲米岛和普吉岛位于泰国南部，其饮食在很大程度上受印度和马来群岛饮食的影响。那里做菜很少用猪肉，因为当地有很多穆斯林。安达曼海和泰国湾，给那里的人们带来丰富的海产品。当地饮食还有一个特点是添加坚果，特别是花生和腰果，此外还添加椰汁。

第二大城市清迈位于泰国北部，其饮食和南部完全不同，那里的人喜欢吃猪肉，或加入咖喱烤着吃，或做成香肠，总之是泰餐中不太常见的吃法。和南方人不同，泰国北方人喜吃黏米。用餐时坐在椅垫上，围坐在当地人叫作 toke 的矮桌前，桌上摆放着很多菜肴，泰国人称为 kan，所以传统的泰国北部晚餐又称为 kantoke。虽然北部距海较远，缺乏新鲜海产品，但这里的居民非常喜欢往菜里添加蟹肉酱或是鱼露。

泰国人讲究菜品的鲜嫩程度，注重风味特色，口味偏咸，爱辛辣味，偏爱用炸、煎、溜、炒等烹调方法制作的菜肴；以米饭（糯米）为主食，面食吃得不多，乐于吃一些小蛋糕及干点心；爱吃鱼、虾、其他海鲜品、羊肉、鸡、鸡蛋等；也喜欢青菜、辣椒、豆腐、粉丝等；调味品爱用鱼露、味精、咖喱、香菜、小豆蔻、蒜、辣椒酱、黄油、果酱等。而且，泰国人最爱吃民族风味的"咖喱饭"，一般用大米、鱼肉、香料、椰酱及蔬菜等烹制而成。

由于泰国菜偏酸辣，所以他们做饭离不开两样东西：辣椒和柠檬。辣椒是越辣越好，他们尤其喜食一种泰国朝天椒。据说其是世界上最辣的辣椒，泰语叫"老鼠屎辣椒"。它广泛应用于泰国人的烹调艺术中，他们做菜时如不撒上几颗切碎的朝天椒，就像吃川菜不加麻辣一样。泰国柠檬则是一种东南亚特有的调味水果，泰语叫"manao"，味道和个体都有别于口味略甜的美国柠檬，香味极其浓郁，往往使闻过它香味的人终身难忘。在泰国，它主要用来做菜的调料。**泰国人几乎在每一道菜上都会挤柠檬汁，使每一道菜都散发出浓郁的水果清香，带有典型的东南亚味道。**因此，泰国人可以食无鱼，但不能没有"manao"。

一般来说，泰国人早餐喜欢吃西餐，午餐和晚餐大多爱吃中餐。用餐时，他们不习惯使用筷子，有的人爱用叉子和勺（右手拿勺，左手拿叉），有的人乐于以手抓饭取食。

冰茶是泰国的一种特殊饮料。因为泰国是热带区国家，所以泰国人不太喜欢喝热茶。冰茶除了可以解渴以外，还可以帮人们解热。冰茶是用红茶来做的，冲好茶后要放糖和牛奶，所以不是清茶。泰国人的口味偏甜，所以这种饮料比较甜。

泰国本地的饮品种类不是很丰富。这里的人喝咖啡要喝凉的，喝茶要加炼乳，吃很辣的食物时最适合的饮品是当地的啤酒，它能很好地去除辣味，而且口味不逊于任何一种欧洲饮料。最有名的泰国啤酒品牌是"狮"牌，它是用当地的大麦和德国的啤酒花酿制的。

延伸阅读：

昆虫——休闲小食

昆虫中所含的蛋白质和牛肉、猪肉中的相当。泰国人将蟊斯、知了、蜘蛛、蝗虫、毛虫的幼虫、熊蜂等放入油里炸，就做成了高热量、吃起来嘎吱作响的美味。水蜻通常是蒸熟的，蚂蚁和蚁卵与米饭拌在一起，金龟子添加到咖喱酱中食用。泰国人最喜欢的一道凉菜是炸蝼蛄。昆虫餐品种丰富多样，而且昆虫在泰国常常扮演如瓜子、薯片或坚果那样的角色——休闲小食。

三、泰国的社交礼仪

1. 泰国的会面礼仪

泰国人的待人接物，有许多约定俗成的规矩。朋友相见，双手合十、互致问候。晚辈向长辈行礼时，双手合十举过前额，长辈也要双手合十回礼。年纪大或地位高的人还礼时，双手不必高过前胸。**行双手合十礼时，双手举得越高，表示尊重程度越高。**

泰国人也行跪拜礼，但要在特定场合，平民、贵官在拜见国王和国王近亲的时候行跪拜礼。国王拜见高僧的时候要下跪。儿子出家为僧，父母也跪拜在地。

把东西扔给别人是不礼貌的行为。从坐着的人们面前走过时，要略微躬身，表示礼貌。

别人向你双手合十，你必须还礼，否则就是失礼。双手合十时要稍稍低头口说"萨瓦迪！"（Sawandee，即"您好"），双方合十致礼后就不必再握手，男女之间见面时不握手，俗人不能与僧侣握手。

泰国人很讲究文明礼貌，见到客人时总是和蔼可亲、彬彬有礼，女士更是笑容可掬。见面时都要说"沙越里"（"吉祥安好"之意）。如果要迎接贵客，在行合十礼之后，要往客人颈项上挂一串花环或花串表示欢迎。

泰国人很讲究卫生，所以，要出门时必须收拾得干干净净、整整齐齐与客人交谈时不能用手指指点点，使用手势要适度。不能戴着墨镜与客人交谈。在公共场所，他们习惯于作自我介绍，也可以询问别人的名字及其他情况。

在各种聚会上，如果要从别人面前经过时，要躬身、两腿微屈，口里还说声"对不起"，表示对他人的尊敬，否则为失礼。如果家里或机关的会客室有客人来，不管认识不认识，要从面前经过时，都要如上述一样。在有要人或达官贵人时，还要膝行或行合掌礼（也称合十礼）。如果遇到和尚，对站着的和尚行合十礼。对坐着的和尚要膝行和行跪拜礼。如果在路上遇到迎面来客时，要躲开道路，让客人先行。如果是和尚，先避开道路，然后在走近身边时行合十礼。如果与长辈或要人同行时，要隔开一些距离，不要靠得太近，并且两手放在前面，十指相扣。如果是和尚，要走在后面，回答问题时十指相合。

如果是坐在凳子、椅子、沙发上，要两手掌叠放在腿上，上身微躬。如果有达官贵人时，两肘放在大腿上，两手掌重叠在膝上。如果是席地而坐，男人两腿跪地，两脚直立，臀部放在脚跟上，上身挺直，手掌叠放在大腿上。女子则要求脚背着地。如果有叠腿侧坐法也可以。盘腿坐多为和尚，一般人很少用。

深受佛教影响的泰国人颇有涵养，一贯讲究"温、良、恭、俭、让"，并且总是喜欢面含微笑，所以泰国在国际上亦称"微笑之国"。在交谈时，泰国人总爱细声低语。在泰国人看来，跟他人打交道时面无表情、愁眉苦脸或者高声喧哗、大喊大叫都是失敬于人的。与泰国人交往时，越谦虚、越讲礼貌便越受欢迎。

礼仪提醒

　　在泰国，发脾气是下下之策，特别是公然地发脾气，你想要的也将永远无法得到。泰国人认为发脾气代表了卑劣的仪态。保持冷静和平抑情绪才是上上之策，才能得心应手。

2. 泰国的拜访礼仪

泰国人对待时间和计划的态度不是十分苛求，他们认为与时间表以及最后期限等相比，人本身才是最为重要的。社交活动通常不会准时开始，一些非正式的活动，如在朋友家聚餐等，通常都会晚 20～30 分钟，而婚礼或葬礼等类似的正式活动，则有可能晚一个小时甚至更久。突然的到访在泰国并不会被视为不合时宜，你的朋友也会自由地调整他们的时间，停下手头的事情与你愉快交谈。火车和公交车一般会按时刻表运行。

如果你被邀请到泰国人家做客，进屋前要按习俗脱鞋。作为客人，应对主人的家庭和住房表示感兴趣，但不要过分赞美某样东西，以免主人觉得非把它送给你不可。在一般情况下，小小的纪念品可作为礼物相赠，鲜花也是适宜的礼物，礼物通常需用纸包装好。

泰国人晚辈向长辈行礼时，双手合十，举过前额，长辈也会双手合十回礼。当然视情况也有行跪拜礼的，若长辈坐着，晚辈只能坐在地上或蹲跪，不可高过长辈。因男女授受不亲，即使在公开场合，舞曲响起，男女身体也不可接触，这时客人最好是坐着不动。与泰国人交往，可以送一些小的纪念品和鲜花，送的礼物事先要包装好。

延伸阅读:

在泰国为什么不能碰触别人的头部

泰国人认为"头部"是身体中的最高部分。因此,他们是不容许抚拍任何人的头部的,纵使是友善的表现。泰国人认为头是身体最高的部分,是神圣而不可侵犯的。观察泰国人的社交聚会,年轻人会在年长人士前刻意地把头部垂下,下至不高于年长人士的身高,以免留下"看不起"他们的印象。

在泰国,理发师在理发前,总要先说声"对不起"之类的话,才能开始理发。如果你无意中碰触到别人的头,应立即诚恳道歉,请求对方原谅。

另外,泰国人也忌讳外人抚摸小孩的头部。他们认为小孩子的头除了国王、僧侣和自己的父母可以抚摸外,其他人是不能碰触的,否则会给小孩子带来厄运。还有,当向别人传递东西时,也不能越过他人头顶。

3. 泰国的馈赠礼仪

与泰国人交往,首次见面通常不必送礼物。如果应邀到泰国人家中做客,可以给主人送水果、鲜花(但不能送康乃馨和万寿菊)或蛋糕。适合送人的礼物还包括包装好的食用油、糖果或其他在百货大楼可以买到的食品。在递送礼物时,一定要用右手,因为泰国人忌讳用左手,认为左手是用来处理不洁之物的。当你送给泰国人一件礼物时,对方不会当着你的面打开它。如果泰国人送给你一件礼物时,只向他们行合十礼表示感谢,也不要打开,除非对方非要你当面打开,否则不要当面打开,不然会显得很失礼。

延伸阅读:

泰国人的禁忌

泰国宪法规定,国王是神圣不可侵犯的,对泰王和王室成员,绝不允许任意评说。对待军人亦如此。

与泰国人交谈时，不要非议佛教，不要将泰国称为"暹罗"。在泰国进入佛寺时，进门前要脱鞋，摘下帽子和墨镜；在佛寺之内切勿高声喧哗、随意摄影拍照、抚摸佛像。

在泰国购买佛饰时，忌用"购买"之类的词语，而必须用"求租"或"尊敬"之类的词。遇见化缘的和尚，忌送现金。女性绝不能接触或触摸和尚，和尚也不许触摸女性。

泰国人认为左手不洁，严禁用左手与别人相握，传递东西。忌将脚伸向别人面前或用脚为别人指点东西。

泰国人非常喜欢红色、黄色、蓝色，忌褐色，但是忌用红色的笔签字，或是用红色刻字。

在泰国民间，狗的图案是禁止的。泰国人的家里大都不种茉莉花，因为在泰语里，它的发音与"伤心"一词类似。

泰国人睡觉时，忌头朝西，因为西方象征死亡。

四、泰国的旅游与商务礼仪

1. 泰国的旅游礼仪

泰国的旅游资源很丰富，其佛寺流金溢彩，又多又华丽，设计建造精美，是旅游者必去的地方。例如曼谷的佛寺多而美，像玉佛寺，历史悠久，规模很大，历代修缮，处处金碧辉煌。还有卧佛寺、黎明寺、佛绕寺、云石寺、金佛寺等。佛塔也是千姿百态，气象万千，常见的有斯里兰卡式钟体佛塔、柬埔寨式的玉米芯塔顶塔、多角形佛塔、五顶塔等。还有清迈府古捣寺的西瓜塔、那空拍依府的拍依佛骨塔，外形像个细长的花瓶。著名宫殿有大王宫、帕依隆石宫、劈曼石宫，著名古城、雕塑、博物馆、纪念碑、玫瑰花园、红宵楼水上市场、沙没巴干府鳄鱼湖、海滩、海湾等都是旅游的名胜地。**去泰国旅游要把4月的宋干节和12月的圣诞节避开，因为那两个时节大多数的商店都会关门停业，不能购买东西。**如果要去看电影，银幕上出现国王及其王室人员肖像时，要起立，保持肃穆，千万不可出现笑声。

到泰国旅游可随旅行团前往，吃、住、行均较方便。如果自行前往，应当预订好饭店。每当旅游旺季，当地饭店常常客满。一般饭店可讨价还价，不必给小费。

去泰国旅行时，最好自带拖鞋。按惯例，那里的饭店不向住客提供拖鞋。

当地公共汽车虽然拥挤，但车费便宜。当地人习惯给年龄大的乘客让座。另外，僧侣通常坐在公共汽车后部，以避免与妇女接触，遇到僧侣上车，应主动将后部座位让出。

乘坐出租车要先讲好价钱，一般不付小费，但出租车司机帮拿行李时应给他小费。

旅游期间到当地商店购物，除大百货商店外，多数商店都可讨价还价，有的明码标价的商店其商品价格比实际价格也高出两三倍。讨价还价时应当心平气和，能以一种幽默感讲价钱，效果会更好些。

当地海关禁止游客携带色情读物入境，禁止佛像输出。

延伸阅读：

佛教礼仪

佛教在泰国的地位神圣不可侵犯，任何冒渎的行为均可能会受到指责甚至拘禁。

不能手指僧侣，不能接触僧侣身体；常人不能与僧侣握手，尤其是女性不许与僧侣握手；在汽车上不许与僧侣邻座。

女士若想将东西奉给僧侣，宜托男士转交，如果要亲手赠送，那僧侣便会张开一块黄袍或手巾，承接该女士交来的东西。

进入佛教寺庙衣着得体端庄，身着任何短裙、短裤或袒胸露背装都将不得入内。在进入佛堂、清真寺或私人住宅时，需要脱鞋，并注意不可脚踏门槛。

绝对不可爬上佛像拍照，或对佛像做出有损尊敬的举动。到当地人家做客，如果发现室内设有佛坛，你得马上脱掉脚上穿的鞋和袜，戴帽子的人也必须立刻脱去帽子。

在泰国观光，到处可见卖佛像的工艺品店，买到佛像要十分敬重，切不可当它是一种玩物，随意放置或粗手粗脚地摆布它，这种行为会引起泰国人的不快。

2. 泰国的商务礼仪

与泰国人进行商务活动时，要备有名片，名片宜有英文、泰文和中文三种文字。见面时要先把名片递给高级人士。拜访大公司要先预约。尽可能避开星期一和星期五，当地不少总经理喜欢度长周末。约会必须遵守时间，准时赴约是一种礼貌。会见时穿着要整洁体面，最好穿西装，也可穿衬衫打领带。

泰国人不是按姓来称呼对方，如"陈先生"、"李先生"、"张女士"，通常是以名加上先生或女士相称，如"建国先生"、"章达先生"、"秀兰女士"。熟悉的人之间则以昵称或以兄姐相称。

泰国人认为左手是不干净的，因此交换名片，接受物品，都必须使用右手。如果想表达特殊敬意，也可以用左手托住右手肘。访问客户时给其下属带一些点心或土特产往往会更受欢迎。在泰国人面前，盘腿而坐或以鞋底对着人是不礼貌的。无论是坐着还是站着，都不要让泰国人明显地看到你的鞋底。脚除了走路之外，不可作他用。如用脚踢门，会受到当地人的唾弃。用脚给人指东西，也是失礼。

泰国商人十分注重人际关系，在他们看来，与其你争我斗，费尽心思才获得一些利益，倒不如把这些利益让给那些诚实而富于人性的对手。泰国商人喜欢和友善的、有人格尊严和人格魅力的人交往，讨厌与生意场上不择手段的人交往。

礼仪提醒

泰国人注重礼貌、个性含蓄、说话轻声、语调平和，不喜欢大声说话和夸张的手势。在众目睽睽之下与人争执、咄咄逼人的表现会被泰国人认为是缺乏教养的行为。泰国人的一个核心的价值观念是注重关心和考虑他人的需要与感受。

在进行商务陈述时最好能多用一些图画和印刷宣传材料，做到人手一份。泰国人讨厌只工作而没有休闲，因此会议时间不要过长，最好能将过于冗长的讨论用一些茶点等休闲活动分割开来。与一些以生意为核心的文化体系相比，在泰国决定价格的过程需要花费更多的时间，因此在谈判桌上，需要有足够的耐心。多数泰国人不愿意与他们不熟悉的人进行商业来往，最好能通过对双方都比较熟悉的组织或个人介绍和引见。

在一般商务活动中，男士可穿长袖白色衬衣、打领带和西装裤，女士可穿套装、衬衣或裙子、裤子。和泰国商人闲聊时，不要自我夸耀，也不要询问对方收入、住房、婚姻等私事。即使在讨论十分活跃的时候，也不要提高自己的音量，不要表现出你的不满甚至愤怒，要尽量避免造成冲突或是公开的对峙。避免使用可能使别人难堪或是对别人造成羞辱的语言和行为。不要在别人面前责备或是批评你的泰国同事或下属。

泰国人重视等级地位，对社会地位较高的人表现出适当的尊敬是十分重要的，尤其如果他们是你的顾客或是政府官员的时候更要如此。如果你在无意当中冒犯了社会地位比你高或者与你相当的人，一定要谦恭地解释自己不是有意冒犯，微笑着询问他或她是否能原谅你的过错。建立良好的个人关系是避免冒犯别人以及防止丢面子的最好方式。

泰国人经商特别注重产品质量。他们制造的各种产品，如手工产品、珠宝产品等，都是精益求精、用心制造的，处处体现出高质量的水准。他们为生产高质量的产品而感到自豪。**为了质量，他们宁可放弃利益。**他们接产品订单都量力而行，在限定的时间内做不出高质量的产品，即使有再多的利益他们也会放弃，这使得一些外国商人感到吃惊和失望。中国人和泰国人做生意，应该结合泰国的优势和中国市场大的优势。中国人可在泰国当地种植作物，生产作物，以泰国为中心出口各种商品。

泰国人经商一般不喜欢冒险，小心谨慎，求稳，宁可依靠自己的力量一步一步地发展。他们不愿意大额获得贷款，不喜欢大规模地投资。**由于过分谨慎，不轻易相信别人，泰国很多企业都带有浓重的家族色彩。**

五、泰国的节庆礼仪

1. 泼水节的礼仪

泼水节是泰国的传统风俗，也是泰国全境一年一度最有趣的节日，庆祝场面盛大和热烈。在泰国大部分地区，泼水节会持续三天。

泼水节原是泰国的旧历新年，也称作"宋干节"。自从 1940 年泰国改用公历后，就将泼水节定为本国的传统节日，热情奔放的节日庆典使泰国又成为旅游的新热点。

一年一度的泼水节为每年 4 月 13 日至 15 日。传统的宋干节清晨第一项仪式是祈福，年轻一辈列队向长者表示敬意，希望得到长者的赐福，以图来年吉祥。在这三天里，全国都热闹非凡，各地都举行大型庆典及"宋干节小姐"选美活动。曼谷大街小巷里当地人和游客挤在一起，乐着泼水，互道恭喜及祝福，尤其在炎热的天气下，淋一身湿反倒更能消暑。宋干节期间曼谷泼水最热闹的地点是大皇宫附近的皇家田广场，水枪、面具和水管都上阵，有的人不仅浑身透湿，还"挂彩"，那是涂满身满脸的白色爽身粉。全国最值得一游的地方是清迈。宋干节乐趣无穷。吉祥幸福，整个国家都充满笑声和欢乐，举行各种宗教庆典和布施活动，更是亲朋好友相聚的时刻。此时，泰国人会相互"泼水"庆祝新年。**游客在泼水时，不可任意向泰国老人泼洒，因为有些老人并不喜欢此项活动；而泼的水中放入不洁之物与轻易碰触到陌生女性，都是很不礼貌的。**

东方人和西方人相比，更内敛，更含蓄，正如中国人春节期间烟花爆竹绽放的欢快心情一样，泰国的泼水节在祈福和体现宗教传统之外，也展示了东方人个性中最为奔放的一面，火红的爆竹驱散了冬日的寒冷，而在初夏阳光下四处泼洒的清水则带来不一样的清凉。

2. 万佛节的礼仪

万佛节是泰国的传统佛教节日，在每年泰历 3 月 15 日举行。如逢闰年，改为泰历 4 月 15 日。相传佛教创始人释迦牟尼于泰历 3 月 15 日在摩揭陀国王舍城竹林园大殿向自动前来集会的 1250 名罗汉首次宣传教义，故称其为四方俱备的集会。**节期是每年 3 月的月圆之夜，闰年则为 4 月。节日的起源据说是在这一天，佛陀的弟子及 1250 名罗汉不约而同地朝觐佛陀。**节庆之日，泰国各地都举行隆重的纪念仪式，国王也亲自参加。清晨，人们带着鲜花、香烛前往寺庙焚香，点燃 1250 支蜡烛，撒 1250 朵茉莉花，然后绕寺庙三周，进佛殿听讲佛经。人们往往通宵听经、巡烛，敬佛、礼佛之心十分虔诚。笃信小乘佛教的泰国佛教徒视该次集会为佛教创建之日，进行隆重纪念。

泰国的佛教徒早在阿育陀耶王朝时期就开始纪念万佛节，至曼谷王朝五世王时，官方开始举行庆祝仪式，并于 1913 年将这一天定为节假日，成为泰国人民传统的佛教节。在万佛节，有些善男信女还持受五戒或八戒以表示对佛教的虔诚。

3. 农耕节的礼仪

农耕节是泰国的重要节日，每年到农耕节时泰国都要在曼谷大王宫旁边的王家田广场举行大典。农耕节大典始于 13 世纪的素可泰王朝。节日由占卜师选在每年 5 月（泰农历 6 月）的一个吉日良辰举行。用于预祝当年农田风调雨顺、五谷丰收。仪式由国王主持。农耕仪式一般在大皇宫北面的王家田广场举行，历时两小时，仪式隆重热烈，吸引众多游人观看。

主犁官在号角乐声中扶着由两头白公牛拉着的金色木犁耕田六圈，两名挑金担和两名挑银担的少女跟在木犁后面，主犁官不时从金担和银担中抓出一把把谷种，撒在田里。耕田播种仪式后，围在广场四周成千上万的人涌进田中，从土壤中挖出种子，连泥带土装进塑料袋中，带回家去。他们相信，这些种子和王家田的"圣土"会给他们带来丰收和好运。

犁田之后，司礼官员为两头耕牛送上丰盛的饲料，包括稻谷、玉米、绿豆、芝麻、青草、水和米酒。两头耕牛选择的是青草和玉米，于是占卜师就宣布说，牛选吃了这两种饲料预示着来年五谷丰登。

4. 水灯节的礼仪

在泰国的传统节日中，最美丽的应该是"水灯节"。如果说从 4 月份的"宋干节"可以看出泰国人在"水战"中的疯狂，那么**每年 11 月份的"水灯节"，却充分体现出泰国青年男女旖旎的恋恋风情**。因为每逢水灯节的夜晚，无论是城市或在乡镇，只要是濒临河港或湖边的地方，水面上都会漂满水灯，闪亮着一片烛光，辉映着青年男女双双的幸福靓影，而一片花香和轻快抑扬的"放水灯"歌声中，构成一个欢乐的水灯节之夜。

水灯节是泰国民间最富有意义且多含神话的节日，在每年之泰历十二月十五日夜晚间举行。在雨季过后的这一时期，泰国正是河水高涨、月儿清辉的美好季节。

关于水灯节的来源，传说颇多，大都弥漫着神秘色彩，反映了泰国人民的美好心愿。据说，在河流小溪密布的泰国，人们为了感谢河神给他们造福，往往在农闲时节庆祝丰收，选择一个天晴气爽、月白风清之夜，用香蕉叶制成圆形花灯，置于香蕉杆上，环饰鲜花，在中间点燃蜡烛，放置水面，任其漂流以敬奉河神。这种习俗，相沿下来，便形成了水灯节。

近年来，泰国的水灯节又增添了新的内容。**它不仅是喜庆丰收、感谢河神的节日，还是男女青年追求爱情和祈求神佑的欢乐日子**。水灯的制作也更加精美多样，除用鲜花外，还用彩纸和各色泡沫塑料制成。

水灯节的晚上，穿着节日盛装的人们，喜笑颜开，伴随着悦耳的乐曲，穿梭于装饰着五颜六色彩灯的树丛和甬道之间，观赏各种游艺节目。特别是男女青年，更是欢声笑语，并肩相依。

河畔，商贩设置的一排排长桌上，摆满色彩鲜艳、多种多样的水灯，供人选购。

夜色愈浓，河面上的水灯越来越多，那盏盏水灯，连成一片，顺流漂浮，与粼粼波光相辉映，把水面点缀得犹如银河繁星落人间，在皎洁的月光和彩灯照耀下，构成一幅欢乐迷人的夜景。

5. 象节与赛象会的礼仪

泰国的素辇是座小城市，位于曼谷以东450千米处，曾是古老暹罗（泰国1939年以前称暹罗）的中心。每年十一月的第三个周末，都要在这里庆祝别具特色的象节，举行盛大的赛象会。

大象是泰国的标志，是"和平"与"吉祥"的象征。它不仅能驾车、搬运木料，从事某些笨重劳动，而且可以做出各种精彩表演，给人增添乐趣，活跃节日气氛。

象节活动由检阅战象开始。指挥官打着遮阳伞坐在象背上缓缓地走在前面，后面跟着一群大象浩浩荡荡列队进入会场。每个大象背上坐一至两名武士，内穿战袍外披盔甲，手持长矛和短剑，威风凛凛。

目前在泰国的高山密林中栖息着4000多只大象。这些参加检阅的战象，是从饲养的200多只大象中挑选出来的，是其中最美丽、最矫健者。它们披着彩带和盖布，挂着亮晶晶的小铃铛，打扮得漂漂亮亮，走起路来叮当作响，十分逗人喜爱。它们一面行走，一面高高举起长长的鼻子向人们频频"招手"，观众报以热烈的掌声。

接着进入会场的是一只傲然阔步的大象，在裁判员指挥下它先同60名身着运动衫的彪形大汉进行表演拔河。大汉们使出了全身力气，而另一端颈上套着绳索的大象，却悠闲地摇着尾巴，东张西望，纹丝不动。于是在拉拉队和观众的热情鼓动下，大汉们咬紧牙，蹬直腿，拼命拉，手肘几乎碰到了地；大象轻蔑地回头望望，只是稍许移动了一下脚步，就毫不费力地把60名大汉拉了过去。于是一再增加人，直到增至1130名，大象才感到有点儿吃力，夹起尾巴，后腿微屈，抵御着对方的拉力。最初几分钟，绳子静止不动，双方势均力敌。后来大象渐渐用劲，经过大约15分钟的较量，大象终于获得了胜利。

接下去的大象"拾物竞走"也饶有风趣。驯象人骑在象背上，众象在起跑线上各就各位。跑道上每隔 10 米放一个诸如草帽、玩具，水果、纸盒等物件，最后是一面红旗。只听"啪"的一声发令枪响，参加比赛的大象直奔目标，用它那灵巧的长鼻子准确地把物件拾起，放回原起跑线上，谁第一个夺到红旗，便获该项冠军。有个别的老象不愿任人摆布，拾回一两件东西之后便不耐烦了。**有的则干脆半路脱逃，任你如何拍打、叫喊，它一概置若罔闻，常常逗得观众哄然大笑。**

下一个项目是"足球比赛"。平日异常笨重迟钝的大象在驯象人的指挥下用脚和鼻子截球、传球，动作机敏灵活，不断引起观众阵阵喝彩。但也有犯规的，例如，一只老象多次踢脚，却没触到球，一气之下竟用象牙将球刺破。观众看到这一滑稽场面，不禁又是一阵捧腹大笑。

"蹬滚筒"也颇受欢迎。马戏团常有小狗、小熊表演这个节目。"蹬滚筒"必须感觉敏锐，动作灵活，善于掌握平衡，不断地移动四肢的着力点，用调整重心的方法使滚筒前后滚动。这对小狗、小熊已属不易，竟然要几千斤重的大象完成这样高难度的动作，不能不使人赞叹。

象节活动一直延续到夕阳西下，才告结束。人们把疲倦的大象送进圈里，并为这些取得优异成绩的运动"健将"准备丰盛的节日晚餐。傍晚，在原野上点起焰火开始演出歌颂大象的智慧和力量的文艺节目。随着节奏明快、独具风格的泰国音乐的旋律，一队队服饰华丽、身材苗条、眉目清秀的泰国少女婀娜起舞，鼓乐声、喝彩声回荡在节日的夜空……

六、 泰国的婚丧礼俗

1. 泰国的婚姻习俗

在泰国，青年男女都崇尚自由恋爱、婚姻自主，但就其婚俗习惯而言，则具有十分浓厚的民族气息。

　　泰国人在谈婚论嫁之前首先要进行问婚。问婚也算是说媒的一种形式，问婚的过程是男方请媒人到女方家去说媒。

　　泰国现还存在一种古老的婚姻习俗——从妻居，即男方在女方家盖房、居住、生息。某些农村，还有一种"服务婚"。当男女双方相识恋爱后，由男方向女方父母求亲，女方同意后，男方去女方家居住，作为女方家的劳力，给女方家种田干活儿，这段时期称"服务期"。服务期的长短由女方家长定，一般两三年甚至有了两三个孩子后才举行婚礼。

　　泰国的法定男女结婚年龄为 17 岁。结婚前，一般先举行订婚仪式。结婚日期定在双月，他们认为双月是成双成对的象征。但人们多在阴历二月、四月和六月结婚，一般不选八月、十月和十二月。婚礼按宗教仪式举行。婚礼上，除双方亲属、客人外，还要有和尚在场。婚礼中，和尚一面念经祈祷，一面把圣水洒在新人头上，并让两位新人牵起手来，象征他们结成了夫妻。和尚数为偶数，但不少于 6 人，顺序端坐在供桌边。供桌上放有佛像、圣水钵、圣纱、香烛、鲜花等。和尚手执圣纱诵经，新郎、新娘叠腿侧坐在主持僧前，双手合十，听从和尚诵经。接着，婚礼主持人或父母给新郎、新娘的头上戴双喜纱圈，父母、亲友依次往新郎、新娘的手掌中淋滴圣水祝福。然后有两个年轻女子在门口送给宾客一片树叶、一个花环、一朵小花或一条香手帕作为结婚纪念品。喜宴开始后，新郎、新娘要为宾客敬酒，并与宾客一起照相、录像，有的喜宴上还有歌舞表演助兴。

礼仪提醒

　　在泰国南部的宋卡府乍拍县，人们还保留着"与树结婚"的奇特风俗。每年 6 月至 8 月的某个特定的日子里，凡年满 21 岁的男子都要举行一次与大树结婚的仪式。远离家乡的人也要赶回来参加，否则就得终身打光棍。

　　与树结婚的仪式和规模，同真正办喜事一样隆重。结婚用的彩礼，盛放在银制的大碗里，叫作龛玛。通常有单龛玛和双龛玛两种，单龛玛为单数，双龛玛为双数。龛玛分花和菜两部分。龛玛花包括 25 封槟榔果和荷叶；龛玛菜包括拉糕、炸面圈、米花糖、点心、鸡、猪头、嫩椰子、橘子、柚子、甘蔗以及蜡烛、席子、枕头等。

仪式开始时，30 名本地少女头顶龛玛，由长鼓队前导，列队从新郎家向举行婚礼的场所（新娘树所在地）进发。新郎着新衣，在选定的新娘树下，点燃蜡烛，开始诵经，并由象征新娘家长的老太太出来授礼。随带的食品，等婚礼仪式之后，供大家就地围坐进食，食毕礼成。

2. 泰国的丧葬习俗

泰国不同的民族的丧葬习俗很不相同，有些民族有其独特的习俗，下面介绍如下。

◇ 歌舞祭

死人在泰国腊瓦人看来是一件大事，无论死了谁，村里每户都要派一人前去守尸。人们在那里并不哭泣，而是不停地敲击一面大锣，碰击竹竿，夜以继日地唱歌跳舞，祝颂死者。尸体先放在屋内，任其臭气散发。人们再找来一根大木料，剖成两半，用一半挖成小船的形状做棺材。棺材做得合适受奖励，不合适要挨罚。出殡时要拆掉屋后的板壁，架新屋梯，从后面抬下去。为了使死者的灵魂不跟回来打扰家里人，死者的配偶和孩子不能去送葬。

◇ 坟屋葬

泰国克木人家中有人去世时，亲戚朋友每户都要送一只鸡，并到死者家中守灵。死者用布遮盖，草席包裹，用扁担抬往墓地。坟坑用木板垫底，上面盖一间小茅屋。死者的子女要用饭、酒在墓的北面供奉三天，其间停止干活不能远出。若恰逢家中有人生病，要杀猪祭奠死者亡灵。

◇ 笙鼓葬

泰国的苗族人信鬼，葬礼十分复杂。死人之后要杀鸡宰猪大搞祭鬼活动，目的是把附在尸体上的恶鬼赶走。为了等候远道赶来的亲友，一般要把尸体放几天才出殡。**停尸很有讲究，死者脑袋要对着屋内的火塘，对面是房门，并与房门并行。**在等候亲友这段时间里，家里的鼓乐声不能中断，丧事好像喜事，打鼓吹笙，十分热闹。不光是死者家里热闹，就是寨子里也鼓声不绝，以向外寨人表示本寨有人死亡。这种鼓在平时是不能敲的，仅在办丧事时才能使用。出殡必须在傍晚，由芦笙手带着送葬队伍把死人送到离村子很远的墓穴去，一边走一边吹芦笙，死人埋葬后才能停止吹笙。打灯笼的扔掉灯笼，然后摸黑逃回村子。据说这样做是为了让鬼迷路，使它回不了寨子。

第 九 章

东南亚有关国家的礼仪

东南亚国家，多为处在太平洋与印度洋交界地带的沿海国家或岛屿国家，其中马来西亚、印度尼西亚、菲律宾等国就属于岛屿国家，越南等国就属于沿海国家。东南亚各国受地理气候的影响，其礼仪文化带有热带国家多民族融合的特色。在饮食上以米饭为主，不饮酒，在服饰上穿本民族传统服装，在社交中普遍重视礼节，在日常生活上有很多的礼仪禁忌。到当地出访时，最好遵守当地风俗，行为举止慎之又慎。

一、马来西亚的礼仪

1. 马来西亚概况

马来西亚位于亚洲东南部，分为相距约 600 千米的东、西两部分。西马来西亚（简称西马）位于马来半岛南部，北与泰国接壤，南与新加坡隔柔佛海峡相望，东临南海，西濒马六甲海峡。东马来西亚（简称东马）位于加里曼丹岛北部，与印度尼西亚、文莱相邻，与菲律宾隔海相望。**马来西亚介于太平洋和印度洋之间，是欧洲、亚洲、大洋洲、非洲四大洲海上交通的交汇处，其西海岸即被称为"东方苏伊士运河"的马六甲海峡。**因此，马来西亚的战略位置十分重要。

马来西亚全国划分为 13 个州。从地理位置上看，人们惯于将全境被南中国海分为两大部分的马来西亚国土，分别称为"东马"和"西马"。"东马"包括沙巴、沙捞越两个州，位于加里曼丹岛的北部。"西马"则包括其余的 11 个州，位于马来半岛的南部。马来西亚的首都是吉隆坡，它位于"西马"。在马来语中，"吉隆坡"一词的本意是"泥泞的河口"。

马来西亚海岸线总长 4192 千米。马来西亚地势北高南低，中部为山地，沿海为平原。沙捞越西部沿海地区为平原，东部为山地，中部为丘陵和山地。沙巴沿海为平原，中部基本为山地。位于沙巴北部的基纳巴卢山海拔 4101 米，是马来西亚最高峰。

马来西亚属热带雨林气候，高温多雨，无一年四季变化，只存在旱、雨季的区别。内地山区年均气温 22～28 摄氏度，沿海平原为 25～30 摄氏度。气候稳定，四季皆适宜旅游。

马来半岛很早就有人居住。公元初，马来半岛建立了狼牙修、羯荼、丹丹等古国，一直处于分裂割据的状态。15 世纪初，以马六甲为中心的满刺加王国统一了马来半岛的大部分，成为东南亚一带最强大的国家，并成为这一区域的国际贸易中心。伊斯兰教也在 15 世纪传入马来西亚。

16 世纪开始，这里先后被葡萄牙、荷兰、英国占领。1826 年，英国将槟榔屿、马六甲、新加坡三地合并为海峡殖民地，由东印度公司总督管辖。沙捞越、沙巴历史上属文莱，1888 年两地沦为英国保护地。

1942 年至 1945 年日本占领这个地区，给英国在东亚的势力以致命打击。虽然日本占领的时期相当短，但是它激起了马来西亚和其他地区的反殖民民族主义。1957 年多民族的马来亚联合邦宣告独立。1963 年 8 月 31 日，英属的新加坡和北婆罗洲、沙捞越宣告独立，并于 9 月 16 日参组马来西亚。1965 年华人占多数的新加坡独立。

马来西亚全国的总人口约为 2949 万，其中马来人占 61.5%，马来西亚籍华人和华侨则占 1/3 左右。除此之外，还有少量的印度人和巴基斯坦人。马来西亚人口分布不均，约 83% 的人口都分布在西部地区。

马来西亚是一个多民族国家，但国语为马来语，也通用英语，由于华人占总人口的 23.2%，**是世界上除中国和新加坡以外华人占总人口比例最高的国家，所以华语的使用也较广泛。**此外，其他少数民族还保留了各自的民族语言。

马来西亚实行君主立宪制。因历史原因，沙捞越州和沙巴州拥有较大自治权。以马来民族统一机构（简称巫统）为首的执政党联盟"国民阵线"（简称"国阵"）长期执政，马来人占政治主导地位，政局稳定。

马来西亚是一个实行君主立宪制的联邦制国家。宪法规定：最高元首为国家首脑、伊斯兰教领袖兼武装部队统帅，由统治者会议选举产生，任期 5 年。最高元首拥有立法、司法和行政的最高权力，以及任命首相、拒绝或同意解散国会等权力。议会为最高立法机构，由上议院和下议院组成，国会下议院议席共 222 个，议员任期 5 年。

全国分为 13 个州和 3 个联邦直辖区。13 个州是位于西马的柔佛、吉打、吉兰丹、马六甲、森美兰、彭亨、槟榔屿、霹雳、玻璃市、雪兰莪、丁加奴和位于东马的沙巴、沙捞越 3 个联邦直辖区是首都吉隆坡、布特拉加亚和纳闽。

吉隆坡是马来西亚的首都，也是东南亚地区最著名的城市之一。吉隆坡人口约 150 万，其中华人占一半以上，也是马来西亚最大的城市。吉隆坡城市西、北、东面由丘陵和山脉环抱，巴生河及鹅麦河在市内交汇后，从西南流入马六甲海峡。

布特拉加亚（Putrajaya）是马来西亚的新行政中心，位于吉隆坡以南35千米处。

马来西亚在20世纪70年代前以农业经济为主，依赖初级产品出口。**20世纪70年代以来不断调整产业结构，大力推进出口导向型经济，电子业、制造业、建筑业和服务业发展迅速**。80年代中期受世界经济衰退的影响，经济下滑。1997年的东南亚金融危机使马来西亚的经济遭受严重打击，马货币令吉对美元汇率下跌幅度曾达46%，股市综合指数下挫过半。1998年，马来西亚经济出现13年来首次负增长，失业率和通货膨胀率上升。1999年2月，马来西亚政府以征收撤资税取代对短期外资的管制，外资开始回流。1991年马哈迪在位期间提出"2020宏愿"的跨世纪发展战略，旨在2020年将马来西亚建成发达国家。

马来西亚自然资源丰富，有石油、天然气、铁、金、钨、煤、铝土、锰等矿产，盛产热带林木，渔业以近海捕捞为主，近年来深海捕捞和养殖业有所发展。橡胶、棕油和胡椒的产量和出口量居世界前列。曾是世界产锡大国，但近年来产量逐年减少，2010年锡产量为3500吨。马来西亚鼓励以本国原料为主的加工工业，重点发展电子、汽车、钢铁、石油化工和纺织品等。

马来西亚的文化特点是以它的三大民族马来人、华人和印度人为清晰的分界线，各民族维护各自的信仰，坚守各自的教义。比如华人，他们大多还讲自己的家乡话，过中国传统的农历节日，甚至连进餐、喝茶都还保留着中国广东、福建一带的风俗习惯。本书主要介绍马来人的文化风俗。

马来语为国语，通用英语，粤语、闽南语和普通话的使用也比较广泛。

马来西亚重视马来语的普及和教育，努力塑造以马来文化为基础的国家文化，推行国民教育政策。华文教育比较普遍，有较完整的华文教育体系。

马来西亚是一个以伊斯兰教为国教的国家，全国总人口的一半以上都信奉伊斯兰教，并且属于逊尼派。在马来西亚，马来人基本上都是虔诚的穆斯林。伊斯兰教为国教，其他宗教有佛教、印度教和基督教等。

延伸阅读：

马来西亚的国旗、国徽与国歌

马来西亚国旗呈横长方形，长与宽之比为2：1。主体部分由14道红白相间、宽度相等的横条组成。左上方有一深蓝色的长方形，上有一弯黄色新月和一颗14个尖角的黄色星。14道红白横条和14角星象征马来西亚的13个州和政府。蓝色象征人民的团结及马来西亚与英联邦的关系——英国国旗以蓝色为旗底，黄色象征国家元首，红色象征勇敢，白色象征纯净，新月象征马来西亚的国教伊斯兰教。

马来西亚的国徽寓意丰富，中间为盾形徽，盾徽上面绘有一弯黄色新月和一颗14个尖角的黄色星，盾面上的图案和颜色象征马来西亚的组成及其行政区划。盾面下部中间的图案为马来西亚的国花——木槿，当地人称"班加拉亚"。盾徽两侧各站着一头红舌马来虎，两虎后肢踩着金色饰带，饰带上书写着格言"团结就是力量"。

马来西亚的现用国歌是《我的祖国》。

2. 马来西亚的生活礼俗

◇ 饮食礼俗

马来西亚主体民族马来人大多是穆斯林，他们的饮食习惯与伊斯兰教有着密切的联系。马来西亚的伊斯兰教徒禁食猪肉和动物血液，这是妇孺皆知的。《古兰经》上多次强调禁猪，认为"猪"是一个最脏、最恨、最忌讳的词。目前穆斯林可食用的动物是牛、羊、驼、鹿等，可食的禽类是鸡、鸭、鹅、鸽等，可食的鱼类是鲫鱼、草鱼、鲢鱼等，所有这些动物需经阿訇之手宰杀后方可食用。马来西亚一般人家的饮食习惯是：早饭是牛奶和面包或咖啡加面包；午饭和晚饭都吃干饭，或是大米干饭，或是树薯粉干饭，干饭里拌些菜肴、汤、咖喱、胡椒、辣椒，味道可口。另外，他们很喜欢有颜色的食物，不论是吃的还是喝的，总要染成各种颜色。荔枝汁、椰子汁及其他各种果汁和饮料都是他们常喝的，当然也会染上各种颜色。

马来西亚的用餐习俗也较独特。**无论在农村还是在城市，马来人用餐既不使刀叉，也不用筷子，而是用手抓**。因此，马来人用餐有两个"必须"，即餐前必须洗手，进餐必须用右手，任何人都必须遵守。只有在西式的宴会上或是在高级餐馆用餐时，马来人才使用刀叉和匙。现在，受各国影响，马来人的这一习俗有所改变，已有很多人使用刀叉或筷子。但是现在马来人在用餐时，在摆放的各种食品和菜肴之间，仍放着几碗清水专供洗手用。即使事先把手洗干净了，在用手取食物前，仍要出于礼貌，把手放在水碗中蘸湿。

马来人禁酒，用餐时不能喝酒，多以热茶、咖啡或白开水代替，平时喜欢喝咖啡、红茶等饮料，也爱嚼槟榔。椰子、柑橘、香蕉、柠檬等则成为佐餐水果。

马来人用餐不是围桌而食，而是席地而食。他们将食物放在地上、草席上或地毯上，团团围坐，用手抓食。其坐姿也有一定讲究，男人盘腿而坐，女人则屈腿向右斜身而坐；年纪较大的妇女则可像男人一样盘腿而坐。吃饭时，客人要细心观察主人的动作，依照主人的样子做，避免做出主人忌讳的动作。

◇ 服饰礼俗

马来人信奉伊斯兰教，人们严格按照宗教习俗着衣。马来人传统的服饰称礼服。他们在正式场合和隆重节日均着礼服。

马来男子的传统套服是上身穿称为"巴汝"的无领长袖衫，"巴汝"的特点是长、宽、松；下身穿长至脚踝的布质纱笼，头戴"宋谷"无边帽，脚穿皮鞋。

在正式的社交场合，马来男子喜欢穿一种称为"巴迪"的蜡染花布长袖上衣。**巴迪衫质地薄而凉爽，现已渐渐取代传统的马来礼服，成为马来**

西亚"国服"。马来族的女子则一般要穿无领、长袖的连衣长裙，她们的头上，必须围以头巾。

在社交场合，马来西亚人可以穿着西装或套裙。但是，在正规的场合里绝对不允许人们露出胳膊和腿部来，所以背心、短裤、短裙往往是忌穿的。

马来西亚人的服饰偏好红色、橙色和其他一些鲜艳的颜色。他们认为黑色属于消极之色，黄色也不适于作为服装之色。受伊斯兰教影响，马来人对绿色十分喜爱。

马来人喜欢佩戴短剑，他们认为短剑象征着力量、勇敢和智慧。去马来西亚人家里做客，进门前必须首先脱下鞋子，并且摘下墨镜。参观清真寺时，亦需切记这一点。

3. 马来西亚的社交礼仪

在马来西亚，不同民族的人采用不同的见面礼节。马来人的常规做法是：向对方轻轻点头，以示尊重。除男人之间的交往以外，马来人很少相互握手。男女之间尤其不会这么做。马来人传统的见面礼节是所谓"摸手礼"。它的具体做法为：与他人相见时，一方将双手首先伸向对方，另一方则伸出自己的双手，轻轻摸一下对方伸过来的双手，随后将自己的双手收回胸前，稍举一下，同时身体前弯呈鞠躬状。与此同时，他们往往还会郑重其事地祝愿对方："真主保佑！"或"一路平安"。被问候者需回以："愿你也一样好。"

马来西亚的华人与印度人同外人见面时，则大多以握手作为见面礼节。

在马来西亚民间，人们见面时经常会问对方："你到哪里去?"它的真实含义，与我国许多地方略同，仅仅是一种一般性问候而已。对此，既可以回答，也可以不答。

马来人的姓名颇具特点，他们通常只有自己的名字，而没有固定的姓氏。在一般情况下，马来人总是儿子以父名为姓，父亲则又姓祖父的名字，因此一家几代人的姓氏会各不相同。

由于屡遭外来侵略之故，马来人在对外交往中显得有些敏感多疑，对外国人往往不会轻易信任。在无人介绍时，他们不爱主动与外国人交谈。即使在商务谈判中，他们也是问得多，答得少。在一般情况下，不宜与其谈论国内政治、马来西亚与新加坡或西方国家的关系，不宜议论宗教或民族问题。但是与熟人交往时，他们却以"笑口常开"作为一种基本礼貌。**他们认定，与别人打交道时，面无表情，不苟言笑，意味着对别人不怀好意。**

马来人一般只有名字，没有固定的姓氏，多以父亲的名字为姓。马来人的姓名是名前姓后，在名与姓之间要加字。男子加上"宾"字，除表示某某是某某人的儿子之外，还含有儿子、男子、子孙、后裔等意思；女子则加"宾蒂"，表示父女关系。

马来人姓名中间还有许多冠称，如"邦"表示兄，"卡"表示姐，"切"表示儿，"多"表示长辈，"哈吉"表示到麦加朝圣过的穆斯林。

马来人取名的形式多种多样，除上述取父名的，也有既取父名又取母名的；还有根据各种情况取名的，如在星期四出生的名为甘密斯；若出生时适逢父母迁居，就取名南达。更有照儿女排行大小来取名的：长男叫姑洛或苏隆，次男或次女叫雅，五男叫班影，五女则叫安影。这样一来，马来人的姓名连带冠称加起来通常很长，其含义也很多。如"穆罕默德·甘托尔·苏加诺·布地亚"，"穆罕默德"取自伊斯兰教；"甘托尔"为雷鸣，比喻宏大；"苏加诺"表示其家庭血统；"布地亚"表示男孩。又如"阿布拉·宾·阿卜拉卡迪尔·蒙希"，"蒙希"表示当外籍人语言教师的身份。

就像当地的文化一样，马来西亚人的称呼也是比较复杂的。在马来人、华人和印度人当中有着不同的习惯。总的说来，**可以用被介绍人的头衔和名字来称呼对方，但是如果对方没有职业的、学术上的或是贵族的头衔，就以某某先生、女士、小姐、夫人来称呼比较合适。**

马来人热情好客，如果应邀到马来西亚朋友家里做客，应按同主人事先约定的时间准时到达，要衣冠整齐，进屋前先脱鞋，并将两只鞋整齐地放在楼梯口或房门边，否则会被视为失礼行为。进入屋内，要向主人家的成员一一问候，特别要注意首先问候主人的父母亲和其他长辈。在主人的要求之下，可以席地而坐，男性客人盘腿而坐，女性客人屈膝侧身坐。不可歪戴帽子，没有征得主人同意不可吸烟。

礼仪提醒

在马来人家里做客时，站姿、坐姿都必须温文尔雅，坐下时双腿不能分开，不能跷着二郎腿，更不能将鞋底对着主人。这样的姿势，在马来人看来，比用手指着对方还严重，还不能容忍。

做客时还不能戴墨镜，与主人谈话时抽烟是不严肃的表现，更不可在长者或权威人士面前乱燃烟火。马来人把对长辈的尊敬视为美德，无论在家里还是在公共场合，只要有长辈在场，做晚辈的就必须行为规矩、谈吐文雅。

吐痰、挖鼻孔等是人人避讳的行为，做客时需切记。

到马来人家中吃饭，有必要先饿一顿，以保持良好的胃口，对饭菜的赞赏要用吃得多来表现，这样主人会很高兴。

应邀到马来人家中做客，很可能见不到他的妻子，不要询问她的去向，否则会被认为不礼貌。如果女主人在家，客人的态度要热情而又适度。如果她不主动行握手礼，千万不要同她握手。

马来人认为人的头部和背部是神圣不可侵犯的，因此严禁触摸。跷腿、双腿分开坐、露出脚底，或者用脚开门、挪动物品都是极其不文明的表现。不要一手握拳，去打另一只半握的手，马来人认为这个动作是很下流的。与人交谈时，不要将双手贴在臀部，否则有勃然大怒之嫌。也不要当众打哈欠，否则会被认为失敬于人。万不得已非要打哈欠时，最好用手或者手帕遮住嘴。马来人忌讳乌龟，他们认为乌龟是一种不吉祥的动物，给人以"色情"、"春药"、"侮辱"的印象。

中国人平时常常以"洋娃娃"作为礼物送给对方的小孩，然而马来人却不会接受，因为该国严禁使用人像，人像一类的东西都不可以膜拜。"洋娃娃"等外形类似人像的东西也禁止放在家中当装饰品，否则就是对神的不恭。

马来西亚华人对数字特别讲究，而马来人和印度人却没有什么特殊的忌讳与喜好。华人喜欢6、8等数字，因为他们将6、8等数字与"顺"、"发"的字音联系起来。即使花大价钱，一些人也要买一个吉祥的号码。如"168"、"888"、"666"等，大多是富有的华人的车牌号。而尾数是4，或多位数字是4的牌号的车子，则大多数是马来人驾驶的，因为马来人对于4没有忌讳，且这些号码可廉价获得。

4. 马来西亚的商务礼仪

在马来西亚商界广泛使用英语，名片也要随时准备好，如有谈判必须事前预约，商务活动中经常请客吃饭，一般以午宴或晚餐来招待。送礼时不能当面打开展示，否则，就是失礼之举。如果接受了他们的礼品，可以写封信表示感谢，他们是很欢迎的。在日常交谈中，他们喜欢谈及体育，一般性事务、家庭生活、饮食之类。在商务活动中，客人可以用筷子或汤匙。

见面要递名片。从事商务活动提前一个月安排。受邀请吃饭，不要回绝。社交性宴会不要讨论生意。

每年3月至7月宜往访，大多数商人在11月到次年2月休假。

登记住宿，一定要询问是否有季节差价，雨季来临旅馆收费普遍打折。

5. 马来西亚的节庆礼仪

马来西亚节日很多，全国大大小小的节日约有上百个。主要节日有开斋节、春节、花卉节、国庆节、哈吉节、屠妖节、圣诞节、圣纪年诞辰日、"五一"节、卫塞节等。

◇ 开斋节

开斋节是马来人的新年，是全国最重要的节日。每逢伊斯兰教历9月，全国的穆斯林都要实行长达一个月的白天禁食（即斋戒月），之后恢复正常的生活习惯。斋月过后的第一天即为开斋节。节日前夕，穆斯林都要进行捐赠活动，帮助有困难的人、刚皈依伊斯兰教的穆斯林、为了伊斯兰教而欠债的人等。同时，在外地的人都纷纷赶回家乡和亲人团聚。开斋节的早晨，穆斯林们都前往清真寺进行隆重的祷告仪式。仪式过后，人们互相热烈祝贺，表示把过去的恩恩怨怨全都忘记，一切从头做起。在亲切和睦的气氛中，人们还要相互登门拜访。**这一天，家家户户都准备了丰富的糕点招待来访的客人。**

◇ 春节

春节是华人的新年，节日的风俗和中国的春节大致相同。这一天是全国公共假日。到处张灯结彩、敲锣打鼓，华人们相互登门，互道"恭喜发财"，其他民族人士也登门祝贺。这一天华人还举行团拜，玩龙舞狮，以驱邪逐妖，迎接新的吉祥年。国家总理和夫人及政府官员亲自前来祝贺，还给舞狮者和儿童发"红包"。人们还烧香拜佛，祈求幸福平安。

◇ 花卉节

每年的 7 月，为庆祝花朵盛开，马来西亚举办各式各样的主题花卉比赛，历时一周。届时，吉隆坡将成为美丽的花园城市，全市到处百花争艳。各公园、酒店也纷纷配合举行形形色色的活动，如寻花赛、花展等。购物中心则用鲜花将门面点缀得花枝招展、引人注目。花卉周的高潮是千姿百态、百花齐放的大规模花车游行，每年都吸引大批国内外游客前来观光。

◇ 国庆节

国庆节又名"独立日"，8 月 31 日。每年这一天，全国人民普天同庆，首都要举行盛大的庆祝游行和集会，全国各地举行庆祝会，各电影院为学校儿童免费放映电影。

◇ 屠妖节

屠妖节是印度人的新年。10、11 月间，在月圆后的第 15 天看不见月亮的日子举行。清晨，印度教徒在沐浴后全身涂上姜油，穿上新衣，合家老小用鲜花祭神。**印度庙里挤满了善男信女，妇女供上槟榔叶、槟榔、香蕉和鲜花，向神顶礼膜拜，祈求幸福。**节日里，家家户户香烟缭绕，灯火通明，所以又叫"光明节"。

◇ 圣诞节

圣诞节和世界各地一样已成为马来西亚的一个重要节日。届时，马来西亚的基督教徒，像世界各地的教徒一样虔诚地庆祝佳节。圣诞前夕，各教堂举行夜弥撒，而各购物中心、酒店、老人院与孤儿院等处处可闻圣诞乐曲飞扬。不论是基督徒或非教徒都沉醉在圣诞的气氛中，大家携手同欢，普天共庆。

◇ 圣纪年诞辰日

圣纪年诞辰日，是伊斯兰教徒的节日。每年这一天（伊斯兰教历 3 月 12 日）首都数十万伊斯兰教徒在最高元首的率领下，前往清真寺举行隆重的祷告仪式，然后举行盛大的游行庆祝活动。

◇ 卫塞节

佛祖释迦牟尼诞辰日，农历四月十五日。这天清晨，所有佛教徒都竞相焚香。顶礼膜拜。在这一天，人人食素食，而且家家户户都点起油灯，所以又叫"灯节"。

6. 马来西亚的婚丧礼俗

◇ 婚姻礼俗

在所有的风俗中，马来人最重视婚姻方面的风俗，仅就婚姻风俗而言，从订婚、结婚到离婚，种类繁杂，习俗各异，不了解这些风俗，你将无所适从。

马来人过去实行一夫多妻制，现在比较普及的婚姻是一夫一妻。

马来族男孩一到成婚年龄，男方一家就开始为其物色对象，找到目标后就着手对女方本人及其家人进行了解，并到女方家看姑娘。看完姑娘后，如果男方同意了，就在家中商议，取得一致看法后，确定求亲的日期和方法。求亲时通常由男方家长出面，女方家长一般不立即应允，等过了一天甚至一周之后才给男方家长答复。如果双方都同意这门婚事，就将聘礼、结婚费用和婚礼日期等确定下来。

如果婚礼晚些时候才举行，男方可先送订婚礼。倘若男方毁约不能成婚，订婚礼是不能索回的；如果是女方反悔，其所受礼品将加一倍退回男方。在订婚礼上，男方带去的礼物有聘金、婚礼费用、一枚钻石戒指、布和衣服、糕点、水果、槟榔盒、喷水器和蜡烛等。上述每一样礼品都由一名男青年拿着，女方把这些礼品排列在"并坐台"前，由宗教法官查点，女方派两位证人到场，其中一位负责查点礼品，然后放进里屋，外面仅放槟榔盒、喷水器等。宗教法官登记准新郎的名字，并用手抓住准新郎的右手，说："先生，我把你与女士结成夫妻……"念完后摇晃几下新郎的手，准新郎必须大声回答："我接受与女士成婚……"以便法官和证人都能听清。这时，准新郎从坐席上站起来与宗教法官和岳父握手，并与每一位来宾握手。倘若举行宴会，准新郎则将带来的花和槟榔在宴会后送给来宾。

马来人的婚礼带有伊斯兰教和印度教的双重色彩，热闹而庄严，程序繁杂，一般分为饰发、染手掌和"并坐礼"三个阶段。马来人婚礼的饰发和染手掌仪式在"并坐礼"前两三天内举行。

饰发主要是整修眉毛和额发，现在城镇的新郎、新娘一般都到美容院请美发师饰发，农村一般是请饰发师在家饰发。

染手掌共有私染、小染和大染三个过程。现在的马来人一般只在"并坐台"上染一次手掌。染手掌的仪式一般在晚上举行。私染和小染时新娘坐到"并坐台"染手掌，大染时新郎也参加。举行染手掌仪式时，在"并坐台"的前台放着一个高脚铜盘，盘上放三个碟子，分别装上姜黄米、米花和碾碎的山姜叶的水，碟子上还放着一根用有香味的叶子扎成的喷水器，盘子的正中再放一个盛有碾碎的指甲花的器皿。染手掌仪式的程序是：由男女宾客轮流主持将姜黄米撒到新娘和新郎的左右肩，接着再撒米花。然后用喷水器蘸上姜水喷在新娘和新郎的双手手背上，最后将指甲油涂在他们的手掌上。染了手掌后新娘、新郎双手合十，高举到胸前，向主持人致敬道谢。

"并坐礼"是马来人婚礼的最后阶段，也是婚礼的高潮。这个礼仪是受印度教影响而逐渐演变而成的，因此，它带有伊斯兰教和印度教的双重色彩。"并坐礼"在女方家举行受邀观礼的亲友如期赴约，同时带来礼品，主人家将礼品逐一登记。举行"并坐礼"时，新娘坐在"并坐台"上。新郎则着马来民族传统礼服，同时率娶亲队从家中出发到女方家。娶亲队由一群鼓手、一名手持槟榔盒的人和两名手持烛台的人组成。一路上敲敲打打好不热闹。新郎进入新娘家后，即被扶上"并坐台"的右边。这时，前去迎亲的娶亲队要念诵《古兰经》。新娘的母亲从高脚铜盘上取一点姜黄饭放在新娘二指之上，抬起新娘的手做喂新郎状，然后用同样方法，抬起新郎的手做喂新娘状。至此，整个婚礼宣告结束。

礼仪提醒

马来人很愿意邀请亲朋好友参加婚礼，即使是过路看热闹的行人，也会受到主人的热情款待。马来人认为双数是凶神的化身，不吉利，因此在婚礼上最忌双数，无论是参加婚礼的人数还是所送礼品都必须是单数。

◇ 丧葬礼俗

在马来西亚，伊斯兰教有一个规定：凡死去的教徒要尽快埋葬，绝不可无缘无故拖延6小时以上，因此，当老年病人生命垂危之际，家人便让教堂主事人到病榻前为病人念诵《古兰经》，让他安详、无忧无虑地到另一个世界去。

老人去世后，最要紧的事是马上通知教堂，在布告板上公布死者的姓名、逝世的时间及举行葬礼的时间、地点，并同时通知亲朋好友，请大家参加葬礼。教堂管理人在接到报丧信后，马上派人挖墓穴。

死去的人要仰卧，双手右上左下平放在胸前，两脚伸直并拢，一条白布由头包到下巴，以防嘴巴张开，再用布盖住遗体，抬到一块铺有白布的平台上，点燃伽罗木，让众人瞻仰。

前来吊丧的人恭敬地掀开白布，瞻仰片刻，不能高谈阔论，也不能号啕大哭。然后请同性别的"沐尸师"主持"沐浴"仪式，把尸体用清水和肥皂擦洗干净，涂上樟脑和黄檀木粉。接着便要裹尸，裹尸布要撕成上衣、头巾的样式，不可用针缝，死人穿上衣服后，再包三层以上的白布，用布条扎好，放入棺材。封棺后再盖上多层布，最上面一层有美丽的金线刺绣图案，或绣上《古兰经》的经文。出殡时大家要念《古兰经》的经文，不可交头接耳地谈话，女性不能去送殡。棺材运到坟场后，由教堂管理人打开棺盖，拆除扎住尸体的布条，面向圣地麦加放入墓穴，竖好墓碑。最后还要请僧侣来念平安经。把浸檀香木的水洒在坟上，把各色花卉散在坟上，才算告终。

二、印度尼西亚的礼仪

1. 印度尼西亚概况

印度尼西亚国名全称"印度尼西亚共和国"，别称"赤道上的翡翠"和"万岛之国"。"印度尼西亚"一名，意为"水中岛国"。首都为雅加达。

3~7世纪，印度尼西亚建立了一些分散的封建王国。13世纪末至14世纪初，在爪哇建立了其发展历史上最强大的麻喏巴歇封建帝国。

15世纪后，葡萄牙、西班牙、英国和荷兰相继入侵。1602年，荷兰在印度尼西亚成立具有政府职能的"东印度公司"（1799年底改设殖民政府），开始长达300多年的殖民统治（1811—1816年英国曾取代荷兰建立了殖民地政府，1816年后荷兰逐渐恢复对印度尼西亚的殖民统治）。1942年日本入侵。1945年日本投降后，印度尼西亚爆发争取民族独立的8月革命，于8月17日宣告独立，成立印度尼西亚共和国，苏加诺出任总统。1945-1950年，先后武装抵抗英国、荷兰的入侵，其间曾被迫改为印度尼西亚联邦共和国并加入荷印联邦。1950年8月重新恢复为印度尼西亚共和国，1954年8月脱离荷印联邦。1955年4月，第一届亚非会议（也称为"万隆会议"）在印度尼西亚的万隆举行，印度尼西亚作为发起国之一扮演了重要角色。1999年8月，东帝汶通过全民公决脱离印度尼西亚（2002年7月两国正式建交）。

印度尼西亚位于亚洲东南部，地跨赤道，是世界上最大的群岛国家，由太平洋和印度洋之间的 17000 多个大小岛屿组成，其中约 6000 个岛屿有人居住。陆地面积为 190 万平方千米。北部的加里曼丹岛与马来西亚接壤，新几内亚岛与巴布亚新几内亚相连。东北部面临菲律宾，东南部是印度洋，西南与澳大利亚相望。印度尼西亚是一个火山之国，全国共有火山 400 多座，其中活火山 100 多座。火山喷出的火山灰以及充沛雨量，使印度尼西亚成为世界上土地最肥沃的地带之一。

印度尼西亚属于热带雨林气候，年平均温度 25℃～27℃。**处处青山绿水，四季皆夏，人称"赤道上的翡翠"。多雷雨，多地震。**

印度尼西亚实行总统内阁制。总统是国家元首、政府行政首脑和武装部队最高统帅，直接领导内阁。人民协商会议是国家最高权力机构。主要政党有民主党、专业集团党、印度尼西亚民主斗争党、繁荣公正党、国家使命党、建设团结党等。

印度尼西亚人口约 2.17 亿，为世界人口大国。全国共有 100 多个民族，其中爪哇族占 45%，巽他族占 14%，马都拉族占 7.5%，马来族占 7.5%。其他占 26%。通用语言和官方语言为印度尼西亚语。英语为第二语言。政府部门、商业活动广泛使用英语。

印度尼西亚居民中，约 87.2% 信奉伊斯兰教，是世界上穆斯林人口最多的国家。还有的人信奉基督教、天主教、印度教、佛教和原始拜物教等。

印度尼西亚是东盟最大的经济体，经济以农林矿的原产品生产和出口为主，农业和油气产业是其传统支柱产业。全国 59% 的人口从事包括林业和渔业在内的农业生产。胡椒、金鸡纳霜、木棉和藤的产量居世界之首，天然橡胶、椰子产量居世界第二位，可可、棕榈油、咖啡、香料等产量居世界前列。印度尼西亚是石油输出国组织（欧佩克）成员国，国家收入主要来自石油出口。镍、金刚石储量居世界前列，是世界产锡大国，世界煤炭出口大国。爪哇岛是印度尼西亚经济、政治和文化最发达的地区，一些重要的城市和名胜古迹都坐落在这个岛上。

延伸阅读：

印度尼西亚的国旗、国徽与国歌

国旗：呈长方形，国旗长宽比例为3：2。为红白两色，上红下白。红色象征勇敢，白色象征纯洁。

国徽：由一头鹰、一面盾牌和一条绶带组成，矫健的神鹰胸前佩戴着一块盾牌。鹰呈金黄色，其颈部、两翼翅膀和尾部羽毛分别为45根、17根和8根，表示印度尼西亚独立于1945年8月17日。盾代表建国"五基"（印度尼西亚立国的五项基本原则），由五部分图案组成：五星象征信仰神道，链条代表人道主义，榕树象征民族主义，牛头象征民主，谷穗象征社会公正。鹰爪下的绶带上写着"殊途同归"。

国歌：《伟大的印度尼西亚》。

2. 印度尼西亚的生活礼仪

◇ 服饰礼俗

总体而言，受宗教信仰等方面因素的制约，印度尼西亚人的穿着打扮属于朴素保守型。对于服饰的干净整洁，他们非常讲究。

平时，在印度尼西亚，男子会上穿蜡染的长袖衫，下身裹以纱笼。并且头戴无沿小帽。女子在一般情况下，也大都身穿纱笼。在大多数情况下，她们还会配以与纱笼色调一致的披肩或腰带。

出门在外的时候，印度尼西亚人对于自己佩戴的饰物十分重视。在印度尼西亚，男子大都讲究腰悬一把精美的短剑，并且以之反映本人的社会地位。妇女则极为喜欢佩戴金银首饰，耳环和戒指通常是她们必备之物。

在办公或对外交往中，印度尼西亚男子常穿白衬衫、长西裤，并配以领带；女子一般会穿深色的外套，并配以裙子。

出席庆典、仪式，或是参观清真寺时，不允许穿背心、无袖装和短裤，过分裸露身体的服装也不宜穿着。进入清真寺以前，一定要脱下鞋子。与他人在室外交谈，或是上门做客时，必须摘下墨镜。

◇ 饮食礼俗

在饮食习惯上，印度尼西亚人以大米为主食，副食则主要为牛肉、鸡肉、鸭肉、鱼肉和虾，等等。中国人爱吃的海参、鱼肚之类，印度尼西亚人是绝对不吃的。

印度尼西亚穆斯林的饮食严守教规，他们不饮酒和其他一切含有酒精的饮料，不吃猪肉、自死之物、动物的血和未诵安拉之名宰杀之物。对于带骨、带汁的菜肴，他们都不吃。除极为正式的宴请之外，在用餐时，他们都喜欢用右手抓取食物享用。因为左手被视为"不洁之手"，他们绝对不以左手取用食物。在用餐的过程中，他们有饮用凉开水的习惯。

在印度尼西亚，有一些非穆斯林人在用餐时喜欢喝上一点儿葡萄酒。平时，他们也经常喝红茶或咖啡。

在印度尼西亚，人们经常会请人吃饭。**受到类似的邀请时，最好不要谢绝，不然便会被理解为看不起对方**。事过之后，最好找机会回请对方一次。这是一种礼貌。参加印度尼西亚人的宴请时，有以下四点注意事项。一是在主人宣布开宴之前，切勿"先行一步"。二是在用餐过程中，不宜说话过多。三是不要当着主人的面，对菜肴提出某些特殊的要求。四是用餐完毕之后，应当在盘子里余下少许食物，以示自己业已吃饱。

礼仪提醒

受当地华人的影响，绝大多数的印度尼西亚人都对中餐推崇备至。所以，在宴请印度尼西亚人时，中餐乃是最佳的选择。在印度尼西亚外出用餐时，切勿用勾动手指、捻响手指或是吹口哨的方式召唤侍者。得体的方式，是举手示意。

3. 印度尼西亚的社交礼仪

印度尼西亚人重视礼节，好客热情，有"失子事小，失礼事大"之俗语。熟人见面总是要打招呼的，有的问安，有的问好，有的寒暄，甚至问长问短，表示关心。**一般常用的礼仪是握手、拥抱、贴脸、拍打对方的肩膀等。对地位高的妇女要施行吻手礼。**穆斯林教徒在施行完上述礼仪之后，还要把右手放在胸口处，表示肺腑之意。在一些地区，如果有浅肤色的人拥抱某个男士，这个男人就十分高兴，视对方为知己。有的地方重视问候语，如果对男士说"拉克乌克"，对女士说"纳亚克"，他们就视这些初见的好友为兄弟。有些地方在熟人间见面时挥舞着拳头、互蹭鼻子以示热情。印度尼西亚人在社交中相互介绍的比较多，一般情况是把男人介绍给女人，把年轻人介绍给老年人，把地位低的介绍给地位高的。这里的关键是地位的高低，其他则属于次要。

如果要去拜访印度尼西亚人，一定要选好时间，一是不要打扰休息；二是不要打扰各种教徒的宗教活动。像伊斯兰教每天 5 次祈祷，周五是主麻礼拜；基督教的周日是做弥撒。做客要带礼物，可以给主人带上一束鲜花，客人不一定非要送礼不可，但最好说几句感谢的话，或写个便条表示谢意。主人若有馈赠，推却不受是不礼貌的。一般情况下都是事先约好，不要突然闯入，经主人允许后再进屋，进屋之前要把伞、帽、手杖等物放在门口，脚要洗干净。**进屋后要根据主人的指示，不要随便坐，要站着跟主人说话，等主人指定座位后再坐。**如果是客厅铺有地席，男人要盘腿而坐，女人要跪地而坐。如果客人多，先到的客人要向后到的客人主动问好。客随主便，如果主人端来菜或其他饮料、小吃，就要喝一点吃一点，如果主人坚决留宿吃饭，也要随主人之意。

印度尼西亚人的言谈举止多讲谦和礼让，不喜欢粗鲁、傲慢和霸道。说话时要站定或坐下，不要边走边说，不要仰起脖子说话，更不要超越别人去说话。语调要平和，速度要缓慢，不要随意插话、抢话，更不要说话时眼睛乱转乱瞟或死盯住对方。说话时要求身体各部位保持平静，对打哈欠、手舞足蹈、指手画脚、摇腿、晃腿、跷二郎腿、吞烟吐雾、自我吹嘘、命令式、怪声怪气的反问等都是很讨厌的。说话时不要涉及隐私，不要谈论自己的痛苦、不幸，更不要说别人的坏话。在众人面前，不要给某人使眼色、耳语或争吵，处处要保持礼貌和文明。如果要坐下来，脚尖和鞋底不能对着别人，更不能两腿交叉，不能用一个手指指使别人，如果要召唤人，可以把手心向下，手指做内屈动作。不能把手放在臀部与人说话，不能嘲笑别人的错误，不能戴着墨镜与别人说话。

印度尼西亚人重视礼节，讲究礼貌。"谢谢、对不起、请原谅、请"等敬语常挂在嘴上。

印度尼西亚人见面习惯行握手礼，一般不主动与异性握手。同熟人或朋友见面，有时也行按胸礼，即用右手按住胸口互相问好。第一次介绍见面时，宜点头握手。跟有身份的人打交道，最好以其正式头衔相称。一般采用"先生"、"小姐"、"夫人"一类西式称呼。

多数中间阶层的印度尼西亚人有两个名字，许多下层人民只有一个。富有者通常都有很长的姓和名。在称呼时，只能使用他们的第一个姓，不能用第二个。

伊斯兰教穆斯林之间一般使用阿拉伯语问候，并双手合十至前额表示诚意和衷心祝福。男士对女穆斯林（一般戴面纱者）不要主动伸手要求握手。

印度尼西亚人敬烟时，总是将烟盒先磕一下，使几支烟露出烟盒，然后再递到客人面前。客人取烟时，一般先将露出烟盒最长的那支烟按进烟盒，然后取露出烟盒最短的一支，以示谦虚。从烟盒中取一支递给客人，或远抛给客人被认为是对人不敬。

公共汽车上坐着的人要为站着的人拿东西，男人要为妇女让座。不要等车子完全停下来才上下车，因车子是一直在移动的。

4. 印度尼西亚的商务活动礼仪

在印度尼西亚，商务活动最好于9月至次年6月进行，因为7月、8月多放假，12月至次年2月阴雨连绵。印度尼西亚商人做决定甚慢，业务谈判时间一般都很长，为求得好结果，与印度尼西亚商人有业务或拟开展业务者最好准备停留一周以上。

印度尼西亚人进行一般商务访问穿西服、打领带、穿长裤即可。访问政府办公厅应穿西装，并需事先预约，准时赴约。

印度尼西亚人特别注重送名片。初次相识，客人就应把自己的名片送给主人，否则将会受到主人长时间的冷遇。名片文字用英文。印度尼西亚人喜欢平和的声调、不摆架子的姿态和寻求一致的良好愿望，所以，与他们谈判应态度谦逊些并放低声音。拜访印度尼西亚商人时要带上礼物，收下礼物即意味着承担了某种责任。

印度尼西亚人一个显著的特点就是重深交，讲旧情，老朋友在一起可以推心置腹，若是一般交情的商人客户或朋友，虽然也客客气气，甚至谈得相当投机，那也只是形式上的，真正的心里话是不会轻易掏出来的。所以与印度尼西亚人交往，一两次见面是不能获得机会的，要着眼于将来，应把印度尼西亚商人当作朋友，充分表现出你的真诚，才能获得他的信赖。

印度尼西亚人喜欢客人到他们家中做客访问，而且在一天中的任何一个时间去拜访他们都是受欢迎的。**到印度尼西亚人家中做客，增加感情的交流，已成为与印度尼西亚人交往的一个诀窍。**商务谈判，如果能选择在印度尼西亚人的家中进行，那是最好不过的事，这样可以消除主客之间的隔阂，交易洽谈的效果更佳。

印度尼西亚商界好礼，尤其好互赠礼物。访问时宜准备一些小礼物给商人、官员及他们的妻子。应邀做客时，可以给主人带上一束鲜花。客人不一定非要送礼，但最好说几句感谢的话，或写个便条表示谢意。

访问时宜准备一些小礼物，对方收下礼物即意味着承担了某种责任。印度尼西亚商人喜欢宴请，作为客人在回国前应以同标准回请一次。

与印度尼西亚人交往，一两次见面是不可能成为朋友的，充分表现出你的真诚，才能获得印度尼西亚人的信赖。

5. 印度尼西亚的节庆礼仪

◇ 主要节日

元旦（1月1日）。和世界各国人民一样，印度尼西亚人也过元旦节。届时所有地方都休假，家家户户欢聚一堂，举行宴会或歌舞会欢庆新的一年的到来。**各地庆祝方式不同，通常以露天嘉年华会、烟火和特别娱乐、表演庆祝**。在印度尼西亚的华人众多，其新年时间按照农历而定，通常在2月或3月。

国庆节（8月17日）。1945年8月17日是印度尼西亚宣告独立的日子，又名"独立日"，是全国性庆典日。每年的这一天，总统府前的广场上都要举行隆重的庆祝仪式，各地也要举行以升国旗为内容的庆祝活动，举办体育活动、影子戏表演、传统文化表演和嘉年华会。

静居日是巴厘印度教徒的新年，时间在巴厘历十月初一。这是个庆祝方式非常独特的节日。节日前几天，人们便开始忙碌起来，男人打扫庭院，制作节日用的形似魔鬼、雄狮、巨龙等的木偶，女人则赶做新衣及节日祭祀用的菜肴糕点。节日前一天是个欢庆日，人们兴高采烈，喜气洋洋，身穿艳丽民族服装去参加欢庆活动。上午，人们载歌载舞，鼓乐齐鸣。下午，男人敲锣打鼓，抬着3~4米高的大型木偶绕村、绕家游行，女人也头顶祭品走在游行队伍里，场面异常热烈。这种游行，不只是为了娱乐，更重要的是驱除邪恶，以求来年风调雨顺，人寿年丰。游行有时会进行到深夜。节日那天，巴厘岛则出现另一番完全不同的景象：街上除值勤警察、警车、救护车、旅游车辆外，没有任何其他行人车辆，所有店铺都大门紧闭，停止营业。入夜后，家家都不点灯，整个巴厘岛一片漆黑，没有一丝亮光，所有娱乐场所都停止活动，没有一点响声。人们整天闭门不出，不生火，不做饭，不欢乐也不悲伤，只是静静地思过，净化自己的灵魂，以求内心的安宁，并进而将它溶于自然界的宁静之中，达到真正的"空"和"静"，以便在新的一年里一切从零开始，按神的启示和意志去生活。

◇ 宗教节日

在印度尼西亚，宗教是一种生活方式，因此整个印度尼西亚群岛上的人会过所有佛教、印度教、回教和基督教节日。印度尼西亚是多民族、多宗教、多文化的世俗国家，不仅开斋节等伊斯兰教节日为国家公共假日，圣诞节、印度教的静居节、佛教的卫塞节以及春节也都是国家法定公共假日。

开斋节之于印度尼西亚人就像春节之于中国人、圣诞节之于西方人，是最令所有印度尼西亚穆斯林翘首企盼和欢欣鼓舞的盛大节日。

根据伊斯兰教历，斋月（回历9月）第29天傍晚，如天空出现新月，则次日为开斋节；如未出现，则需再斋戒1日。**在印度尼西亚，开斋节的确切日期是由宗教部门通过组织政府部门和主要宗教团体的专家共同观看月相来确定的。**

开斋节那天，家家户户打扫得干干净净，门前挂着用嫩椰叶制作的装饰物。穆斯林纷纷沐浴净身，身着洁美服装前往清真寺参加礼会。当天清早，人们会身着传统服装，前往祖坟扫墓，之后便串亲访友，互致问候。见面时，除了相互祝贺开斋节外，人们还不忘向对方道歉，希望对方原谅自己过去一年来的过失。此外，穆斯林还要缴纳开斋捐，意在净化心灵、接济贫困。

延伸阅读：

印度尼西亚人敬蛇如敬神

在印度尼西亚，有很多民间传说和传统戏剧中都涉及蛇。人们认为蛇是善良、智慧、德行和本领的化身。蛇在印度尼西亚人的心目中有着崇高的地位，人们敬蛇如敬神。甚至，在巴厘岛，人们还专门为蛇修建了一座像庙宇的蛇舍，里面养着一条大蛇。在蛇舍前设有专门香案，作为供奉鲜花、祭品及磕头、礼拜、祈祷之用。而在蛇舍后面的蛇洞里，还养着大量的蝙蝠，专供这条蛇食用。

6. 印度尼西亚的婚丧礼仪

印度尼西亚民族众多，各地的婚礼风俗也大不相同。

◇ 加里曼丹岛达雅克族的婚礼

居住在加里曼丹岛上的达雅克族青年男女结婚，要按照宗教信仰和传统习俗举行两次婚礼。根据当地习俗，女青年年满16岁，男青年年满20岁才可以结婚。

成年男子可以自由恋爱，选择对象。男青年如果爱上某位女青年，可以自己到女方家去求婚，也可以告诉自己的父母，由父母出面到"亲家"家里去拜访。一旦双方家长表示同意，男方父母便委托家族中最年长的人去女方家里定亲，长者带着铜锣、剑、毯子、项链等物各两份送给女方家，并商定举行婚礼的日期。**随后为举行婚礼进行准备工作，主要是舂碎糯米，并用猪油炒熟，以便在婚礼上招待客人。舂碎和炒糯米，由即将成为夫妻的男女青年在晚间进行。**

举行婚礼的那一天，新郎、新娘穿着民族盛装坐在铜锣上，8个屠夫杀死一头肥猪，将猪血洒在木屑上，并在上面放一把剑。村中长老握住新郎、新娘的右手和沾有猪血的木屑，为他们的婚事祈祷祝福，嘴里念念有词："仁慈的真主，请赐予这一对新人幸福，让他们年年收成好，粮满屯。满足他们在生活道路上提出的一切请求吧！"

宗教仪式结束，接着举行传统习俗的婚礼。传统习俗的婚礼隆重而热烈。达雅克族少女身穿饰有珠宝、背部开口的民族长袍，戴着用藤条编织的便帽，男子身上插着稀有鸟类的羽毛，跳着轻快的舞蹈。为了表示对客人的尊重，主人还会邀请来宾跳集体舞。主人还准备了丰盛的喜宴招待参加婚礼的人。**当客人乘船离开时，主人要在热闹的气氛中向客人身上泼水，让客人变成"落汤鸡"，以表示吉祥的祝福。**

◇ 苏门答腊岛的婚礼

苏门答腊岛上不少居民选择午夜时分举行婚礼。新郎、新娘的父母和亲友用一种从植物中榨取的红色液汁将新郎、新娘的双手和双脚染色，并为他们穿上婚礼盛装，然后护送新郎来到新娘家，并为新娘家送去丰厚的礼物。新娘家族中的长者不断向人群抛撒红米、花瓣和钱币，以表示对新郎的欢迎。新郎在向岳父母施过礼后，由女傧相带领来到新房前。新房房门紧闭，新郎亲切地呼唤新娘的名字，并说给她带来了喜爱的礼物。**反复保证婚后体贴她、爱护她、忠实于她，经过一番苦苦哀求，新娘才会打开门。**新娘的母亲为她揭去面纱，并将面纱交给新郎的母亲，表示这桩婚事牢固地确定下来了。这时，新郎兴高采烈地望着新娘，并轻轻地踩一下新娘的右脚尖，新娘马上弯腰施礼，新郎同时回礼。新郎、新娘面对面施过礼后，转过身去，背对背，片刻后再转过身来重新面对面。来回反复三次，表示这一对新人婚后会事事如愿以偿。

　　随后，在双方父母的注视下，新郎、新娘相互交换结婚戒指，并双双走出洞房，接受众人的祝福。双方家族中的老人会向新婚夫妇头上、身上洒香水，一些围观的青年男女也相互喷洒嬉闹。在悦耳的乐曲声中，参加婚礼的人跳起优美的民族舞蹈，使整个婚礼气氛欢快，场面热闹。

　　◇ 爪哇岛的婚礼

　　爪哇岛的婚礼仪式中，自古以来就盛行一项"治"新郎的内容。婚礼在女方家举行，持续 7 天，在这喜庆的日子里，所谓"治"新郎，并不是让新郎吃什么苦头或者给新郎出什么难题。而是表演一种"治"新郎的舞蹈，舞蹈中加入当地民间流行的一种名叫"宾恰克"拳术的某些动作。新郎在亲朋好友和邻居的陪同下前往女方家参加婚礼，其中几位身强力壮、动作灵活、拳术高明的年轻人带着一只公鸡，作为新郎的象征。这一行人来到女方家附近时，女方家从亲戚和邻里中推选出几位手脚麻利、动作灵活的小伙子挡住他们的去路，双方人员摆开阵势，相互对峙。新娘方面的代表一边跳舞，一边将大米和玉米粒撒在地上，以显示新娘家的富有。在对方疏忽大意时，一个小伙子冲上前去，试图用手去摸公鸡的头。捧着公鸡的新郎代表竭力护卫，用空着的那只手阻挡对方的进攻。**如果双方对峙时间太长，进攻者屡屡不能取胜，捧着公鸡的人便会有意露出破绽，让对方有机会碰到公鸡的头，意味着抚摸了新郎的头**。这时，双方结束对峙，握手言欢，高高兴兴地参加新娘家摆设的盛大的结婚喜宴。

　　◇ 巴厘岛的婚礼

　　巴厘岛上大部分居民信奉印度教，该岛居民的婚礼保留着印度教的礼仪。巴厘岛上主要盛行两种婚礼习俗：先求婚后举行婚礼和先私奔后举行婚礼。如果一位青年想娶某位女子为妻，这位青年的父亲便携带一篓槟榔到女方家提亲，女方父亲出面接待，当明白对方来意后，则向客人表示可以考虑对方的请求。过几天，男方父亲再带着槟榔和椰子酒到女方家，目的是探听对方的态度。如果对方同意，双方便商定举行婚礼的日期。

　　若一对青年男女相爱但受到女方家长反对，小伙子便约姑娘离家出走，"私奔"到另外一个地区，藏匿在男方某位亲戚家里。女方父亲发现女儿走失，便敲起铜锣前村后村地寻找。时隔数天，这位男青年会写信给女方的父母和兄弟，说明他们相爱的情况，请求对方答应他们的婚事。男方父母也委托人带着礼物到女方家请罪道歉。女方家长通常会无可奈何地表示同意，因为是女儿自己所钟爱的人。女方家开始筹办婚礼，一对恋人返回家后便按照传统习俗举行婚礼。

婚礼那天，新郎在亲友的簇拥下来到新娘家，一对新人在双方亲友的陪同下来到村中寺庙里举行婚礼。新郎、新娘盘腿坐在一位主持婚礼的僧侣面前。僧侣手摇铜铃，口里念着佛经。随后交给新郎、新娘一个椰子和一枚鸡蛋，新郎、新娘接过后将其摔得粉碎，并将碎片拾起扔到寺庙外面。接着新郎、新娘步出庙门，绕着庙外广场上的一堆火走一圈后重新回到庙里，跪在僧侣面前。僧侣往他们身上洒圣水，并祝愿他们婚后幸福。僧侣洒完圣水，拿出一盒饭，让新郎、新娘当众喂食，这叫合婚饭。吃完合婚饭，新郎、新娘从僧侣手中接过两棵椰树苗，在双方父母的陪同下栽种在庙外指定的地方。至此，婚礼仪式结束。这种仪式通常要十多个小时，被称为"马拉松"婚礼。寺庙里的婚礼仪式结束后，双方的亲朋好友来到男方家参加喜宴。

◇ 邦加岛的婚礼

在邦加岛上，每年乡民结束农事后，便纷纷举办婚嫁喜事，而且是邻近几个村落联合举办，时间大约是每年 8 月底或 9 月初一个周末的晚上，其地点则是每年轮换，久而久之，集体举办婚礼的做法便在这个岛上形成了习俗。随着社会的进步，邦加岛上的集体婚礼越办越热闹，其内容越来越丰富多彩。

举行婚礼的那一天，乡民们从城里请来乐队演奏动人的音乐，众人载歌载舞，气氛欢快活泼。当地的州长、县长、区长等行政官员闻讯后都赶来祝贺，祝福一对对新人互敬互爱、白头偕老。国家电视台的记者也会前往采访，将婚礼的场面拍成电视新闻在全国播放，为新人留下终生难忘的美好记忆。

三、菲律宾的礼仪

1. 菲律宾概况

菲律宾国名全称"菲律宾共和国",别称"椰子之国"。菲律宾是以西班牙国王菲利普二世的名字命名的。首都马尼拉。

14世纪前后,菲律宾出现了由土著部落和马来族移民构成的一些割据王国,其中最著名的是苏禄王国。1521年,葡萄牙航海家麦哲伦率领西班牙远征队到达菲律宾群岛。1565年,西班牙侵占菲律宾并移民此岛定居后,将莱特岛及附近岛屿以西班牙王储,即后来的国王菲利普二世的名字命名为"菲律宾"。1898年6月,菲律宾人民推翻西班牙殖民者的统治,宣布独立,将国名改为菲律宾共和国。同年,美国通过美西战争签订的《巴黎条约》占领菲律宾。1942年菲律宾被日本占领,第二次世界大战结束后,美国恢复其统治。1946年7月,菲律宾摆脱美国的殖民统治,宣布独立,国名仍为"菲律宾共和国"。

菲律宾位于亚洲东南部,面积29.97万平方千米。北隔巴士海峡与我国台湾省遥遥相对,南和西南隔苏拉威西海、巴拉巴克海峡与印度尼西亚、马来西亚相望,西濒南海,东临太平洋。共有大小岛屿7107个,其中吕宋岛、棉兰老岛、萨马岛等11个主要岛屿占全国总面积的96%。菲律宾群岛多山地和活火山,地震频繁。**吕宋岛上的马荣火山为最大的活火山,山体呈圆锥形,有"世界最完美的火山锥"之称**。

菲律宾属于热带海洋性季风型气候,高温多雨,虽分为凉季、干季及雨季三个季节,但季节与季节间差异不大。年均气温27℃,年降水量2000~3500毫米。由于受到季风及复杂地形的影响,即使是同一岛上的气候也存在差异。

菲律宾人口8800万,是一个多民族国家。马来族占全国人口的85%

以上，包括他加禄人、伊洛戈人、邦班牙人、比萨亚人和比科尔人等。少数民族和外国后裔有华人、印度尼西亚人、阿拉伯人、印度人、西班牙人和美国人，还有为数不多的原住民。

菲律宾语为国语，英语为官方语言。

菲律宾居民中，约84%的人信奉天主教。4.9%**的人信奉伊斯兰教，少数人信奉独立教和基督教新教，华人多信奉佛教，原住民多信奉原始宗教。**

延伸阅读：

菲律宾的国旗、国徽与国歌

菲律宾的现用国旗启用于1898年5月19日，长宽比例为2：1。国旗左侧为白色等边三角形，三个角上各有一颗黄色五角星，中央是一个黄色太阳；右侧自上而下为蓝、红两个直角梯形（在战时，红色在上，蓝色在下）。蓝色象征和平、真理和正义，红色象征爱国主义和勇敢，白色象征平等和博爱；太阳象征独立和自由，太阳上的八道光束象征当年奋起反抗西班牙殖民统治的八个省；三颗星代表国家的三个主要区域：吕宋、萨马和棉兰老。

菲律宾的现用国徽为盾形，盾形的下面有一条飘带，上面写着"菲律宾共和国"。国徽的图案代表菲律宾的三个历史时期。国徽的上方和中部代表菲律宾共和国时期，底色都是白色，上方有三个金黄色的五角星，代表菲律宾的三大区域；中部是有八道金黄色射线的太阳，表示阳光普照全国。国徽的右下方代表西班牙殖民统治时期，红色的底面上有一只金黄色的狮子，这是当时西班牙王国国旗上的竞狮图形。国徽的左下方代表美国殖民统治时期，蓝色的底面上绘有一只金黄色的美国秃头鹰，左爪握着橄榄枝，表示和平；右爪握着三支矛，表示随时准备战斗，以保卫和平。

菲律宾的现用国歌是《菲律宾民族进行曲》，它于1898年成为菲律宾国歌。

2. 菲律宾的日常生活礼俗

◇ 服饰礼俗

在大凡正规一些的场所，有身份的菲律宾人都讲究穿着本国的国服。菲律宾男子所穿的国服名叫"巴隆·他加禄"。它是一种丝制的敞领衬衫，袖子有长有短，两侧开衩，腰部略窄，前面有两行刺绣，并有两只大口袋，色彩多为白色或淡黄色。穿这种服装，不仅凉爽，而且方便。它可配以长裤，但不必扎领带。它的正规穿法，是下摆不宜扎在裤腰之内，而应令其自然下垂于裤外。

菲律宾女子所穿的国服叫作"特尔诺"，它是由菲律宾前总统夫人阿基诺夫人身体力行推广开来的。它的外形，犹如一件圆领短袖的连衣裙。但是，它两袖挺直，两边高出肩部不少，好似蝴蝶展翅，因而也叫"蝴蝶服"。

在平时，菲律宾男子上身爱穿色彩鲜艳的宽松上衣，下身则围以长至踝部的沙笼。在他们的头上，要系一块手帕，并且要在右边打结。菲律宾妇女则往往爱穿一件白色或其他浅色的、长到脚部的、宽大的裙式棉布长衫。在不少情况下，菲律宾人都不穿鞋子。平时，他们多爱穿拖鞋。

在对外交往中，菲律宾人也常穿西式服装。但是，他们不允许在公共场所着装过于随便。**穿着短裤、无袖服装或是过分艳丽的服装上教堂去，绝对是禁止的。**在公共场合打赤膊，也会令人侧目。

◇ 饮食礼俗

菲律宾人在饮食习惯上，仅有少数上层人士平日爱吃西式菜肴，绝大多数的菲律宾人通常还是喜欢具有本国风味的饭菜的。

具体说来，菲律宾人的主食大体上以米饭为主，有些人平常也喜欢吃一些玉米饭。就副食而言，肉类、蛋禽、海鲜、蔬菜等，都深受他们的喜爱。在一般情况下，绝大多数菲律宾人是不忌肉食的，然而也有一些人却对此一点儿也不吃。生姜、动物内脏、腥味大的东西、整条的鱼，许多人也不吃。

从总体上讲，菲律宾人的口味趋向于清淡。可是，在用餐之时，他们之中的绝大多数人却惯于在菜肴里多放调味品，尤其是那些香辣的调味品。除此之外，他们还喜吃鲜嫩一些的菜肴，并且爱吃各种水果。在日常生活之中，菲律宾人对于各式各样的饮料大都来者不拒。极其特别的一点，是他们不分男女老幼，都十分爱喝啤酒。

平日，菲律宾人很爱嚼甘蔗，嚼食槟榔更是他们的普遍习俗。在招待客人时，他们也往往要上一些槟榔。除此以外，菲律宾的伊戈罗人平时还喜欢咀嚼烟叶。

在一般情况下，许多菲律宾人习惯用叉和匙并用进食。**他们的具体做法是左手执叉，右手握匙。只有在上流社会里，人们才用刀叉进餐。**在广大乡村里，不少人依旧习惯于直接用右手抓食食物。

在宴请活动中，菲律宾人有一些比较特别的讲究。邀请菲律宾人赴宴，务必要多次进行邀请，不然就会被理解为纯属客气，从而遭到婉言谢绝。

3. 菲律宾的社交礼仪

菲律宾人天性和蔼可亲，作风大方，并且非常善于交际。在公共场合，他们往往会主动与别人打招呼。跟菲律宾人进行交际应酬时，务必要自然一些、随和一些、开心一些。若是面无表情，三缄其口，则会被对方误解为不愿意与其打交道。

许多菲律宾人在跟别人打招呼时，惯于抬起眉头，以示问候对方。这一动作，有时表示"我明白你"的意思，有时则表示对某事感到惊奇。**当菲律宾人以这一动作向自己打招呼时，应做出相应的动作，以示礼貌。**

在社交活动中，菲律宾人采用最多的会面礼节是握手。与熟人或至交相见时，他们往往显得非常随便，甚至连握手也会省去。有些相熟的男子相见，还会相互拍一下对方的肩膀，以示亲切和打招呼。不过，需要提请他人注意某事时，可千万不要拍对方的肩膀，不然就是失敬于对方。

菲律宾人对长辈是极其尊重的。晚辈见到长辈时，有的要恭恭敬敬地向对方欠身鞠躬，有的则会上前轻吻对方的手背，以示敬重之意。年轻姑娘见到长辈时，往往会上前轻吻对方的两颊为礼。

礼仪提醒

和菲律宾人交往，日常话题应以婚姻、家庭、职业、烹饪等为主，避免谈论政治、宗教、民族、腐败、二次世界大战、菲美关系以及外国援助等；赞美其国家和家庭，他们会很有兴趣，适当得体的赞美会使双方距离缩短，成为朋友。

受西方文化的影响，在菲律宾的上流社会中，"女士优先"十分流行。不论是问候、行礼还是迎来送往，人们都注意对女士照顾有加。不过，在乡村之中，妇女的地位依旧很低，并且难以受到种种优厚的待遇。

菲律宾的穆斯林不是很多。他们在见面时，往往会行"捂头礼"。由于天气炎热之故，菲律宾的穆斯林有时在室外不戴帽子。但不戴帽子的穆斯林在室外与人相见致意时，必须先用左手捂住自己的头部，以示对对方的敬重。

菲律宾人非常好客。在欢迎远道而来的嘉宾时，他们通常会将用茉莉花编成的花环献给对方，并且将其挂在对方的脖子之上。这一做法，在当地表示主人对客人充满了纯真的友谊。

由于在历史上有相当长的一段时期菲律宾曾是西班牙的殖民地，故此西班牙文化至今在当地仍有一定的影响。以称呼而论，菲律宾人的姓名大多数都是西班牙式的。

菲律宾人对有真才实学的人极为尊重，所以跟有教授、博士、律师、医生、法官、工程师之类学衔或专业职称的人打交道时，最好直接以此相称。这样做，会令对方大为开怀。

菲律宾人的时间观念不很严格，但却希望客人准时赴约。

菲律宾流行英语，连最底层的劳工都能够用英语交流。

如果当地人邀请你到家里访问，或邀请你去郊游，你都不可拒绝，那样对方会认为你是在轻视他们。如果你带了礼物，到主人家时再送，过后最好寄上一封简短的感谢信。拜访菲律宾人时，进门前最好脱鞋。同时还要记住，不要窥视主人的卧室和厨房。去卫生间时，必须获得主人同意。

接到菲律宾人正式的宴请，看见请帖上注明"必须穿着无尾礼服等正装"时，你假如没有无尾礼服，就要穿上当地的正装——香蕉纤维织成的"巴隆塔卡乐库"衬衣。这对任何宴会都适用。

礼仪提醒

出席菲律宾人举行的宴请时，在主人第一次敬酒或为自己上菜时，需要谦让一下。当主人第二次这样做时，方可接受。另外，还务必要记住，不要抢在主人之前落座。当主人以手示意自己该在何处就座时，才可以入座。

4. 菲律宾的商务礼仪

菲律宾天气炎热，商务活动最好安排在 10 月至 11 月和次年 1 月至 3 月进行。圣诞节、复活节及中国农历新年（春节）前后不宜安排访问。

与菲律宾商人洽谈生意，事前要预约时间，准时到达谈判地点。妆饰打扮要偏保守些，传统西服比较合适。他们重视圣诞节、复活节、春节。如果利用好这些节日，也会让你的商务活动事半功倍。如果不能很好利用这些节日的话，也可以避开这些节日进行商务活动。

洽谈商务要耐心、细致，特别是对合同要逐条细谈、具体。**菲律宾商人往往喜欢玩弄数字，用百分比计算费用等，这些要心中有数，以防出差错。**洽谈商务不要跷二郎腿，也不要鞋底悬空颠来绕去。

和菲律宾商人见面相互介绍时要交换名片。

初次会谈，可以先介绍一下自己，问问对方家庭情况。谈话中，不要批评或取笑他人。商务洽谈中，你如不能接受对方所提出的要求，要明确予以回答，不能模棱两可。

菲律宾许多公司权力都集中在董事长身上，没有董事之头衔的公司管理人员，即使是总经理、副总经理，也几乎没有决定权。

菲律宾商人很少使用信用证付款，除非在商品没有关税的前提下。由于菲律宾关税很高，特别是蔬菜、肉类加工品的关税税率很高，加上菲律宾可以自由汇入汇出外汇，菲律宾商人一般采用预付订金或预付部分货款等付款方式进行交易以绕过关税。菲律宾商人善交际，言语含蓄，即使对某事有批评意见，也往往说得非常得体。听话听声，你要善于听出弦外之音。

菲律宾商人喜欢邀请你到家中进餐，当地华商则较喜欢邀你外出进餐夜游。到菲律宾商人家做客，可适当带一些水果和糖果。

延伸阅读：

世界上最专业的保姆——菲佣

每年菲律宾都有大量的劳务输出，其中有相当一部分人从事专业的家政服务，这些人被称为"菲佣"，即来自菲律宾的高级佣工。菲佣有文化、懂英语，素有"世界上最专业的保姆"之美誉，与"美国管家"并称为世界家政服务的两大知名品牌。菲律宾人不仅不歧视女佣，反而认为一个家庭有女性到海外务工是件很光彩的事情，许多受教育程度高的女性都愿意出外当女佣。

菲佣的足迹可以说遍布全球。中国香港特别行政区约有菲佣多达15万多人，上海、广州、北京等地也有不少菲佣在工作。由于雇用菲佣要支付较高的工资，所以雇主都集中在一些高收入阶层。

5. 菲律宾的节庆礼仪

菲律宾是世界上节日最多的国家之一，全国各民族大大小小的节日有几百个，其中全国性的节日就有20多个。充满民族、宗教韵味的热闹节日庆典经常在各岛之间举行。**菲律宾全国90%以上的居民信仰天主教，不少节日与天主教有关，如复活节、万灵节、圣诞节、护城神节等。**

新年除夕12月31日至1月1日。节日期间，菲律宾全国各地的城市街道上到处燃放烟火，洋溢着热闹欢乐的气氛。新年除夕与家人团聚是菲律宾的传统习俗。饭店里举行的新年舞会，有现场的乐队演奏。1月份的第一个星期天，相当于我国的春节。市民汇集于各区教堂，满怀着虔诚和期望，参加新年的第一个弥撒。郊区的村民穿着华丽的衣服，戴上美丽的帽子，牵着孩子兴高采烈地在村中巡游。

黑面拿撒勒耶稣节每年的 1 月 9 日举行，这天在首都马尼拉的奇亚波区举行盛大庆典，是纪念一尊安奉在奇亚波教堂、至今 2000 年历史的黑面拿撒勒神像。庆典最精彩的部分在接近中午时分进行，参加仪式的男士赤着脚，争先恐后去抢抬这尊神像。

阿替、阿替汉、狂欢节每年 1 月的第三个星期举行，地点在菲律宾阿克兰省卡利伯镇。在这个为荣耀耶稣圣婴、庆祝种族和平而举行的庆典上，大家穿着奇装异服，全身抹黑，在镇上舞蹈狂欢、击鼓作乐。

每年 3 月 15 日后的第一个星期日，是菲律宾天主教徒为纪念耶稣上十字架而举行 7 天的宗教庆祝活动的开始。**圣周节的 7 天中每天都有活动，周日教徒在教堂集会祷告，然后游行，纪念耶稣在受难前进入耶路撒冷。**圣周一，读经开始。圣周二，做弥撒。圣周三，"圣欢会"，是为耶稣受难而举行。圣周四，忏悔日。圣周五，是耶稣受难日，这晚举行"圣葬"。圣周六，是耶稣复活日，圣周节达到高潮。为了纪念耶稣和圣母重新会面，还举行"会面游行"。

6. 菲律宾的婚姻礼俗

在传统的婚姻礼俗上，男子如果相中哪个女孩子，就要到女孩家的窗外高声大唱情歌，并要弹着吉他。结婚时，在举行婚宴的场合上，往往是新郎要与新娘的亲友跳舞，而新娘要与新郎的亲友起舞。**在这个过程中，亲友把钞票顺手贴在新人的身上，有的也把大额钞票放到新人手里，把小额钞票贴在新人身上，有的还把支票贴在新人身上。**婚礼结束时，一对新人身上到处是花花绿绿的钱币，人称"钱树"。还有一种礼节就是在举行结婚仪式之前，要请最富有、最有声望的夫妻二人来到结婚仪式上担任父母亲的角色，叫"谊亲"。请的人越多越好，越富有越好，越有权势越好。被请是一种非常高的社会荣誉。"谊亲"将来就成为一对新人生活的靠山。

由于菲律宾在西班牙统治下经过 300 多年的历史，所以信奉天主教的人有 90% 以上，天主教徒依其清规戒律，结婚后不准离婚。如果夫妻感情不和，则可分居，各自寻找新欢，无人过问。所以，上至政府官员，下至百姓人家，分居的很多，寻找新欢的很多。同性恋者也被融入社会。**天主**

教徒的婚礼都在教堂里举行。

在婚俗方面，菲律宾是一个注重民族传统的国家，其中很多传统都来自西班牙传教士。至今，菲律宾人举行的传统婚礼上还保持着许多古老的传统。在婚礼中，有两种人扮演最重要的角色：一种是"拴盖头的人"，通常由一男一女组成，到婚礼进行到一定时候，他们就将一个巨大的面纱小心地拴在新娘的头顶和新郎的肩上。这个盖头象征着新婚夫妻将像这块面纱一样合二为一。另一种扮演重要角色的人就是"牵绳人"。当新娘和新郎被拴好盖头以后，牵绳人就用一根白线以"8"字形松松地绕过新娘和新郎的脖子。这根白线意味着新娘和新郎将一生不分离。此外，**婚礼中还有一个重要的传统风俗，就是牧师向新娘和新郎手上抛撒硬币，这些硬币被称为"定金"，象征着忠诚和财富。**

四、 越南的礼仪

1. 越南概况

越南位于中南半岛的东部。面积约 32.9 万平方千米。东临南海，北与中国广西、云南接壤，西与老挝、柬埔寨为邻。

越南最早自称"文郎"，"文郎"很可能是生活在红河三角洲的部族名称。从中国秦朝开始直至宋朝以前，越南北方都处在中国封建王朝的管辖之下。1884 年沦为法国保护国。第二次世界大战中，日军又占领了越南。1945 年日本投降后，封建皇帝被迫退位，越南民主共和国建立。法国不甘心失去越南这块殖民地，在越南民主共和国成立 20 天后，再次入侵越南。1954 年关于恢复印度支那和平的日内瓦协定签订后，越南独立。

法军撤走后，美国在南越扶植了亲美的"越南共和国"。从 1965 年开始，美军直接进入越南战场，支持南越与北越进行战争。1973 年越美巴黎和平协定签字后，美军全部撤出越南。1975 年，北越统一了全国。

1976 年改名为越南社会主义共和国。

越南地形簇长，呈"S"形，南北全长 1650 千米，东西最窄处仅 50 千米。地势由西北向东南倾斜，山地和高原占国土面积的 2/3，主要山脉有黄连山脉、长山山脉。平原占 1/3，有红河三角洲平原、九龙江平原。主要河流有红河、湄公河（越南也称"九龙江"）。

越南属热带季风气候，气温高、湿度大、风雨多。每年 7 ~ 11 月沿海地区常遭台风袭击。年平均降水量达 1800 ~ 2000 毫米，南方的一些地区甚至高达 3000 ~ 4000 毫米。气候分为雨季和旱季。每年 5 ~ 10 月为雨季；11 月至次年 4 月为旱季，雨季的降水量约占全年降水量的 80%。

越南是民主共和制国家。国会是国家最高权力机关。国家主席为国家元首和武装力量统帅，由国会代表以无记名投票方式选出。政府是国家最高行政机关，总理和国家副主席由国家主席提名，经国会选举产生。越南共产党是唯一政党。

越南人口约 8600 多万，全国有 54 个民族，其中越族（京族）占 89% 以上，岱依、芒、侬、傣、赫蒙（苗）、瑶、占、高棉及其他少数民族占近 11%。官方语言为越南语。

越南的主要宗教有佛教、天主教、和好教与高台教。

越南是传统农业国，经济以农业为主。**农业人口约占总人口的 80%，农业产值占国内生产总值的 30% 以上。盛产稻米、热带经济作物和热带水果**。矿产资源丰富，种类多样，煤、铁、铝储量较大。主要工业部门有煤炭、电力、冶金、纺织等。

延伸阅读：

越南的国旗、国徽与国歌

国旗：金星红旗。长宽比例为 3：2，中心是一颗黄色的五角星（金星），标志越南共产党的领导地位，红色表示革命和胜利。五角星的五个角分别表示工人、农民、士兵、知识分子和青年。

国徽：中间是一个大五角星，代表越南共产党，国徽四周是稻穗和金色齿轮，代表工人阶层及农民阶层。金色齿轮下方为写着"越南社会主义共和国"的红底金字绶带。

国歌:《进军歌》。

2. 越南的生活礼俗

◇ 服饰礼俗

越南人的服饰简单朴素、色彩淡雅。男女服装没有多大差别,如大多数越南人,不管男女都穿对襟上衣,无领袖窄,颜色为黑、白、褐,下身都是宽而长的裤子,颜色与上衣相同。赤脚的很多,尤其在家里时。外出时穿塑料凉鞋,有时穿胶鞋,穿得最多的还是一种用旧橡胶车胎割条编系的凉鞋,俗称"抗战鞋"。尤其是农村的男女都是如此打扮。现在城市人穿西服、衬衣的也不少,男人还头戴帆布硬壳越南军帽。女士穿长袍的也不少,少女的披发、黑头巾、项链、手镯也很常见。

妇女高贵的制服是长袍、长裤,长袍实际是紧身卡腰的长裙垂到大腿中部,下摆叉开罩在裤上。因有透明布料和加垫胸罩,所以有魅力。

锥形花帽多用蒲葵编成,有各种各样的装扮,城乡、男女、老幼都常戴用。

◇ 饮食礼俗

在饮食习惯上,越南人的主食是大米。有的时候,他们也吃一些薯类和面食。在口味方面,他们喜欢清淡的事物,爱吃生、冷、酸、甜的东西。通常他们不喜欢将菜肴烧得过熟,也不大喜欢吃红烧的菜肴,或是脂肪过多的食物。有时,他们甚至吃生肉、生血。

越南人一般不爱吃的东西还有羊肉、豆芽、甜点和过辣的菜肴。多刺的鱼,他们往往也不吃。

越南的少数民族,在饮食上也多有一些各自的禁忌。例如,瑶人不吃狗肉,芒人不吃麂子肉,占白尼人不吃牛肉,加非尔人不吃牛肉,等等。

在烹制菜肴时,越南人大都爱用花生油或猪油,有时还会往里大量地加入醋和干蒜瓣。他们最常使用的佐餐调料,是一种叫作"鱼露"的东西。它有生、熟之别,气味很冲,但深受越南人的喜爱。

有不少越南人还爱吃血冻，如猪血冻、牛血冻、鹿血冻、鸭血冻等。

越南人大多数不能喝烈性酒，但爱饮茶和咖啡。各种酸汤也大受他们钟爱。平日，他们多饮用"无根之水"——雨水。

在日常生活中，越南人颇爱嚼食槟榔。他们的方法，是将其切片后，与蚌壳粉等物一起入口咀嚼，但不得咽下去。这种做法，据说可以固齿、驱虫、清热、除湿。

越南人用餐时使用筷子，不过他们对将筷子直插于饭菜之中这种行为是禁忌的。他们就餐不用桌子，而是惯于将饭菜一次上齐，摆在一个大炕上，然后围坐而食。

在越南人家中就餐时，吃饭多多益善。要是剩的东西过多，对主人是失敬的。

3. 越南的社交礼仪

在称呼越南人时，一定要注意他们的具体习惯。他们大多只称一个人姓名之中的名字，如其称"阮文欢"，只称"欢"，并会在其名字前加上适当的尊称，如"哥"、"伯"等。

在单称其具体名字时，你应当注意称者与被称者之间的关系。一般只有上级对下级、老板对雇员、长辈对晚辈才有这种称法，其中含有斥责、威严等意。同时，你还要习惯越南人的称呼与自称相对应的习俗，因为他们非常讲究辈分，如你称对方为兄，那你必须自称弟或妹。在一般情况下，你应当尽量少用"你"、"我"之类的中国人习惯的称法，因为它只有在年轻人的兄弟哥们之间或吵架时才用。在越南，你如果去问路、打听事情时，遇到同自己年龄相仿的人，那你可不要来个西式的"先生"、"小姐"之类，也不要按中国的"师傅"之类来称呼。而应称呼对方为"二哥"、"二姐"，而千万不能称大哥、大姐。据说，这是受到中国传统故事的《武松打虎》的影响，以"老二"作为英武勇敢的象征。

礼仪提醒

在越南，如果你沿途问路或在车站、饭店咨询时，如果能称对方为"二哥"，那你必会受到热情指点；而你若是称对方为大哥，那对方不仅不会以为你在尊敬他，反而会给你一个白眼，说不定还会给你乱指一气，让你折腾个够。

在越南，你应该像当地人那样讲究礼貌。与人相见，一定要打招呼问好，点头致意，或握手寒暄。

平时，苗、瑶等族则习惯于侠士式的抱拳作揖礼；而信奉佛教的人往往会行合十礼。

在与越南人交谈时，你最好能够温文尔雅一些，说话的声音不必太大，更不要大喊大叫。当有长辈和客人在场时。你讲话时则应低着头，眼睛往下看，而不要直视对方，否则别人会认为你没有礼貌。

在公共场合，越南人通常对长辈表现得尊重有加。与长辈一同出行时，他们必然会请其先行在前。万一要超过长辈走在前面时，则需先向对方打个招呼。

与熟人相见时，越南人都会向对方致以亲切的问候。在越南，人们最常采用的问候语是："你的身体好吗？"

在越南，需要对少数民族的民族名称进行称呼时，最好慎之又慎。因为有些称呼，诸如"南蛮"、"苗舍"、"昧族"之类，在他们听起来，是颇有歧视性的。

在与越南人的交往中，可以送对方一些具有纪念意义的礼品，但不能太贵重，否则对方是不肯收的，并有行贿的嫌疑。朋友之间共进晚餐，一同去郊外游玩，是增进彼此间了解的好方式。

延伸阅读：

越南人的禁忌

◇ 言语禁忌。年初、月初忌说猴、死等坏运气的词，忌发脾气，忌说粗话；忌讳钓鱼时说猫；忌讳写文章时听到悲惨的声音；忌讳称赞小孩胖；忌讳孩子说祖父母、父母的名字。

◇ 饮食禁忌。小孩上学忌吃饭锅巴，怕变得愚笨，忌吃鸡爪，怕写字时手发抖；商人、出门的人及打牌人忌讳吃烧焦了的饭，怕带来厄运；学生考试忌讳吃虾，因虾形同"劣"字第一个字母大写"L"很像；忌喝酒时把酒杯扣过来，或把酒瓶倒过来；打牌忌讳吃鸭头，怕输，忌讳吃甘蔗，怕早散；在庙里忌讳吃狗肉。

◇ 婚丧禁忌。忌牛月嫁娶，怕夫妇俩像牛郎织女一样分离；忌婆婆怀孕时娶儿媳妇；忌一年之中连嫁两个女儿；忌讳父母亲自送女儿到婆家；家有丧事时，忌讳红颜色；忌守孝人吃槟榔。参加喜庆活动，穿丝绸衣服；忌穿死者生前用过的衣服，忌睡死者生前睡过的床；忌外村抬死人经过本村的地界，尤其是经过本村祠堂前。

◇ 其他禁忌。越南人忌讳碰触头部，认为头部是神圣的部位，是不可侵犯的；忌讳用脚指物或用脚掌指向别人，认为这是侮辱人的举动；忌讳在祭祀活动中穿白色服装，因为白色与丧事相关；不能用一根火柴或打火机连续给三个人点烟；夫妇俩忌讳用一条洗脸毛巾，忌互递牙签；忌讳除自己丈夫或妻子以外的人用自己的梳子；忌讳反铺床上的席子；忌讳背对供桌而坐；忌讳年初打扫屋子，据说这样会一年办事不顺利。京族人忌别人用手拍背或用手指着人呼喊。客人到他们家时，不可从坐卧的人身上跨过去，不能睡在妇女的房门口及往来频繁的过道上，不准进入主人的内房。在少数民族家中，忌到姑娘住的房间里。

4. 越南的商务礼仪

越南人在商业往来中十分偏重个人交情。在越南人看来，身为"自己人"或是被他人认为是"自己人"绝对有好处，甚至可以说是商务成败的关键。越南人乐于结识新朋友，但却不愿意与不相识的人有商业往来。**到越南做生意切忌急于求成，首先要致力于建立良好的人际关系**。在越南，由于决策的责任由团体负担，个人不需负担决策的成败，因此，越南人做决策所花的时间通常比预期的要长。与越南人做生意，必须亲自拜访对方多次，才能看到一点点即将进行决策的迹象。

越南人经商忌讳很多，如忌讳在不吉利的日子开张，忌讳碰掉烟斗、碰倒鱼露、碰倒石灰桶，忌讳赊账等。

5. 越南的节庆礼仪

中国文化被认为是对越南传统文化影响最大的外来文化，越南民族传统节日中有许多与中国相同，例如春节、清明节、端午节、中秋节、重阳节等。这些节日的时间与中国农历的节日时间是相同的，内容及表达形式上也基本与中国相仿。**与中国人一样，阴历的春节也是越南一年之中最盛大的节日之一。**春节到了，越南人都要在门口贴上大红对联，准备丰盛的肉菜、粽粑等食物，越南人也有守岁、燃放爆竹等习惯，合家等待新年钟声敲响第一下那神圣的时刻；越南人同样在清明节祭祖扫墓；越南的端午节是越历五月初五，又称正阳节，越南人在端午节有吃粽子、赛龙舟、驱虫等习俗；越南的中秋节在越历八月十五，主要有吃月饼、赏月、观花灯、点彩灯、舞狮子等习俗。

哈节是越南京人独特的传统节日，其隆重程度仅次于春节，节日的活动内容以唱歌为主。过节日期各地不尽相同，有的在每年越历六月初十过节，有的在八月初十过节。京人聚居的村寨都建有哈亭，祀奉神像和各姓氏的祖先牌位。每逢哈节，男人们聚集于哈亭，祭祖、宴饮、观戏、角力，彻夜狂欢。春节在越历正月初一开始，这是越南民间最重要的节日。按照越南的传统习俗，从腊月二十三日的"送灶王节"开始，家家准备年货。**春节期间人们换上节日盛装，男穿西服，女着长袍。过春节吃团圆饭，燃放烟花炮竹，祭祀祖宗，串亲访友，互相拜年。**

端午节是越历五月初五，又称正阳节。端午节有吃粽子的习俗，还有端午驱虫的习俗。节日清晨，父母为子女准备糯米酒酿、黄姜糯米饭及桃、李、柠檬等几种酸味食品和水果。南方一些地区让子女吃西瓜、芒果，煮鸡蛋、饮椰汁；大人饮雄黄酒，并将雄黄涂在小孩的头、额、胸、脐处，意在驱邪。

6. 越南的婚姻习俗

在越南北部山区居住的娄娄族，青年男女示爱的方式颇为特别，他们用线把竹筒穿起来做成扩音器，男孩子通过自制的扩音器向他爱慕的女孩传达信息，如果女孩同意他的求婚，他就准备迎娶这位姑娘了。过一段时间，男女双方私下计划，女孩先从自己的家里溜出来，让一群年轻的小伙子把姑娘"绑架"到男孩子家中。男方抢到姑娘以后，要杀猪设宴，庆祝抢亲成功。第二天通知新娘家里，第三天托媒人前往说亲。如果双方父母同意，就可举行婚礼，女方派两名代表到新郎家中，赠送一篮子黏米饭和一只煮熟的大公鸡。新郎和新娘都要到屋外迎接这两名代表，并一起吃他们送来的黏米饭和鸡肉。也有男女双方事前没有商量好的，如果女方被抢后不喜欢这位男子，就设法逃跑，逃跑成功，男子需向女方赔礼，还要送一些酒、一只鸡和钱物等，另外还得向女方的村寨加倍赠送食物和金钱。这在当地的婚俗中是允许的，不算违法。

越南巴拿族的一些地区流行着捆绑娶夫的习俗；还有一些地方则流行夫随妻居，即新娘娶新郎。而且，这种娶夫的形式十分独特。举行婚礼前，新娘家会派人到新郎家去接新郎，新郎则会在他们到来之前躲藏起来。开始时，新娘家迎娶的人并不急于寻找新郎，而是等到酒足饭饱之后才开始四处找寻，找到后将新郎五花大绑地带回新娘家举行婚礼。

在越南北部蛮族的一些部落中，**结婚时有让旧情人先占"初夜"的"谢恩"婚俗。**一个新娘在婚前，往往有旧的情郎，如果确定与一个人订婚，就要同其他情人断绝关系。按传统习俗，新婚之夜新娘并不住在新郎的洞房里，而是去找旧情人共枕最后一夜，以示"谢恩"。从此之后，与旧情郎断绝一切来往，完全忠于自己的丈夫，不会再有其他的不轨行为。

第 十 章

西亚有关国家的礼仪

西亚国家多位于阿拉伯半岛,与非洲、欧洲比邻。因此,西亚各国通常泛称为阿拉伯国家。西亚各国都把伊斯兰教奉为国教,西亚人绝大多数都是穆斯林。受历史文化和宗教的影响,沙特、阿联首、伊拉克、伊朗、阿富汗等,西亚各国的礼仪普遍具有阿拉伯民族风情,女性的社会地位远低于男性,其饮食、日常生活、社交活动中,至今仍保留着男女有别、以手取食、严禁饮酒、宗教礼拜、爱饮红茶等风俗习惯。到西亚各国出访时,务必注意要遵守其礼仪禁忌。

一、沙特阿拉伯的礼仪

1. 沙特阿拉伯概况

沙特阿拉伯，国名全称"沙特阿拉伯王国"。"沙特"取自阿拉伯王国的创始人伊本·沙特之名，在阿拉伯语中，为"幸福"之意。**"阿拉伯"一词，为"沙漠"之意。"沙特阿拉伯"即为"幸福的沙漠"。**

沙特阿拉伯是伊斯兰教的发源地。7世纪，伊斯兰教创始人穆罕默德的继承者建立了阿拉伯帝国，8世纪阿拉伯帝国达到鼎盛时期，疆域横跨欧、亚、非三大洲。中国史书称为"大食"。11世纪阿拉伯帝国开始衰落，16世纪为奥斯曼帝国所统治。19世纪英国侵入，当时分汉志和内志两部分。1924年，内志酋长阿卜杜勒-阿齐兹·沙特兼并汉志，随后逐渐统一阿拉伯半岛，并于1932年9月宣告建立沙特阿拉伯王国。

沙特阿拉伯是阿拉伯半岛最大的国家，国土大部分属阿拉伯高原，红海和波斯湾沿岸为平原低地。全境地势由东向西成阶梯状。西、中部为高原山地，西部是希贾兹-阿西尔高原，其南段的希贾兹山脉，海拔在3000米以上。中部为纳季德高原，有图怀克山脉。东部为波斯湾沿岸平原。南部是辽阔的鲁卜哈利沙漠。红海沿岸地区是宽约70千米的红海低地。地面无长流河和湖泊，仅在低洼处有地下水丰膏的石油资源。

沙特阿拉伯西部高原属于地中海式气候，其他地区属亚热带沙漠气候。夏季炎热干燥，最高气温可达50℃以上；冬季气候温和。年平均降水量不超过200毫米。

沙特阿拉伯的行政区划，是将全国分为13个地区。地区下设一级县与二级县，县下设一级乡与二级乡。**它的首都是利雅得。在阿拉伯语里，"利雅得"意为"花园"，也有人将其解释为"空旷的谷地"，或者"有益于放牧的低洼地"。**利雅得市是沙特阿拉伯王国首都、王宫所在地、利雅得省首府。利雅德市区占地 1600 平方千米。利雅得位于阿拉伯半岛中部内志高原的哈尼法、艾桑和拜萨汉宰 3 条干涸河谷中，海拔 520 米，东距波斯湾约 386 千米，附近为一片绿洲。因有广阔的椰枣林和清泉，利雅得故得此名。利雅得人口约为 500 万。

因为沙特阿拉伯外交部与各国使馆均设在吉达，所以有人将吉达叫作该国的"外交之都"。在阿拉伯语里，"吉达"一词的发音与"祖母"一词相仿。沙特阿拉伯的麦加，是伊斯兰教创始人默罕默德的诞生地，故此它被人们称为该国的"宗教之都"。在阿拉伯文里，"麦加"意即"吮吸"。

延伸阅读：

沙特阿拉伯的国旗、国徽与国歌

国旗：沙特阿拉伯的现用国旗启用于 1980 年 11 月 10 日，长宽比例为 3：2。国旗为绿色旗面，中央用阿拉伯文书写着"万物非主。惟有真主，穆罕默德是安拉的使者"，下方绘有一把阿拉伯宝刀。绿色是先知穆罕默德喜爱的颜色，象征和平；宝刀象征伊斯兰圣战和自卫。沙特阿拉伯是伊斯兰教的发源地，国旗的颜色和图案鲜明地展示出这个国家的宗教信仰。

国徽：沙特阿拉伯的现用国徽图案由两把交叉的宝刀和一棵枣椰树组成。交叉的宝刀象征圣战和武力，象征誓死捍卫宗教信仰的坚强意志；枣椰树象征农业，也象征沙漠中的绿洲，枣椰树在沙特阿拉伯人的传统生活中占有举足轻重的地位，椰枣是主要粮食之一。

国歌：沙特阿拉伯的国歌为《我们敬爱的国王万岁》。由依布拉欣·卡哈吉填词，阿都·拉曼·阿尔哈提卜谱曲。

沙特阿拉伯以"石油王国"著称，石油和天然气储量极为丰富，是世界上石油储量最大的国家，也是石油销量和产量最大的国家。哈立德国王和法赫德国王执政后，积极利用石油收入剧增的形势，发展非石油工业和农牧业，开创了沙特经济高速发展的新阶段，取得了举世瞩目的成就。位于中部胡富夫附近的盖瓦尔油田是世界最大的油田。东北部的塞法尼耶油田是世界上最大的海上油田。截至 2013 年，沙特阿拉伯已探明的石油储量达 2689.1 亿桶，占世界总储量的 25%，居世界第二位。天然气储量为 6.04 万亿立方米，占世界天然气储量的 4%，居世界第四位。按目前石油产量估算，沙特的石油仍可开采 80 年左右。

沙特阿拉伯官方语言为阿拉伯语，通用英语。沙特阿拉伯的阿拉伯人占 90%，来自非洲和亚洲的外籍人占 10%。

沙特文化教育政府重视教育和人才培养，实行免费教育。中、小学学制各为六年，实行免费教育。

沙特以伊斯兰教为国教。逊尼派的瓦哈比派占穆斯林的大多数。什叶派人数极少，主要居住在东部地区。此外，还有贝都因人游牧部落为主的沙斐仪派。沙特禁止在公共场所从事除伊斯兰教之外的宗教信仰活动。**伊斯兰教为其国教，穆斯林中逊尼派穆斯林占 85%，什叶派穆斯林占 15%。**

2. 沙特阿拉伯的日常生活礼俗

◇ 服饰礼俗

沙特阿拉伯王国人的传统服饰是大袍，又长又宽又大，各个阶层的人都穿用。男子大多穿白色长袖、高领的双层外套，冬天穿呢绒的。头上戴四方的绣花帽，脚穿皮靴。**女士常穿黑色大袍，并在头上和脸上蒙黑色纱巾，不让外面的人看见她的真面目。**据史载，古代妇女主要是受到部落习俗的制约，而穆罕默德创立了伊斯兰教以后，妇女地位有所提高，但从总体上来说，特别是与男性相比还是很低的，一般在家里劳作。现代社会有所改变，但总体上还是如此。女人从头发到双足都不能露出来，连声音也不能让陌生男性听到。如果有女性透过面纱窥视男人，则被认为是不正经行为。如果有男人看到女人，被认为是最倒霉的事情。

由于天气过分炎热，在一般情况下，沙特阿拉伯人大都习惯于穿拖鞋，有的人甚至还会赤脚。在沙特阿拉伯，拖鞋也被分为三六九等，不同身份的人会穿不同档次的拖鞋。只有在极为隆重的活动里，人们才会穿皮鞋。

◇ 饮食礼俗

沙特阿拉伯王国的人在饮食上和一般亚洲人相同，一日三餐，晚餐是正餐，早餐多吃面包、甜食、鸡蛋、干酪；午餐多吃米面肉菜，他们最爱吃的是羊肉、骆驼肉。饭后喝茶或咖啡，也吃水果，最喜欢喝的是骆驼奶。**按照伊斯兰教的清规戒律，不准喝酒，并把酒视作万恶之源，他们禁酒很严格，不准制造，不准出售，不准喝。**

饮食的独特之处在于用香料、树皮、水果、种子、汁液等调味，也有药用价值。常用的除香辣椒、丁香、肉豆蔻等外，还有特殊的椰枣、小豆蔻、干酸橙、麦哈拉卜、地衣、蔷薇水、橙花水、黄栌单宁、藏红花、萨塔尔、罗望籽、乳香等，有的还保持祖传配方。用珍贵的香料饮食招待客人，说明对客人十分尊崇。

9. 沙特阿拉伯的社交礼仪

沙特阿拉伯王国自从 1938 年由加利福尼亚美孚石油公司打出达曼 7 号油井以后，黑色的金子就不断滚滚而来，经过 50 年的发展，沙特阿拉伯王国自己掌握了石油开采、输出的主权，全部石油的利润归于自己国家，从而使国民富得流油。由于有强大的经济基础，所以沙特阿拉伯王国的人，现在很讲仪表仪态，出门穿得整整齐齐，讲究公德，人们多自觉排队，公共汽车上为老年人让座，在公共场合尊重女性。说话时语调温和柔缓、声音适中，注意力集中。即便是遇到不认识的人，也能以礼相待。

沙特阿拉伯人同别人相见时，一般首先都会互问对方："您好！"随后，他们还会同对方握手，并且接着问候对方："身体好！"有些时候，沙特阿拉伯人还会以阿拉伯世界流行的问候语，即"在你面前的，是你的亲人"，或者"在你面前摆着的，是平坦的大道"，诚恳地去问候他人。

见到亲朋好友时，沙特阿拉伯人通常还会将自己的左手放到对方的右肩之上，然后轻吻对方的面颊。这种见面礼节，体现交往双方的关系非同寻常。

沙特阿拉伯的贝都因人，还有一种独特的见面礼——"碰额礼"。当贝都因人与他人相见时，彼此首先要用自己的鼻子去触碰对方的额头，然后再紧紧地拥抱在一起。这一见面礼节，不适合妇女使用。外国人在沙特阿拉伯时，在行礼时务必要入乡随俗。异性之间，最好不要当众拥抱亲吻。在公共场合表现得过分亲昵，也是应予避免的。但是沙特阿拉伯男子与其他民族的男子，却往往手拉着手走在一起。沙特阿拉伯人认为，这说明双方关系亲密无间。

拜访沙特阿拉伯人之前，需要预约。然而，他们对于时间观念却有自己特殊的见解。与他人相会时，沙特阿拉伯人往往要晚到一会儿。在别人看来这叫时间观念不强；而在他们看来，这却是做人的一种风度。**沙特阿拉伯人赴约之时，通常喜欢自作主张，带上几个未被邀请的人一同前去。他们觉得自己这么做，是给会面对象面子。**

在人际交往中，沙特阿拉伯人大都表现得热情友好、落落大方。只是由于受伊斯兰教教规的限制，沙特阿拉伯的妇女极少抛头露面，并且不得与异性进行接触。沙特人男女有别。沙特阿拉伯男子通常穿的是长袖、高领、镶里子的外套，戴的是方形白绸帽子。沙特女子一般身裹长袍、头戴面纱，头发和皮肤不能外露，声音也不能让陌生的男子听到，更不能昂首挺胸而行，必须低头无声疾行。

沙特阿拉伯男人遇到妇女时，通常不宜主动向其问候或行礼。与其他男子打交道时，也不问候其夫人或恋人，更不会向她们赠送礼品。

沙特的男女隔离严格，有专门由女人掌管的为女人开设的银行、学校和娱乐场所。公园分男区和女区，餐馆里也分"男性单身区"和"家庭区"。到动物园参观时，男女也有别，女人安排在星期一、三、五，男人安排在星期二、四、六。

与沙特阿拉伯人进行交际应酬时，务必要记住下列七条注意事项。

其一，不提倡娱乐。沙特阿拉伯人认为，娱乐令人堕落，所以切莫与之谈论休闲、娱乐或是邀其参加舞会、去夜总会玩乐。

其二，宜回避以色列。沙特阿拉伯与以色列两国矛盾重重，因此切莫对以色列加以好评，或是将与以色列有关的十字形、六角星图案送给沙特阿拉伯人。

其三，禁止偶像崇拜。依照伊斯兰教教规，沙特阿拉伯禁止偶像崇拜。因此，那里的人不看电影，不喜欢拍照、录像，并且对雕塑、洋娃娃等礼品十分忌讳。

其四，男女授受不亲。在公共场合，沙特阿拉伯人主张"男女授受不亲"。因此不论是坐车、乘电梯,还是上银行,男女往往是需要各自分开的。

其五,不下国际象棋。沙特阿拉伯人是不下国际象棋的,因为他们认定,那种玩法对国王有失恭敬。

其六,与沙特阿拉伯人交谈时,切莫提及中东政治、宗教问题、女权运动、石油政策。

其七,向沙特阿拉伯人赠送礼品时,忌送酒类、雕塑、公仔、猪皮与猪毛制品、美女照、带有熊猫图案的东西。不要夸奖沙特阿拉伯人的某件东西,那样做会被理解为向其索取。

延伸阅读:

戒律严格的沙特阿拉伯

沙特是伊斯兰教的发源圣地。所谓"天房"或"天方"就在沙特的麦加。由于这个国家严格地按照伊斯兰教罕百里派的戒律行事,所以又是一个很神秘的戒律之国,有着独特的风习。沙特戒律很严,小偷砍手,女性通奸则用乱石砸死。询问他们太太近况、嗜好,都在严禁之列。在沙特庆祝圣诞节、做圣诞树都是禁忌。汽车司机禁超速行驶,违者监禁一月,鞭笞80下。酒后驾车,监禁一月。因此,沙特几乎无犯罪。沙特阿拉伯因为崇拜偶像与伊斯兰教戒律背道而驰,禁邮一切偶像制品,如工艺品中的人物雕像、儿童玩具娃娃等。在海关,对进出人员的物品检查很严,连妇女带的香水也要嗅之再三,唯恐是酒。

4. 沙特阿拉伯的商务礼仪

与沙特阿拉伯商人做生意,需要了解一些他们的商务习惯与习俗,否则就可能给工作带来许多不便。首先,要有时间观念。**按照沙特阿拉伯人的商务习惯,与他们见面需要提前预约,但常常会遇到他们迟到的情况,因为他们认为迟到几分钟并不算失礼。**其次,中途常被打扰。在与沙特阿拉伯人会谈过程中,经常会被他们相识的人打断。此时,他们也不生气,认为很正常，觉得工作是家庭生活的延伸，也不算失礼。第三，名片设计两种语言。在沙特阿拉伯，很多商人都通晓英文，名片上会用英文和阿文两种文字书写。所以，与他们交换的名片，最好也用这两种文字。这样才会显得有诚意，容易拉近彼此距离。第四，在与沙特阿拉伯男性商人打交道时，尽量不要让女性职员与其接触或者沟通。否则，很可能事与愿违。因为，在沙特阿拉伯，女性是不许抛头露面的。

在沙特阿拉伯，送礼物是个人交往和商务往来中的一种崇高习俗。不过，初次见面时不要送礼物，以避行贿之嫌。

与沙特人打交道，要注意忍让，要有耐心。如果他承诺赴约，却说了句"应夏阿拉"，就应做好他失约的准备，因为这句话是他的免责条款，他来与不来，都是真主决定的。如果他迟到或者做事一拖再拖，你也不要动肝火，因为古兰经教他们，"慢工出细活，耽搁是福不是祸"。

因此，成功之道贵在主动，你不能坐等他们上门，必须主动出击。别相信电话、电子邮件等现代化通信工具，你必须到他眼前，拽着他、拉着他帮你办事。

沙特人吃饭时不说话，不要指望谈判桌上谈不拢的事情能在饭桌上达成一致。沙特人要面子，当他们主动问你要票看演出时，即便你知道他们一定不会来，也一定要给足他们面子，多给他们一些票，然后把这些座位另作安排。

沙特人比较固执，一旦活动日程或商业做法经双方确认，就不宜在实际操作中临时变更。

5. 沙特阿拉伯的节庆礼仪

穆斯林各族共同的节日主要有开斋节、宰牲节、圣纪，合称三大节，此外还有盖德尔之夜、阿舒拉日、白拉特夜、登霄之夜、法蒂玛纪念日等。这些都是沙特阿拉伯的主要节日。

开斋节是穆斯林斋月结束后的盛大节日。斋戒是穆斯林五功之一，按教法规定，满11岁的男子和满9岁的女子每年的伊斯兰历9月要封斋，每天从日出至日落不得进任何饮食。不便封斋者或日后补斋或以旌舍代之，斋满 29 天之后寻看新月，月芽初见后的次日即为开斋节。节日主要活动有：晨礼后进食少许以示开斋，并表达对真主的感恩之情；交纳开斋捐；在清真寺举行盛大的会礼，礼毕大家共诵圣辞，互致问候。

宰牲节是各族穆斯林最隆重的节日，时间在教历 12 月 10 日，此日即朝觐活动的最后一天。宰牲节是为纪念古代先知易卜拉欣。相传，他对真主无比虔诚，他表示只要真主降旨，牺牲爱子伊斯玛仪也在所不惜。真主为考验其忠诚，在梦境中默示他履行诺言。当易卜拉欣真要牺牲爱子祭献时，真主降旨以一只羊来代替。穆罕默德创教后便将杀牲祭献列为朝觐活动内容之一。该日的主要活动有：穆斯林群众举行盛大的会礼庆祝活动，会礼前戒食半日，会礼后进食；宰杀节前备好的羊、牛、骆驼，宰牲之肉要分成三份，一份自用，一份馈友，一份施舍。节日期间还要祭奠亡人，走亲访友，逛会赶集。

圣纪即穆罕默德的生日，时间为教历 3 月 12 日。相传穆罕默德去世的日子也是 3 月 12 日，称圣忌。二者合并纪念，俗称圣会。节日主要活动为诵经、赞圣、讲述穆罕默德的生平事迹。

6. 沙特阿拉伯婚丧礼俗

◇ 婚姻习俗

在沙特阿拉伯，以前不论男女，婚姻大事都由家长决定，传统中结婚年龄都很小，有的女孩 10 岁就嫁人。现在有所改变，年龄大一些了，但绝大多数还是父母包办，男女双方在结婚前都不认识。订婚和结婚男女分开进行，第一天在女方家，大摆宴席，宾客庆贺。第二天把新娘迎娶到新郎家，新郎家照样庆贺一番，吃抓饭和烤全羊。**在阿拉伯民族中，对姑娘的贞操十分重视，如果在入洞房后，男方认为女方不贞洁，就连说三声离婚，此时女方就得回娘家。**如果男方后悔，可以再结婚，但必须经过阿訇主持仪式，只准许第二次，不准有第三次。如果没有举行结婚仪式而男女双方幽会，就被视为通奸，要判以石击刑，即捆在柱子上，众人用石块打死。

现在青年男女都有自由恋爱的热切愿望，但由于宗教、民族、家庭及其国家的法律都维护传统婚姻习惯，阻止自由恋爱。

现在婚姻的聘礼都比较厚重。随着沙特阿拉伯的石油出口越来越多，国家赚取的美元也越来越多，人们的生活水平也大幅度提高，所以聘礼越来越多，有的几万美元，甚至几十、几百万美元。这就更加阻挠了婚姻的自由。

在沙特阿拉伯王国的传统中，婚前 6 天、婚后 7 天都是大庆时间，一般约两周，现在有些农村还实行这种传统。

◇ 丧葬礼俗

沙特伊斯兰教瓦哈比派的教义宣称，世上所有穆斯林都是真主的奴仆，死是他们的归宿。他们反对崇拜一切偶像，包括不准朝拜祖先，更不准举行厚葬，即使是有德行的贤者、有丰功伟绩的国王或位极人臣的达官显贵，死后也都销声匿迹了。在沙特的任何城市，几乎找不到墓地和陵寝，但在城郊的浩瀚沙漠里，偶尔有一堆堆略高于地表的沙丘点缀其中，这些小沙丘就是沙特人的坟墓，它没有墓碑和任何标志。这些墓地，用不了多少年，就会被那滚滚而来的漫漫黄沙埋得无影无踪。

沙特穆斯林的习俗是实行土葬，他们相信死者以"入土为安"，而且埋葬死者一般不超过 24 小时。沙特的葬仪是极其简朴的。

按照穆斯林的习惯实行土葬，首先要清洗尸体，头发理好，眼鼻耳等处都要洗得干干净净。然后放在一木床上，再用温水洗两遍，冲一遍，喷上香精。再就是用白布裹尸，不打结，不捆带子。赎罪仪式，即用生时的钱施舍或周济穷人。还有别人代死人请求人们的原谅。最后是送葬、诵经。

二、阿联酋的礼仪

1. 阿联酋概况

阿联酋全称阿拉伯联合酋长国，由 7 个酋长国联合而成。公元 7 世纪阿联酋隶属阿拉伯帝国。自 16 世纪开始，葡萄牙、荷兰、法国等殖民主义者相继侵入。19 世纪初，英国入侵波斯湾地区，并于 1820 年强迫当地 7

个酋长国与其签订"永久休战条约",此后各酋长国逐步沦为英国的保护国。1971年3月1日,英国宣布同各酋长国签订的条约于年底终止。同年12月2日,阿拉伯联合酋长国宣告成立,**由阿布扎比、迪拜、沙迦、哈伊马角、富查伊拉、乌姆盖万和阿治曼7个酋长国组成联邦国家。**

阿联酋位于阿拉伯半岛东部,北临波斯湾。西北与卡塔尔为邻、西和南与沙特阿拉伯交界、东和东北与阿曼毗连。海岸线长1318千米,境内除东北部有少量山地外,绝大部分是海拔200米以下的洼地和沙漠,属热带沙漠气候。夏季炎热潮湿(5~10月),气温40℃~50℃,冬季(11月至翌年4月)气温7℃~20℃,偶有沙暴。平均降水量不足100毫米,多集中于1~2月。面积8.36万平方千米,人口约470万。

阿联酋官方语言是阿拉伯语,通用英语。在居民中,阿拉伯人占87.1%,其他民族占12.9%。宗教信仰为伊斯兰教。

延伸阅读:

阿联酋的国旗、国徽与国歌

阿联酋国旗由红、绿、白、黑四色组成,这四色是泛阿拉伯颜色,代表穆罕默德后代的几个王朝。旗面靠旗杆一侧为红色竖长方形,右侧是三个平行相等的横长方形,自上而下分别为绿、白、黑三色。红色象征祖国,绿色象征牧场,白色象征祖国的成就,黑色象征战斗。

阿联酋的国徽主体是一只黄白色的隼,翼羽黄白相间,尾毛为白色。隼胸前的圆形图案中,为一个绘有国旗图案的圆形,围以象征七个酋长国的七角星。隼爪下的绶带书写"阿拉伯联合酋长国"。

阿联酋的国歌是《阿拉伯联合酋长国国歌》。

2. 阿联酋的日常生活礼俗

◇ 服饰礼俗

阿联酋人在穿衣方面,夏季旅行着装应以轻薄、凉爽、透气为主,冬季应以稍厚实面料的衣服为宜。出席商务活动应穿套装或正装。女性穿衣应避免太露，忌穿太短或低胸的衣物。阿联酋是伊斯兰国家，信奉伊斯兰教，较其他阿拉伯国家开放许多，对外国人在阿联酋的旅行并没有太多的限制，超市也可以买到猪肉及其制品。但值得注意的是，在旅行中如果与当地男性交谈，不能主动问及其夫人的情况。与女性不能长时间单独交谈，更不能未经允许给她们拍照。阿联酋穆斯林每天必须做 5 次礼拜。在其做礼拜时，不要与其谈话，更不能开玩笑。因为他们认为做礼拜是一件十分严肃的事情。**在阿联酋，女性要注意穿着，尽量穿长袖上衣和长裤，勿穿暴露服装**。饮酒只能在寓所或饭店的客房内进行，其他任何公共场所均不许饮酒。另外，阿联酋严禁酒后驾驶。如果开车外出，记得车内最好也不要携带含酒精的饮料。在阿联酋斋月期间，日出后和日落前，不许在公共场所喝水、吸烟、吃东西，而且当地绝大多数的餐馆和饮品店在这个时间段也会关门停业。

◇ 饮食礼俗

阿联酋人善于烹调，菜肴丰富。阿联酋人饭菜的特色是甜、香、油腻。咖啡和茶是阿联酋人每天不可缺少的饮料。

阿联酋人信奉伊斯兰教，禁吃猪肉，不吃外形丑恶和不洁之物，如甲鱼、螃蟹等，也不吃已死的动物。如猎取野味时，打中后猎人即迅速跑过去，要趁血还没有凝固时，割断其喉咙，否则就不能食用。

阿联酋人从前的主食是玉米饼、麦饼和豆，贫穷家庭吃的主要是玉米饼。自从阿联酋因出口石油而收入大量美元之后，政府对主要食品实行价格补贴。店铺里卖的大饼（发酵饼）和面饼比面粉还便宜。所以，平时家家都吃大饼或面饼，以西红柿沙拉、洋葱拌辣椒、煮豆、酱等佐餐，肉类主要是牛、羊肉。

阿联酋人喜欢喝咖啡和茶。街道上，咖啡摊比比皆是，一杯咖啡加上几块点心，就是一顿便宜的午餐。咖啡摊还是人们聊天、议论国家大事以及交际的场所。

阿联酋名贵的菜肴有油炸鸽子、烘鱼、烤全羊等。

烤全羊是把一只肥嫩的羔羊除去头脚，掏空内脏，塞满大米饭、葡萄干、杏仁、橄榄、松子等干果和调料，然后放在火上烤。其特色是又嫩又香，味道鲜美。

阿联酋人用手抓饭的技术十分熟练，一是不怕烫，二是能用手指迅速地撕下一小块肉条、菜肴送入口内，手指又不碰着嘴唇，这是外来客人不容易做到的。

3. 阿联酋的社交礼仪

阿联酋人的祖先主要生活在阿拉伯半岛。这里自然条件恶劣，大部分土地覆盖着沙漠。随着时间的变迁，阿拉伯半岛出现了一些绿洲。古代阿拉伯人以牧业为生，沿海的则以打捞珍珠为生。为了抵御大自然袭击，阿联酋人喜欢过集体生活，一起放牧，一起出海采集珍珠，共同对付敌人。阿联酋人一天劳作之后喜欢在夜间一起聊天。如果有谁行为孤僻，不愿与他人接触、合作，他必然一事无成；反之，谁善于接近他人，倾听他人意见，他就会创造出奇迹。

◇ 古老的宵会

阿联酋人的宵会是持续时间很长的一个古老传统，是区别于其他地区的标志之一。在伊斯兰教传入前，人们在一天劳作之后，喜欢走出家门，投入大自然的怀抱，坐在柔软的沙漠上聚会畅谈。天空有轮皎洁的月亮为他们照明，远处有闪烁的星光向他们眨眼，微风轻拂着他们的面颊，这样悠闲的自然环境着实迷人。冬天的夜晚，他们点起篝火，围坐在火堆四周，谈天说地，欢乐异常。**这篝火一方面给他们带来温暖；另一方面，也是最主要的，为过路人指明道路。**饥饿的行人可从篝火的光焰中看到希望，得到主人热情的款待。所以阿联酋人把火和灰烬看成是慷慨好客的标志。他们形容一个人很好客，不是直接用好客、慷慨等词，而是说某某人的火是不灭的，或是说某某人的灰很多（因为招待客人多，所以做饭也多，自然他的柴灰也就多了）。诗人骑士哈蒂木·塔伊（死于公历578年）成了人们谈论好客的代名词，称颂他的火是永不熄灭的，他的家成了行人和遇难者的归宿与隐蔽所。宵会的话题很多，在伊斯兰教前，主要有如何经商、如何放牧等，一些有知识的人朗诵大诗人写的诗。参加宵会的人，每人都讲述自己在一天劳动中遇到的困难，及如何用自己的智慧克服了这些困难。宵会确实成了人们互相了解、增长知识的课堂。

伊斯兰教传入之后，这种宵会含义有所变化。穆斯林们喜欢聚在学者、训诫者及其他权威人士身边，听他们讲学和训导。在宵会上的话题丰富多彩，既可谈论国家大事、科学文化，又可朗诵诗歌，讲述传奇故事。如果参加宵会的人中间有几个能弹善唱的，那么就会把宵会变成一次欢快、炽烈的音乐晚会。**人们在这样的宵会上，不但得到了极大的娱乐消遣与艺术享受，而且又增长了知识，提高了语言表达的能力。**

在现代阿联酋人生活中，这种宵会多在斋月（伊斯兰教历九月）举行。这个月按照伊斯兰教的规定，穆斯林们白天不吃不喝，只有在太阳落山后才能进餐。因此，穆斯林们把夜晚变作白天，夜晚成了他们最欢快的时光。大家聚集在学者和首领家里，一直聊到黎明。现在斋月宵会（或者叫斋月拜会）时间趋于变短，成了一种礼节性拜访，因为大部分人白天还要坚持工作，坐上半小时，至多一小时就离开了。

◇ 会客礼仪

在民俗礼仪方面，阿联酋人一般习惯用咖啡敬客，客人要连喝主人敬的三杯咖啡算是礼貌，如不想喝，可以不停地摇动手中的杯子，主人便会理解你的意思。他们与宾客相见时，总乐于先说一些寒暄话；告辞时，习惯说"再见"。阿联酋人在社交场合与客人相见时，一般都惯以握手为礼。他们与亲朋好友相见时，一般还习惯亲吻礼（即亲吻对方的双颊，对方也应还之以礼，以表示相互的尊敬）。

4. 阿联酋的商务礼仪

在阿联酋经贸、商务领域，西方国家人士较为集中，且多担任要职，因此与其说是同阿联酋人开展商务交往，不如说是与欧美、印度人士开展商务交往。此时此刻，完全可以不必顾及阿拉伯人的经商特点，按照国际贸易准则和惯例与这些西方人谈判。

阿联酋的企业完全按照西方商业模式运作，且员工来自世界各地，要与这批"联合国军"较量，制胜之道就是"以夷制夷"。

如果项目主管是英国人，那你就不要吝啬，也聘请一位英国人去为你公关，如果对方经理是澳洲人，那你就请一位澳洲人去谈判。

要知道，阿联酋人做生意动辄几亿，但他们不会轻易让你得到它，只有高投入才能高回报。

5. 阿联酋的丧事礼俗

阿联酋人办丧事一般比较简朴。由于阿联酋人信奉伊斯兰教，因此不论贫富，人死后大多数先把尸体抬到清真寺。尸体经过净洗，裹上写有经文的白布（有钱的人用白缎子裹身），然后放入一个木盒里。有的地方，木盒子的前方特别高，上面凸出一个顶端，顶端上放置死者的帽子及缠头布，表示他是一位虔诚的穆斯林男子。妇女的尸盒则没有这个凸出的顶端。

在清真寺举行仪式后，由亲友们抬着尸盒送往公墓，前面有一名阿訇高诵《古兰经》，送葬的男子随声附唱，后面的妇女则号啕大哭，表示哀痛。此时，早已在公墓挖好了墓穴，送葬的队伍到达墓穴后，向墓穴的四周遍散驱虫的香料，然后在诵经声中将尸体抬出木盒，徐徐落向穴底，死者的面要朝向麦加的方向，最后盖上土堆。

根据伊斯兰的教规，穆斯林的尸体不能久停家里，上午去世的死者，当天就要埋葬。死者的家属不穿孝服，也不佩戴黑纱。在葬后3天到7天内，每天请一名阿訇去墓地念经"超度亡魂"。

三、伊拉克的礼仪

1. 伊拉克概况

伊拉克全称伊拉克共和国。位于阿拉伯半岛东北部。北接土耳其，东邻伊朗，西毗叙利亚、约旦，南连沙特阿拉伯、科威特，东南濒波斯湾。

伊拉克北部为库尔德山区，西南部为阿拉伯高原。两者之间为幼发拉底河和底格里斯河冲积而成的美索不达米亚平原。西南部是沙漠地带。属大陆性气候，夏季炎热少雨，冬季寒冷。

公元前 600 年，两河流域建立了新巴比伦王国。公元 7 世纪，阿拉伯帝国统一了阿拉伯半岛。巴格达成了阿拉伯政治经济和文化中心。16 世纪奥斯曼土耳其帝国兴起，伊拉克又成了土耳其的一部分。第一次世界大战中，英国人占领了巴格达。战后，伊拉克成了英国的"委任统治区"。1932 年获得完全独立。1958 年成立伊拉克共和国。

在伊拉克，78％为阿拉伯人，18％为库尔德人，其余为土耳其人、亚美尼亚人、亚述人、犹太人和伊朗人等。官方语言为阿拉伯语和库尔德语，通用英语。

95％的伊拉克人信仰伊斯兰教，分为逊尼和什叶两个教派。3.6％信奉基督教，另有少数信奉犹太教。

伊拉克是典型的石油经济，工业主要有石油开采和提炼。**石油资源仅次于沙特阿拉伯和伊朗，居世界第三位。**全国 27.6％的土地是可耕地，大部分集中在两河流域。盛产椰枣，年产量达 630 万吨，是世界上最大的椰枣出口国。2012 年国内生产总值 2125 亿美元，人均国内生产总值为 6804 美元。

2. 伊拉克的日常生活礼俗

◇ 服饰礼俗

伊拉克人虽然绝大多数人是穆斯林，但从衣着服饰上来说，又有许多特点，最显著的是比较开明、比较解放，例如，妇女戴面纱的越来越少，男人穿西服的越来越多。特别是首都巴格达及其周边地区就显得更加开化一些。另外，男士穿白衬衫的也很多，他们的白衬衫又长又大，裤子也是白色。妇女最爱穿连衣裙，但她们的连衣裙是紧腰的，而且袖子很长，有的在袖口处还用差别明显的其他颜色做装饰，如把黑色连衣裙用白色丝线绣花或镶边。她们最喜欢的装饰莫过于金、银手镯，有的还戴珠环，宝气十足。

北方的库尔德人喜欢在衬衫外再穿一件外套，又宽又大。男人以此为美。

◇ 饮食礼俗

伊拉克像大多数阿拉伯国家一样，主要的食物是大米，最常吃的主食是炒饭，也喜欢吃白面包。许多传统菜肴非常接近叙利亚和黎巴嫩菜肴，如烤绵羊肉、烤羊肉串以及某些在炉膛中制的炸肉。

伊拉克菜肴因为在制备时，使用大量辣椒、葱、蒜，以及各种各样的香料，具有较浓烈的味道。

伊拉克人非常喜欢吃鱼，尤其是淡水鲑。伊拉克人喜欢将鱼炸至焦黄后，撒上大量辣椒和切好的西红柿同时上桌。**他们喜欢吃用水果制的甜食、馅饼等面食，以及酸奶、酸乳渣和奶酪。**

伊拉克人很少饮用醇饮料。在北部地区一般饮用的是蒸馏而得的"来拉克"。伊拉克人较普遍饮用的饮料还有含很多泡沫的酸奶"些明"和各种果汁类饮料，如扁桃汁。最主要的热饮是茶。另外，伊拉克人爱喝牛奶，但喝时更愿意再加些羊奶，认为这样才是上等的饮料。

伊拉克人喜欢吃烤饼，吃的时候多会夹些肉和菜，一般为牛肉和黄瓜。他们还钟情于烤鲜鱼，特别是在首都巴格达，人们在吃烤鱼时常佐以辣椒和西红柿沙拉。在伊拉克人的餐桌上一般是看不到用餐工具的，只有水杯和盘子等食具，因为他们吃饭是以右手抓取的。并且他们忌讳用左手传递东西或食物，认为左手是肮脏的，用其传递东西或食物是一种污辱行为。伊拉克人吃饭，要求菜肴必须熟透，否则不吃，认为这有违他们的饮食习俗。忌讳客人餐毕不及时洗手便告辞，忌讳用餐拖延或迟迟不走，认为这是贪吃和不礼貌的表现。

礼仪提醒

伊拉克人大多信奉伊斯兰教，少数人信奉基督教。他们忌讳左手传递东西或食物；讨厌蓝色，觉得这是魔鬼的色彩；忌讳黑色，认为这是丧葬的色彩，并给人以不幸的印象；忌讳客人赴宴餐毕不及时洗手告辞，认为在饭店拖延或迟迟不走为贪吃和不礼貌的表现。

3. 伊拉克的社交礼仪

在社交礼仪方面，伊拉克人在赴约时有迟到的习惯，并认为这是一种礼节风度。与亲朋好友见面时，男子习惯相互拥抱，把脸贴一贴，然后各自扪胸俯首，嘴里说着祝愿的话。男人之间还会手拉着手走路，并认为这是一种表示友好和敬意的举止。与客人告别时，他们一般都要施贴脸吻别礼。妇女之间施贴脸吻别礼时，其感情表现得极为丰富，不但要"吻"得真挚、热烈，还要发出"吧吧"的吻声。她们认为这样的"吻"才能显出相互之间的尊重和爱戴。但是，他们不喜欢别人交叉着双手与自己说话，认为那是不礼貌的行为；也不喜欢别人目光旁视着与自己交谈，认为那是侮辱人的行为。**此外，伊拉克人微笑和点头不一定是表示同意，有时只是主人礼貌的表示。**

每天午后，伊拉克人大都有午休 2 小时的习惯。在午睡的时间里，不要到伊拉克人家去拜访。政府机关的上班时间为 8 点到 14 点，星期四为周末，公务机关有例行的内部聚会，所以不能前去拜会洽谈。伊拉克人一般不赞美别人所持有的东西。在他们看来，赞美含有"我想要"的意思。例如赞美别人的太太说"好漂亮"或"好美"的话，丈夫就会变脸色，也许以后就不再和你交往了。应邀至对方家中做客，勿忘携带礼物。伊拉克已渐允许女主人出现于家庭宴会，事先可谨慎地问一下，如果女主人会出席，也应携赠一礼物，但勿送太"个人化"的礼物。

4. 伊拉克的商务礼仪

伊拉克在商务活动中，必须要有名片，特别是初次见面时，他们认为这是起码的礼仪要求。商量生意喜欢开门见山，直截了当，把关键问题谈清楚。商务活动中免不了送些礼品，但是要特别注意，他们对带有星星的图案、洋娃娃、猪的图案、猪皮、猪毛等制品非常讨厌，所以送礼时要倍加注意。谈生意的过程喝茶及其他饮料也是经常的事情，但是应该注意的一点是：不论是什么饮料都不要太多，以免中途去洗手间，这是他们不高兴的事情。对穆斯林的"斋月"和星期四要避开，也不要拜访。

5. 伊拉克的婚丧礼俗

◇ 婚姻习俗

伊拉克人的婚礼有着浓厚的宗教色彩，又有着浓厚的民族传统习惯。婚礼主要是订婚礼和结婚礼。订婚时男女双方家里都要举行隆重的庆典，招待来访的亲朋好友。但伊拉克人的传统习惯是男女分开活动，不准男女混合在一起搞庆典。青年男女订婚以后也不准待在一起，更不准一起外出活动。结婚典礼就更热闹了，有的是小轿车若干辆组成迎新彩车队伍，浩浩荡荡，热闹非凡。特别是要在女方家门口跳舞唱歌，汇集许多人，场面雄大，气氛热烈，以此祝贺新人的美好生活；有的是八抬大轿，有的是大型彩车，还有其他方式，主要是根据当地的具体情况和当事人的心愿、经济条件而办。

◇ 丧事民俗

伊拉克人的丧葬习俗和礼仪与其他穆斯林的大同小异，多为土葬。**死后要净身、白布缠尸，到清真寺念经、祈祷，由阿訇主持埋葬。**

四、伊朗的礼仪

1. 伊朗概况

伊朗作为国家的名称，一说来自古代波斯人的自称"伊兰"。在古波斯语里，其含义是"光明"，还有另外一种说法，认为它是由古时一个叫作"雅利安人"的部落的名称转化而来的。由于伊朗的地理位置十分重要，所以它素有"欧亚陆桥"和"东西方空中走廊"之称。

伊朗曾称波斯，在中国历史上称"安息"，是古代世界第一个地跨欧、亚、非三大洲的帝国。18 世纪后，逐步沦为英、俄的半殖民地。1925 年巴列维王朝建立。1979 年巴列维王朝被推翻，建立伊朗伊斯兰共和国。

伊朗位于亚洲西南部，属中东地区国家。伊朗同土库曼斯坦、陶塞拜疆、亚美尼亚、土耳其、伊拉克、巴基斯坦和阿富汗相邻。北隔里海与俄罗斯、哈萨克斯坦相望，南濒波斯湾和阿曼湾，海岸线长 2700 千米。**伊朗素有"欧亚陆桥"和"东西方空中走廊"之称，战略地位十分重要。**伊朗境内多高原，东部为盆地和沙漠。属大陆性气候，冬冷夏热，大部分地区干燥少雨。

伊朗境内高原和山地相间，平均海拔 1200 米。中央高原地表较为平缓，四周为山脉所环绕，面积约占国土的一半，北部为厄尔布尔士山脉，其主峰达马万德峰海拔 5671 米，为伊朗第一高峰。西北部是亚美尼亚高原，多山间盆地。

伊朗由波斯人、阿塞拜疆人、库尔德人、阿拉伯人、土库曼人等 40 多个民族所组成。**波斯人是伊朗的主体民族，约占全国总人口的 51%。阿塞拜疆人占全国总人口的 24%。**

伊朗的国教是伊斯兰教，国家实行政教合一的制度。宗教领袖在伊朗拥有绝对权力，《古兰经》在伊朗是最高的法律。伊朗全国居民约 98.8%信仰伊斯兰教，其中 91%为什叶派，7.8%为逊尼派。因此，伊朗又称为世界上什叶派穆斯林最多的国家。伊朗的国语是波斯语。

伊朗是世界上居第四位的产油大国，欧佩克第二大石油输出国。石油探明储量为 1384 亿桶，天然气储量为 28.13 万亿立方米。蕴藏着丰富的矿产资源，主要有煤、铜、铁、铬、锑等。森林覆盖率约 40%。农业在经济中占有重要的位置。主要农产品是小麦、大麦、甜菜、茶叶和橄榄等。2011 年国内生产总值 4824.45 亿美元，人均国内生产总值 6359 美元。

延伸阅读：

伊朗的国旗、国徽与国歌

伊朗的现用国旗启用于 1980 年 7 月 29 日，长宽比例为 7：4。国旗自上而下由绿、白、红三个长方形组成，白色部分中间为红色国徽图案，上下两边用古阿拉伯字体书写着"真主伟大"，各十一句。绿色象征对伊斯兰教的信仰，白色象征和平，红色象征勇敢。两排各十一句"真主伟大"字样是为纪念伊斯兰革命胜利日：1979 年 2 月 11 日，这个日子也是伊斯兰太阳历的 11 月 22 日。

伊朗的现用国徽图案由四弯新月、一把宝剑和一本《古兰经》组成，融会了伊斯兰教义的要旨。四弯新月象征伊斯兰教信仰的发展；《古兰经》置于宝剑和新月顶端，象征伊斯兰教义高于一切，《古兰经》是伊斯兰共和国的最高法典；宝剑象征圣战和坚定的力量。

伊朗的现用国歌是《伊朗伊斯兰共和国国歌》。

2. 伊朗日常生活礼俗

◇ 服饰礼俗

伊朗是多民族国家，每个民族都有自己独特的服饰打扮，但式样都简单大方。一般情况下，伊朗的男人多穿长衫，宽大为其特点，是为了适应此地的气候。下穿围裤，头裹围巾。妇女的服饰以伊斯兰的传统标准服饰为最多，即用一大块黑色的布料从头到身子、腿、脚裹得严严实实，人们只能看见她们的眼睛和鼻子。**北部风沙较大的地区，如土库曼族妇女穿灯笼裤的也很多，因为这种裤子裤脚很狭小，便于防风沙。**

通常伊朗人是不穿西式套装或套裙的。平时，伊朗人的着装也受到行政和宗教干预，男子穿"颓废服装"或女子不将自己的身体裹得严严实实，都会受到处罚或制裁。在伊朗，所谓"颓废服装"，主要是指那些"印有可憎的拉丁文字或印有庸俗颜色和图案"的服装。

前往伊朗的时候，着装应以保守为佳，伊朗人眼里的"颓废服装"更以不穿为妙。外国妇女在伊朗虽不至于要将身体严严裹住，但太暴露的服装还是不能穿的。比如超短裙、露脐装等。一般而论，外国妇女在伊朗所穿的服装，不允许裸露前胸、后背、肩膀、腋窝、腰部和大腿。依照伊斯兰教教规，参拜清真寺时，桌子不仅必须庄重保守，而且必须脱去鞋子，并且要以衣物将头部遮盖起来。

◇ 饮食礼俗

伊朗人有独具特色的饮食风格，他们的主食以米、面为最多，很喜欢吃我们中国的大饼。畜牧业地区的人多吃牛奶、黄油，农业地区的人吃米饭、米粥、面条、面饼最为普遍。饮料主要是茶，以红茶为最多，有的地方喝茶时还要加糖，有的地方喝茶时加牛奶，成了奶茶。按照一些民族的传统习惯，特别是到了喜庆节日，先喝茶，后唱歌，再跳舞，或者喝茶后歌舞一齐上，载歌载舞，好不热闹。

伊朗人爱吃羊肉、牛肉、鸡肉并且能够吃鸡蛋。有不少伊朗人都将羊肉视为肉中之珍。有一些少数民族，例如土库曼人，还特别看好羊脑、羊头和羊脚。他们认为此类食物极富营养，所以习惯于留给孩子们吃。许多人还爱吃羊排，并且总爱敲开羊骨，吸食其骨髓。

伊朗人用餐时，一般讲究量少质精。其口味比较清淡，故不爱吃红烩或带汁的菜。但是，菜肴如果稍稍辣上一点，他们则是不反对的。伊朗人爱喝红茶和酸奶。饮红茶时，他们的习惯做法是一定要加糖。在伊朗的不少地方，饮红茶甚至成了许多活动中不能缺少的仪式之一。

伊朗人的饮食禁忌，无一不与伊斯兰教教规有关。伊朗人不吃猪肉、狗肉、驴肉、骡肉，不吃龟、鳖、蛇、蟹之类外形可憎之物，不吃无鳍、无鳞的鱼，不吃自死之物、动物的血液以及未诵安拉之名宰杀之物。酒和其他一切含有酒精的饮料，也为其禁止饮用。

3. 伊朗的社交礼仪

伊朗人受伊斯兰教的影响，有着很强的道德观念。在人际交往中，伊朗人奉行"善思，善言，善行"的行为准则，讲究言而有信，行而守礼。

伊朗人只要一见面就要热情地打招呼，嘴里要说一声"萨拉姆"（你好），对任何人都如此，对不认识的人也要这样打招呼。他们喜欢在打招呼时，称对方的姓和职务，或者姓和其他头衔。伊朗人的等级观念很浓厚，除打招呼以外，熟人和亲友之间还有礼节，如身份相同的人见面后互相吻嘴唇，身份低的人相见时吻面颊，身份相差悬殊的，一方要俯在另一方的面前。

伊朗人在交际场合，通常习惯于以握手作为见面礼节。在握手之后，双方往往还需要互吻面颊。但是由于受教规限制，男女之间是不可以握手或亲吻的。

在伊朗民间，人们讲究等级有别，施礼亦然。不允许在行见面礼时忘却自己的身份，从而造成错位。以此而论，伊朗人传统的见面礼节是：平民百姓之间，一般互相亲吻面颊。有地位、有身份，并且双方地位、身份大致相似者之间，通常先是热烈拥抱，然后亲吻嘴唇。地位、身份较低者拜见地位、身份较高者时，则前者往往要向后者行俯拜大礼。

在人际交往中，伊朗人有许多难能可贵的好习惯。其一，他们的时间观念很强，并且习惯于准时赴约。他们认为守时是基本的交际礼节。其二，他们素来尊敬长辈，并且以此为豪。其三，他们非常重视在打招呼时要采用礼貌用语。与他人相见时，伊朗人总是要问候对方"您好！"，即使不认识对方，他们往往也会这样做。伊朗人的民族自尊心很强。同伊朗人打交道时，用来交换的名片，最好用英语和波斯语两种文字印成。

伊朗人与别人交际应酬时，非常讲究使用敬语。他们往往爱用"鄙人"自称，对交往对象则一般都要以"您"相称。在伊朗，直呼其名是不礼貌的行为。称呼别人时，最得体的做法，是称呼其姓氏，并在其前面加上职务、职称或者学衔。

4. 伊朗的商务礼仪

在伊朗，进行商务见面或拜访时，递交名片是必要的，而名片最好用波斯文，其次可用英文。伊朗商人很讲究礼节，按照伊朗的礼俗，每年的4~9月，天气炎热。穿衬衫，打领带即可，其他时间宜穿保守式样的西装。根据当地的商业习惯，拜访需要提前预约，并且约见时一定要准时。**在会谈中，伊朗人不习惯直截了当地谈话，他们对事情也不会立刻给予答复，往往需要很长的思考时间。因此，与伊朗人做生意是需要相当有耐心**

的。即便如此，也不要灰心。这样经过不屈不挠的几次谈判后，最终会达成双方满意的结果。

5. 伊朗的节庆礼仪

伊朗的历法是每年的公历 3 月 21 日过春节，和我国的过年相似。春节之前要打扫卫生，干干净净过年。除夕夜要求全家人团圆，吃团圆饭。第 13 天是"避鬼日"，这一天人们要离开家，到外面去度过整天，有的去公园，有的去郊外，有的去公墓，在亲人墓旁做饭，陪亲人度过这一天。春节这一个月的最后一个星期三是"跳火节"。家家都要在门前或院子里点燃火堆，人人都要从火堆上跳过去，并且嘴里要念念有词，祝福来年的幸福安康。

6. 伊朗的婚丧礼俗

◇ 婚姻习俗

伊朗人大多数按照穆斯林的习惯，由男方向女方求婚，得到女方及其父母同意后，谈彩礼、定亲、送礼、结婚等好多道程序。按照土库曼民族的传统习惯，定亲时，男方要给女方送 30 只羊。结婚之前不准男女见面。结婚后，男女同住一周，之后女方要回到娘家，什么时候知道怀孕后，再立刻回丈夫家。

◇ 丧事习俗

伊朗人死后，一般都是按照伊斯兰教的传统习惯，洗身、白布裹尸，送到清真寺停尸房，由阿訇主持念经，举行仪式后，再送到墓地埋葬。在墓地也要举行仪式。以后要定期举行仪式，悼念死者。

第十一章

中亚有关国家的礼仪

中亚各国位于亚洲中部地区，多为内陆国家。由于历史的原因，哈萨克斯坦、吉尔吉斯斯坦、哈萨克斯坦等中亚国家，都曾是苏联的联盟成员，20世纪90年代，苏联解体后，中亚各国脱离独立，重新回到亚洲大家庭。中亚各国普遍信奉伊斯兰教，在日常生活、社交活动和节日庆典中，有很多带有民族特色和宗教色彩的礼仪禁忌。与中亚各国的人们交往，需要尊重其民族文化与宗教信仰，不要触犯他们的礼仪禁忌。

一、哈萨克斯坦的礼仪

1. 哈萨克斯坦概况

哈萨克斯坦的正式名称是哈萨克斯坦共和国。它位于亚洲中部地区，北部与俄罗斯相连，南部同土库曼斯坦、乌兹别克斯坦、吉尔吉斯斯坦交界，东部与中国接壤，西部则濒临里海。**目前，哈萨克斯坦是世界上最大的内陆国。其国土面积约为 272.49 万平方千米。**

公元 8 世纪突厥人开始在这里定居，出现了早期封建国家。13 世纪被蒙古人征服。16 世纪由蒙古人和突厥人融合而成的哈萨克族基本形成。

约公元前 5 世纪在现在的哈萨克斯坦领土上建立起以土米热斯女王为首的塞人的汗国，公元前 1 世纪左右又建立了乌孙汗国，并与当时的汉王朝建立了平等的外交关系。

公元 6 ~ 12 世纪曾建立了突厥汗国、奥古兹族国、哈拉汗国。11 ~ 13 世纪，契丹人和蒙古鞑靼人相继侵入。15 世纪末建立哈萨克汗国，分为大帐、中帐和小帐。16 世纪初，哈萨克部族基本形成。18 世纪 30 ~ 40 年代，小帐和中帐并入俄罗斯帝国。

19 世纪 60 年代俄罗斯兼并了哈萨克斯坦，大批俄罗斯人和其他斯拉夫人迁入。**前苏联成立后，哈萨克斯坦成为前苏联的一个共和国。1991 年宣布独立。**

哈萨克斯坦全境处于平原向山地过渡的地带，多平原和低地。平原主要分布在西部、北部和西南部，西部最低点是卡拉吉耶洼地，低于海平面 132 米；东部和东南部为阿尔泰山和天山，哈、中、吉交界处的汗腾格里峰海拔 6995 米，为全国最高峰；中部是哈萨克丘陵。荒漠和半荒漠占国土面积的一半。

全境大部分属内流流域，主要河流有锡尔河、乌拉尔河、恩巴河等。

湖泊众多，较大的有巴尔喀什湖和斋桑泊等，里海和咸海的一部分也属哈萨克斯坦。冰川面积广阔，约 2070 平方千米。哈萨克斯坦属严重干旱的大陆性气候，夏季炎热干燥，冬季寒冷少雪。1 月平均气温 –19 ~ –4 摄氏度，7 月平均气温 19 ~ 26 摄氏度。年降水量差异很大，荒漠地带不足 100 毫米，北部 300 ~ 400 毫米，山区可达 1000 ~ 2000 毫米。

哈萨克斯坦目前的全国总人口约为 1483 万，由哈萨克人、俄罗斯人、乌兹别克人、乌克兰人、鞑靼人等 130 多个民族组成。在哈萨克斯坦，主体民族是哈萨克人，它约占全国总人口的 53% 以上。俄罗斯人也占到哈萨克斯坦全国总人口的 30%。

在行政区划上，哈萨克斯坦目前设有 14 个州。现在，哈萨克斯坦的首都是阿斯塔纳。哈萨克斯坦目前实行总统制共和政体。它是独联体成员国之一。哈萨克斯坦的国庆日是 12 月 16 日。1992 年 1 月 3 日，哈萨克斯坦与我国建立了正式的大使级外交关系。

哈萨克斯坦自然资源丰富，已探明的矿藏有 90 多种。钨的储量占世界第一位，铀矿储量占世界第二位。以煤炭、石油、采矿和农牧业为主。由于前苏联时期采取所谓的"分工"制度，多年来一直是原料生产基地。**工业中除了矿业外，其他行业非常落后，大部分生产和生活用品都不能自给。**哈萨克斯坦的农牧业发达，拥有大量的农业用地。谷物占农业总产值的 2/3，主要种植区在北部，南部种植水果、蔬菜等。

哈萨克语为哈萨克斯坦国语。俄语是国家机关和地方自治机关使用的官方语言。目前，文字使用的是经改良的俄文字母。

哈萨克斯坦教育基础较好，全国基本无文盲，识字率达 99.8%。因为民族众多，哈萨克斯坦在中小学视情况分别使用不同语言授课。

阿拜（1845 ~ 1904）是哈萨克斯坦伟大的诗人、作曲家、哲学家、经典作家，被称为"哈萨克诗圣"。联合国教科文组织把他列入世界文化名人予以纪念。

哈萨克族是一个能歌善舞的民族，每逢节假日都会举行一些传统的文体活动，如跳舞、弹唱、对唱、踢毽、放风筝、猜谜等，还会举行摔跤、赛马、射箭、叼羊、马上角力等各种有传统特色的比赛。哈萨克斯坦人的主要宗教信仰是伊斯兰教，哈萨克斯坦的穆斯林多属于逊尼派，也有一定数量的人信奉东正教。

延伸阅读：

哈萨克斯坦的国旗、国徽与国歌

哈萨克斯坦的现用国旗启用于 1992 年 6 月 4 日，长宽比例为 2：1。蓝色旗面的中央是金色太阳和雄鹰图案，左侧边缘为哈萨克传统民族服饰上的金色花纹图案组成的竖条。蓝色表示天空，象征幸运、安宁、和平与统一；金色太阳和雄鹰象征爱、自由与哈萨克斯坦人民的愿望；民族服饰花纹图案展现哈萨克斯坦的文化传统和民族特色。

哈萨克斯坦的现用国徽为圆形，中央为哈萨克牧人住的毛毡圆顶帐篷，表现哈游牧民族的特色；两侧各有一匹长着尖角和翅膀的金色骏马，象征哈的历史传统和信念；顶端一颗金色的五角星映衬在太阳的光线中。底部的绶带上用哈萨克文书写着"哈萨克斯坦"。

哈萨克斯坦的现用国歌是《我的哈萨克斯坦》，是哈萨克斯坦政府于 2006 年新采用的。

2. 哈萨克斯坦的日常生活礼俗

◇ 服饰礼俗

在交际应酬之中，尤其是在对外交往中，哈萨克斯坦人大都穿着西装或者套裙。不过从式样上来讲，他们所穿的西装、套裙都较为传统、保守一些。

由于哈萨克斯坦地处高寒地带，冬天时间较长，气温较低，所以，牧民冬天都要穿皮衣。有的皮衣是用羊皮制成的，有的皮衣是用狐皮制成的。**男人一般穿衣有两种情况：一种是有外罩，一种是没有外罩的。**有外罩的皮上衣叫依什克，没有外罩的皮上衣叫托恩。外罩多用黑色的条绒布制作，托恩又宽又大又长，晚上可以当被子盖在身上。裤子用羊皮缝制，肥大，便于骑马。头上戴的帽子叫图马克，用狐皮或羊羔皮制成，两面有两个耳朵，后面还有个长尾巴，有四个棱角。脚穿长筒靴和毡袜，有时也穿包头低跟靴，便于狩猎。夏天，牧民们剃光头，穿布衣。内衣领高，绣花边，外套坎肩，有的还穿袷袢，即长襟大衣。裤子肥大，裤角有绣花纹。脚穿"皮窝子"，即生牛皮简易制作的。现在多为薄底鞋，并用裹脚布。腰里经常束一条带花纹的牛皮腰带。

哈萨克妇女的服饰种类多、式样多。未出嫁的女子常戴硬壳帽，帽子有上下沿，下大上小，帽顶绣花，插几根羽毛，还有珠子图案，这种叫塔合亚的帽子很特别，很流行。还有一种叫标尔克的帽子，是用绸缎或布或皮制作的图形帽子，顶处有绣花，还有彩珠、玛瑙、羽毛做装饰物。衣服多穿连衣裙，袖子上绣有花纹，下摆褶多，外穿袷袢，是坎肩式截袖。脚穿皮靴。

现在的年轻人外出时穿西服的逐渐多了起来。年轻妇女也多穿西服上衣和裙子，衣料质地都较高。

礼仪提醒

崇尚勇武的哈萨克斯坦人素有使用动物的毛皮来装扮自己的习惯。例如，有些哈萨克斯坦男孩子的衣扣是用鹰爪做成的，以期他将来像鹰一样勇敢。有的哈萨克斯坦女孩子的帽子顶上则插着猫头鹰的羽毛，表明她希望自己像猫头鹰一样机敏。

◇ 饮食礼俗

在哈萨克斯坦，不同的民族饮食习惯往往会有所不同。就一般而论，哈萨克斯坦人平日以肉食为主，面食为辅。除城里人之外，其他人极少会吃蔬菜。

哈萨克人以肉食、乳品、米面食为主。由于他们的畜牧业很发展，肉奶都很多。乳品种类很多，有酸奶子、甜奶、乳饼、奶皮子、酸奶疙瘩、奶酪等，味道鲜美，营养丰富。他们经常把奶子当作饮料，牛奶、羊奶、骆驼奶，还有驼奶酒、马奶酒，都是款待客人的上品。**日常生活中，常用的是奶茶、酥油茶。肉食以牛羊肉为主，做法比较简单，在庆典宴席上吃的是烤全羊。**日常生活中吃的是手抓肉，即把牛羊肉煮到半熟之后，拿出来用刀切削后，手抓着吃。还有一种叫熏肉，主要是为了保存时间长一点，便于过冬。

面食主要有馕、包尔萨克、油饼、面条、炒面、小麦渣子等。米食主要有手抓饭，"苏特包特哈"（用牛奶煮成的米饭）。还有一种招待客人的上品叫"吉尼特"，是用小米粉、酥油、红奶豆腐、砂糖等为原料而制作的。

哈萨克人经常是熬奶茶招待一般的客人，而对贵客或远道而来的客人往往是宰羊款待。在吃饭前还要饮茶、弹唱，有条件时还要起舞，肉做好后，净手、铺餐巾，用盘子把肉端来，把羊头、臀、肋条放在客人面前。客人要主动用刀切肉给在座的各位，次序是：先割一块羊腮肉敬给最老者，再割一块左耳给年龄最小的。然后将羊头双手奉还主人，表示谢意。最后，大家一齐动手进餐，但不能乱吃，羊肉按各部位分配：一般情况下，臀部的肉供客人吃，供老年人吃；小腿的肉和胸脯肉给女婿、媳妇吃，耳朵、舌头、心脏、肾脏给小孩吃。如果是有特别高贵的客人来，要宰杀一匹两岁的小马驹来款待贵宾，这是最高的礼仪。

延伸阅读：

哈萨克斯坦人的喜爱与禁忌

在色彩方面，哈萨克斯坦人最喜爱的是绿色。他们认为，绿色象征着积极向上，并且可以给人们带来吉祥和幸福。哈萨克斯坦人不喜欢的色彩，主要是被认为丧葬活动专用的黑色。

对于动物，哈萨克斯坦人有着自己的特殊眼光和品位。他们最喜欢的是猫头鹰。在他们看来，猫头鹰不仅仅是一种益鸟，而且还象征着坚定、勇敢和一往无前。在日常生活中，哈萨克斯坦人往往将猫头鹰的羽毛或图案作为珍贵之物，用来进行居所和服装的装饰。对于猪、狗及其皮毛制品或图案，哈萨克的穆斯林们都是非常忌讳的。

哈萨克斯坦人还有一个特殊的禁忌，即不允许用脚去踢羊，或是用脚去踩、踏动物和食盐。

当穆斯林做礼拜时，绝对禁止别人从其面前通过。

3. 哈萨克斯坦的社交礼仪

在人际交往中，哈萨克斯坦人极其重视讲文明，讲礼貌。

哈萨克斯坦是个极为重视文明礼貌的民族。**他们有这样一个信条："对长者要尊敬，对幼小要扶持，对友信要忠诚。"**所以，哈萨克斯坦人与朋友相见时，打招呼的习惯很有民族特色，即客人见到主人时，都要先问"牲畜平安"，然后再问"全家平安"。在社交场合与客人相见时，一般多以握手为礼，女人多施屈膝礼。路遇长者时，晚辈要右手按胸施30°鞠躬礼，并要说声祝愿的话，然后握手；若平辈相见，一般是直接握手，道好问安，握手后俯身互吻手背。亲朋好友间相见时，还常施吻礼；长幼相见时，幼辈要吻长者的手背；女人长幼间的相见，长者要吻幼辈的额头或眼睛。

哈萨克斯坦人在交往应酬中所采用的见面礼节，往往会因为交往对象的不同而有所不同。他们常用的见面礼节主要有以下几种。

其一，握手礼。它多用于正式的社交场合，并且多见于男子之间使用。

其二，亲吻礼。它一般使用于亲朋好友之间。性别不同、不同的人，亲吻的部位往往会有所变化。平辈人相互之间，往往互吻面颊。晚辈对于长辈，通常是亲吻手背，或者互吻面颊。长辈对于晚辈，则吻其前额或眼部为礼。

其三，注目礼。它是夫妻之间在大庭广众之前所采用的见面礼节。

其四，屈膝礼。在一般情况下，哈萨克斯坦妇女在行见面礼时，是不习惯直接与交往对象进行身体接触的。面对对方，欠身屈膝，便是她们所用最多的见面礼节。

其五，抚胸礼。遇到尊长或接待来宾时，哈萨克斯坦人的传统礼节，是右手按胸，躬身为30°左右施礼，口中讲出吉祥祝颂之语，然后再与对方相互握手。

需要指出的是，**哈萨克斯坦人在与他人相见的时候，有两个自己的独特做法。同他们打交道时，对此以心中有数为宜，免得对其产生误会。**

其一，哈萨克斯坦人在与别人见面或者交谈时，大都忌讳脱去帽子。在他们来看，在外人面前脱去帽子乃是不礼貌的行为。他们的这一独特礼节，被有人戏称为"戴帽礼"。

其二，哈萨克斯坦人在问候别人时，一般都是首先问候对方"牲畜平安"，接下来才会问候对方"全家平安"。他们之所以对牲畜重视有加，主要是由于过去牲畜与以游牧为生的他们息息相关。

当哈萨克斯坦人在场时，切勿用手指或棍棒对其指指点点，特别是不要用手指或棍棒对他们指指点点地清点人数。他们认为这是成心将人视作牲畜，是一种污辱人的表现。

同哈萨克斯坦人进行交谈时，切勿自作多情地当面称道对方的孩子和家中饲养的牲畜。在他们看来，这只会给他们的孩子和家中所饲养的牲畜带来厄运。与哈萨克斯坦人谈论前苏联问题、国内民族矛盾以及俄罗斯与哈萨克斯坦的特殊关系，都不受欢迎。

在哈萨克斯坦，人们历来讲究"右高左低"。因此，人们出门、进门要先迈右腿，服务、致礼要使用右手。就连穿衣服也要先伸右胳膊、右腿。用左手接触他人，则是被禁止的。

4. 哈萨克斯坦的婚姻礼俗

过去，哈萨克人的婚事由父母决定。现在，很多年轻人自由恋爱结婚。当男女双方决定了终身大事以后，按照他们的习惯，男方要向女方送订婚礼，女方要举行订婚仪式，仪式很隆重，要宰杀羊来待客，宰杀的羊不能是纯白色，最好选取红毛白头或黄毛白头的羊。之后要选择吉祥日子，女婿把聘礼要亲自送往女方家。这样男女双方就可以公开往来走动了。结婚仪式很特别，新郎在亲友陪同下去迎娶亲娘时，要牵一头牲畜交给新娘的父母，他们再将这头牲畜转交给另一家人，由这家人来款待客人。仪式进行中，要对唱、嬉闹一番，末了唱《劝嫁歌》，当新娘听到此歌后，就大声哭泣。新娘要离开时，先唱《告别歌》。迎亲队伍要把新娘送到事先准备好的邻居家或哥嫂家。**典礼开始后，新娘在伴娘的陪同下，到公婆毡房里举行拜火仪式，并由主持人祝词。**在这个过程中，有一个拿嫩枝的男人，即拿着彩色布条做成的马鞭，唱着《揭面纱歌》；新娘的婆婆把糖果、奶疙瘩、包尔萨克等食品混合而成的叫"沙修"的东西撒向来宾，新娘向亲戚、客人——行礼。最后把新娘的面纱揭开。全场起舞、歌唱，仪式达到高潮。

二、吉尔吉斯斯坦的礼仪

1. 吉尔吉斯斯坦概况

吉尔吉斯斯坦的正式名称是吉尔吉斯共和国。吉尔吉斯斯坦位于亚洲中部地区的东北部，它北部连接哈萨克斯坦，西部与乌兹别克斯坦相交，南部与塔吉克斯坦接壤，东南部则与中国交界。

公元 16 世纪吉尔吉斯人来到这里定居，17 世纪晚期遭准噶尔人入侵，19 世纪浩罕国在这里确立了统治权。1855 年和 1876 年沙皇俄国的军队战胜了浩罕国，把吉尔吉斯斯坦的领土并入俄国。1917 年俄国十月革命后，成为苏俄的突厥斯坦苏维埃社会主义自治共和国的一部分，1936 年成为前苏联的一个加盟共和国。1991 年宣布独立。

吉尔吉斯斯坦的自然地理条特殊，其城市化程度较低。多数城市都有丰富的旅游资源，该国政府也根据山地旅游业的特点，逐步将吉尔吉斯斯坦的山地旅游区建成"第二瑞士"。比什凯克（1991 年前"伏龙芝"）是吉尔吉斯斯坦共和首都，是政治、经济、交通、科技文化中心。该城始建于 1852 年。比什凯克位于阿拉套山脚下、楚河替地中央。四周群山环绕，雪峰依稀可见。**城市海拔高度为 750 米，属大陆性气候，四季分明，日照充分**。年平均温度约为 10℃。阿拉尔恰、陶拉金楚河大水渠流经市区。

吉尔吉斯斯坦目前的全国总人口为 506 多万，由吉尔吉斯人、乌兹别克人、俄罗斯人等 80 多个民族所构成。吉尔吉斯人是吉尔吉斯斯坦的主体民族。在全国总人口之中，吉尔吉斯族占 65% 左右，乌兹别克族占 14%，俄罗斯族则占 12.5%。

吉尔吉斯斯坦的主要宗教为伊斯兰教。吉尔吉斯斯坦人口的 70%，都信仰伊斯兰教，并且多数属于逊尼派。

吉尔吉斯斯坦是一个农牧业国家，主要的粮食作物是大麦、小麦，主要的经济作物是棉花、甜菜和烟叶。这里有世界上最大的核桃林，面积达 60 多万公顷。吉尔吉斯斯坦是中亚产煤最多的国家，被称为中亚的"煤仓"。2011 年国内生产总值达 59.2 亿美元。

延伸阅读：

吉尔吉斯斯坦的国旗、国徽与国歌

吉尔吉斯斯坦的现用国旗启用于 1992 年 3 月 3 日，长宽比例为 5：3。国旗为红色旗面，中央为放射光芒的金色太阳和吉尔吉斯游牧民族使用的圆形帐篷图案。红色是吉尔吉斯民族英雄马纳斯使用的旗帜颜色，象征勇敢；太阳象征和平与财富，太阳的四十道光芒代表吉尔吉斯斯坦的 40 个部落；描绘在太阳中的帐篷象征祖国与天地。

吉尔吉斯斯坦的现用国徽为圆形，中央为雄鹰、太阳、雪山和湖泊图案。雄鹰象征生活在高山上的吉尔吉斯人民慷慨宽宏的秉性、敏锐的洞察力和对世界美好的愿望；蓝色的湖泊象征自然之美、生命和能量之源。两侧环绕着棉花和麦穗。顶端和底部用吉尔吉斯文书写着国名。它是吉尔吉斯斯坦政府沿用的原苏联时代吉尔吉斯加盟共和国的标志。

吉尔吉斯斯坦的现用国歌是《吉尔吉斯斯坦共和国国歌》，启用于 1992 年。

2. 吉尔吉斯斯坦的日常生活礼俗

◇ 服饰礼俗

在吉尔吉斯斯坦，人们在日常生活中，尤其是在正式一些的交际应酬之中，都已经习惯于穿西装、套裙以及皮鞋。爱美的妇女，有时还爱穿各式各样的连衣裙。

然而在欢度各民族的传统节日，或是举行盛大的庆祝活动时，吉尔吉斯斯坦人也有穿着自己本民族服装的习惯。

吉尔吉斯族的男子，平日最爱穿羊皮袄、长袍子和牛皮软靴。该族的妇女，通常爱穿宽松肥大的连衣裙和灯笼裤，并且往往还外罩坎肩，再披上一件丝绒长袍。在长袍之外，还惯于系上一条开襟的绣花围裙。她们所穿的鞋子，大多也是牛皮软靴。在一般情况下，吉尔吉斯族人不分男女，都不喜欢让自己的头顶暴露在外。他们的方法，便是头戴帽子，并且天天如此。他们所戴的帽子，有毡帽、皮帽和绣花帽等。

乌孜别克族的民族服装则是：男子头戴绣花小帽，身穿短袖衫，下着宽裆裤，脚蹬大皮靴，外穿花条丝绸长袍，并在其外面系上彩色腰带。女子则多穿肥大带褶的连衣裙，下配灯笼裤，脚上穿皮靴或皮鞋。有时，她们还喜欢披上一块大披肩，或者加上一件坎肩或短上衣。

由于宗教信仰方面的原因，在吉尔吉斯斯坦，女性穿着过分暴露、过分短小、过分透明的服装，不仅会惹来非议，而且还会令一般人敬而远之。

吉尔吉斯斯坦人还认为，妇女绝对不应在他人面前撩裙而坐，那样的话，不但会露出大腿有碍观瞻，而且还有引诱男人和伤风败俗之嫌。

◇ 饮食礼俗

吉尔吉斯斯坦人长期以放牛、羊、马、骆驼等牲畜为主业，所以表现在食品上，他们常年吃肉较多，主要吃自己饲养放牧的羊肉和牛肉，马肉和骆驼肉比较少一些。此外，各种奶制品也很多。如各种鲜奶、酸奶、奶酪等。以前米、面食主要是在南方的农业区。现在，北方畜牧区也经常吃米吃面、吃蔬菜、水果，不过数量不多罢了。据说，吉尔吉斯斯坦人的特别饭菜是手抓肉丝面片，非常美味可口，客人很喜欢品尝。吃饭前必须洗干净双手，洗手时不用脸盆，而是用壶，即用壶浇着洗，和我们洗淋浴一样。如果是无人替你浇水，可以用一只手提壶倒水，另一只手五指紧紧靠拢卷屈，把水倒进去，一点一点地洗。

礼仪禁忌：

吉尔吉斯斯坦人忌食猪肉，忌食自死之物、动物的血和未诵安拉之名宰杀之物，忌饮酒。其他的人，一般不吃狗肉、驴肉、螺肉、海参、海蜇和乌贼。

3. 吉尔吉斯斯坦的社交礼仪

吉尔吉斯斯坦很多人从事牧业和农业，他们质朴、豪爽，待人热情大方。在一般公共场合里，多以握手为礼。当然，他们的握手礼有其特色，在一些特殊场合里，男人可以首先立正，然后右手抚胸低头握手；女士可以先立正，然后双手扣胸低头握手。其实，这是他们把本国的抚胸鞠躬礼和握手礼合二为一的结果。女士可以是双手抚胸躬身致意，也可以是拥抱、亲吻。男士也可以右手抚胸躬身致意。各种见面礼仪的实施，主要看在什么情况下、什么场合里，灵活应变为好，千万不可呆板僵硬。

在待人接物方面，吉尔吉斯斯坦人总的特点是耿直诚恳、爽快奔放、乐于交际、彬彬有礼。对于远道而来的客人，他们不论亲疏，一律都会热情相待，并且给予对方无微不至的关怀。

吉尔吉斯斯坦人在人际交往中，不管是迎来送往，还是会面告辞，都会主动向交往对象施礼，以示自己对对方敬重有加。与此同时，他们还必定会向对方致以亲切而友好的问候或祝愿。

就见面礼节而论，不同的民族往往又有各自不同的做法。吉尔吉斯族、乌孜别克族的人，在日常生活之中所用最多的是"抚胸礼"。在行礼时，他们要以右手按住自己的胸部，然后再向交往对象鞠躬为礼。只有在比较正规的社交活动中，他们才与别人相互握手，但是妇女大都不与外人握手。由于这两个民族的人多为穆斯林，因而他们在见面时往往会虔诚地祝颂交往对象："真主保佑你！"俄罗斯族的人，在与他人见面时通常都习惯握手为礼。倘如与亲朋好友相见，他们还喜欢热情地与对方拥抱并且亲吻。

礼仪习俗

吉尔吉斯斯坦人非常爱马，并且将其视为吉祥的象征。吉尔吉斯斯坦的乌兹别克人，则对狼极为崇拜。他们将狼视为神的化身，并且将它当作本民族的标志，而把自己看成狼的"善男信女"。成年的乌兹别克人往往怀揣狼牙、狼爪和狼尾，并且将其作为礼品赠送于人。

吉尔吉斯斯坦人大多信奉伊斯兰教，多属逊尼派。他们忌讳用手指点着别人说三道四，认为这是有意污辱人的举止；忌讳用左手传递东西或食物，认为左手是肮脏的，用左手是无礼的表示；忌讳当众挖鼻孔、掏耳朵、剔牙等举动，认为这些都是令人作呕和不礼貌的举止；忌讳黑色，认为黑色是死亡和丧葬的色彩；忌讳送花，更忌送单数，认为送单数是不吉利的表示。

4. 吉尔吉斯斯坦的节庆礼仪

吉尔吉斯斯坦人大多数信仰伊斯兰教，所以，他们的很多习俗都与伊斯兰教有关，例如，古尔邦节、肉孜节、开斋节等都是宗教的习俗节日，每年都有，每节都很隆重。吉尔吉斯斯坦人比较有特色的风俗主要有每年的牧羊节、丰收节，各种娱乐活动，特别像"撵姑娘比赛"、"双骑对抢"、"骑马抢羊"等既有体育比赛的性质，又是游戏。**每到节日时，都有这些活动，高手云集，场面宏大，观众很多，人们很是喜欢。**

5. 吉尔吉斯斯坦的婚丧礼仪

吉尔吉斯斯坦人过去的婚姻主要靠父母主管，即父母包办成婚，也有男方选好对象后，再去正式提亲的，这种情况比较少。还有一种情况是通过"撵姑娘比赛"，姑娘的骑术高超，比赛中胜过撵她的小伙子，她就可以将不满意的婚姻退掉。这在现实中是很少见的。

吉尔吉斯斯坦人的丧事按伊斯兰教的丧礼进行，一些有影响、有声望的人死后，经过净身后，要将其尸体盖上写有《古兰经》的布，以示标志。一般的人死后，就用不着盖这个了，只用白布裹住尸体，装入棺木，送到清真寺，由阿訇主持仪式，此仪式叫送魂归真主仪典。仪式结束后，送往公墓，途中阿訇要不断地在前面诵读《古兰经》，以示引导，送葬者随声附和，或读或唱或哭，直至公墓。最后的仪式是，亲友围成一个半圆圈，跪在地上，随阿訇一起诵《古兰经》中的某一特有章节，表示向死者作最后的告别。其他帮忙的人将尸体从棺中取出放入挖好的墓室里，再用土块砌住门。这时，阿訇先往墓坟里填土，接着亲友填土，最后，由其他人把墓坑填满土，并垒出一个坟头来。最后阿訇领众亲友围绕坟头走一圈，以示怀念和记住此地。

三、 塔吉克斯坦的礼仪

1. 塔吉克斯坦概况

塔吉克斯坦的正式国名为塔吉克斯坦共和国。它位于中亚地区的东南部，西北部和西部与乌兹别克斯坦相连，南部与阿富汗交界，北部和东部则分别同吉尔吉斯斯坦和中国接壤。

塔吉克斯坦位于中亚帕米尔高原的西侧，**境内 90% 以上是山地，因此有"高山国"之称，无海拔低于 500 米的地区，其中 1/2 地区海拔在 3000 米以上。**北部的费尔干纳盆地西缘、西南部的吉萨尔谷地和瓦赫什谷地地势较低，东南部是帕米尔高原。帕米尔的西部是高山和峡谷，索莫尼峰海拔 7495 米，是塔吉克斯坦的最高峰。

塔吉克族形成于 9 ~ 10 世纪，曾被波斯、叙利亚、希腊、蒙古、阿拉伯和俄罗斯统治。十月革命后，塔吉克斯坦成为前苏联的一个自治共和国。1991 年独立。

延伸阅读：

塔吉克斯坦的国旗、国徽与国歌

塔吉克斯坦的现用国旗启用于 1992 年 11 月 24 日，长宽比例为 2 : 1。国旗自上而下由红、白、绿三个长方形组成，白色部分中央为一顶金色王冠和七颗金色五角星图案。红色象征国家统一及与世界各国的友谊，白色代表塔最主要的经济作物棉花和高山冰雪的颜色，绿色象征谷地和农业生产；王冠和环绕的七颗五角星象征国家主权和各阶层牢不可破的团结。

塔吉克斯坦的现用国徽为圆形，中央为象征国家主权和团结的王冠和五角星图案，下方是高山之巅的太阳，照耀着雪峰。左右两侧分别是用国旗颜色的彩带束扎的棉花和麦穗，底部有一本平放的打开的书。

塔吉克斯坦的现用国歌是《塔吉克斯坦共和国国歌》。

塔吉克斯坦的全国总人口目前约为 637 多万，主要民族有塔吉克族、乌兹别克族、俄罗斯族、吉尔吉斯族等。塔吉克族是塔吉克的主体民族，它的总人口约占全国总人口的 70.5%。而乌兹别克族的总人数，也占到该国总人口的 26.5%。

塔吉克斯坦的主要宗教是伊斯兰教，其全国总人口的绝大多数都信奉伊斯兰教，并且大部分人属于逊尼派。

塔吉克斯坦的国语是塔吉克语。俄语为族际交流语言。

塔吉克斯坦是一个农业国家，2/3 的人口居住在农村。主要的农作物是棉花，40% 的可耕地种植棉花，依靠人工灌溉。粮食作物主要是小麦，分布在不能进行灌溉的地区。从 20 世纪 30 年代开始推行工业化，水力发电较发达。努列克水电站是中亚最大的水电站。

2. 塔吉克斯坦的日常生活礼俗

◇ 服饰礼俗

在一般情况下，塔吉克斯坦人在比较正式的场合都喜欢穿着式样保守、色彩偏深的西装或套裙。故在访问塔吉克斯坦时，宜在正式场合穿着式样保守一些的服装。在参拜清真寺时，尤需注意此点，并且进门前要脱鞋。

每逢节日庆典，或者是迎送嘉宾之际，塔吉克人也会穿上其传统的民族服装。平时，除乡村外，城里人已很少这么做了。

塔吉克斯坦人在日常生活中所穿的民族服装，具有自己的民族特色。

男子往往上着宽松肥大的白衬衣，下穿灯笼裤，外罩长袍，腰系又宽又长的花腰带，并且头戴绣花小帽，脚穿软皮鞋。

女子则大半都会上穿长衬衣，下穿裙子或灯笼裤，腰系花纹腰带，脚蹬软皮鞋，头戴圆形的绣花小帽。在外出之时，她们还会披上一块大而长的披肩。在一般情况下，少女的披肩多为黄色，新娘的披巾多为红色，而中老年妇女的披肩则多为白色。此外，塔吉克斯坦妇女还非常喜欢佩戴各种珠宝饰物。

塔吉克斯坦人在交际场合不但爱戴帽子，而且在戴帽子方面还有自己的一个特殊讲究。即：在问候他人或与其进行交谈时，塔吉克斯坦人不讲究"脱帽为礼"。相反，他们认为在此时此刻依旧头戴帽子，才是有礼貌的表示。

◇ 饮食礼俗

塔吉克斯坦地处高山，牧业较多，肉食和奶类丰富，他们吃的肉和奶很多。尤其是奶制品的种类很多，如经常食用的奶疙瘩、奶皮子、奶酪、奶茶、鲜奶、酸奶、酥油、奶煮米饭、奶煮烤饼、奶子面、加酥油的酱等。肉食主要吃羊肉、牛肉、手抓肉、青羊肉汤。用面粉做成的馕、面条、糊糊，还有大米粥、手抓饭都常吃。杏子酱很有特色，是招待客人的上等品。如有客人到家，不管认识不认识都用好饭招待。如果客人要住宿，就安排好一切住宿条件，使客人满意。**吃饭完以后，餐具没有收拾完，主人没有离开前，客人不能随便起身走动。**

3. 塔吉克斯坦的社交礼仪

塔吉克斯坦人好客、讲礼，根据不同对象以不同的礼仪形式，例如，亲朋好友相互见面时，就用握手礼；不相识的人们相互见面后，就用举双手大拇指，以互助、称赞、帮助、支持等含义致礼；夫妻相见，妻子要吻丈夫的手掌，以示亲热、想念之意；晚辈见到长辈，晚辈一定要尊尊敬敬地先问好，然后躬身捧起长辈的右手吻手背，长辈亲摸晚辈的头顶，或亲吻面额；如果是晚辈骑马，见到长辈就要立刻下马问好，如上述次序施行礼仪。在日常生活里，男士也常以右手抚胸鞠躬施礼；妇女则常常用双手置胸抱状躬身施礼的。

在一般性的交际应酬中，特别是在对外交往中，塔吉克斯坦人大都会以握手作为见面礼节。

亲朋好友相见之时，塔吉克斯坦人也惯于彼此握手。但是在相互握手之后，他们还会使用一些附加的、表示亲密关系的礼节。比如，男性在握手之后往往互吻对方的右手手背，女性在握手之后则大都彼此拥抱亲吻。

在迎接宾客时，塔吉克斯坦人一般会采用其传统的见面礼节——"抚胸礼"。在行礼时，男子要先用右手按住自己的胸部，然后再向来宾躬礼致敬；女子则需同时以双手按在自己胸前，然后再躬身向宾客施礼。

在人际交往中，塔吉克斯坦人有两处极具特色。

其一，塔吉克斯坦人对长辈倍加尊重。**在公众场合，晚辈若见到长辈，均应首先上前去问候长辈，并且主动先向长辈行礼。**

其二，塔吉克斯坦人极为好客。塔吉克人极为纯朴、热情，即使遇到了不相识的人，他们往往也会主动问候对方，或者致意。

延伸阅读：

塔吉克斯坦人的喜爱与禁忌

塔吉克斯坦人一般都很喜欢绿色与白色。在他们看来，前者代表美好与幸福，而后者则是纯正洁净的化身。

对塔吉克斯坦人而言，象征着勇敢与坚强的鹰乃是动物界的英雄。在该国民间，鹰受到许多人的崇拜。

往昔以游牧为生的塔吉克斯坦人，在其日常生活之中，与牲畜有关的许多方方面面，都有一定的讲究。在塔吉克斯坦，羊在产羔时，通常禁忌观看。用脚踢羊，亦为大忌。骑马穿过羊群，或是骑马接近塔吉克斯坦人的羊圈，都是对塔吉克斯坦人失敬的行为。

用脚踢、踩食盐与食物，在塔吉克斯坦是颇为犯忌的事。

与其打交道时，勿以左手接触对方，或是对对方指指点点。在交谈时，提及其国内政治危机、民族矛盾、宗教冲突及塔俄关系、边界问题都会令塔吉克斯坦人不快。

4. 塔吉克斯坦的节庆礼仪

塔吉克斯坦的传统节日除伊斯兰教的节日之外，还有迄脱乞迪尔节。

每年 3 月举行，家家户户要清扫庭院房屋，人们穿上节日的盛装像拜年一样热闹，人们互相到各家里去拜节，妇女专门等候在大门口，凡是来客都要在左肩上撒白粉。各家都事先准备好抓饭、抓肉、奶子面、青羊肉汤等好吃的，来客可以随便食用，互致问候。这时往往都有各种比赛活动，如赛马、摔跤、叼羊、马球等。

5. 塔吉克斯坦的婚姻习俗

塔吉克斯坦人的婚姻过去是父母包办，在族内成亲，亲戚间的姻亲很多。在习惯上，首先男方家请媒人到女方家提亲，如果女方家同意，就可以举行订婚仪式。在订婚仪式上，男方要送订婚礼物，如衣物、布匹、牲畜、钱等。订婚后再商量结婚时间。传统的结婚典礼很隆重，前后要进行几天。一般情况下，第一天，男方女方各自在家招待来庆祝的宾客，形式多样，或歌或舞。第二天，要在男方家举行叼羊比赛，或其他的比赛活动。比赛结束后，骑手们争抢进新郎家门，谁第一个进入为胜利者，新郎家要给予奖励，或布匹、或衣物、或钱、或其他东西。第二天女方家也有各种娱乐活动。第三天，新郎要在小房子里盖上厚被子，全身发出汗来，然后举行仪式，向亲友来宾致意，过去是磕头，受者要给钱。新郎要把头剃光，下午带上亲友去女方家接亲。到了女方家时，先要在马上喝一碗酥油牛奶，然后下马，还要往众来者身上撒白粉。新娘与母亲吻别，吻父亲的右手掌心。**一双新人同骑一匹马到新郎家，在马上新娘也要喝一碗酥油奶，然后下马，入洞房。**婚后第三天举行揭面纱仪式，到时新娘家要来好多乡亲好友，新郎家要盛宴款待。由阿訇主持揭开面纱。第四天，新娘就可以干家务杂活了、或做饭、或打扫庭院等。一星期以后，新娘就可以自由出入，到处都可以去了。

第 十二 章

南亚有关国家的礼仪

南亚各国位于亚洲南部。孟加拉、尼伯尔是位于南亚次大陆与印度相邻的国家,斯里兰卡是位于印度洋上的岛国。南亚各国由于受地理环境的影响,有的属热带雨林气候,有的则属寒带高原气候。不同国家有不同的民族文化传统,其礼仪习俗也是各具特色。在与南亚各国的交往中,首先应当了解当地的文化传统和礼仪禁忌,入乡随俗,和睦相处,不做违犯禁忌的不文明事情。

一、斯里兰卡的礼仪

1. 斯里兰卡概况

斯里兰卡民主社会主义共和国，简称斯里兰卡。"斯里兰卡"在僧伽罗语中，为"乐土"或"光明富饶的土地"的意思。"兰卡"在梵文中为"岛屿"之意。故"斯里兰卡"又可说是"光明之岛"或"辉煌之岛"。

斯里兰卡原称锡兰，公元前504年印度迁移到锡兰的雅利安人建立了僧伽罗王朝。公元前3世纪佛教成为锡兰的国教。3世纪，锡兰开始遭受外族统治。15世纪，锡兰分裂为一些小王国。16世纪，葡萄牙控制了这个岛屿的大部分地区，后来荷兰取代了葡萄牙。1795年英国又取代荷兰成为锡兰的殖民者。1948年获得独立，定国名锡兰，成为英国的一个自治领。1972年改国名为斯里兰卡共和国。1978年改称为斯里兰卡民主社会主义共和国。

斯里兰卡位于印度半岛南面的印度洋上，地形以平原为主，约占国土的80%。**斯里兰卡中部、南部为高原山地，河流以中央高地为中心，呈辐射状分布。**境内有多条运河和湖泊，北部属热带草原气候，南部属热带雨林气候，年平均气温27℃，年降水量由东北向西南从1000毫米递增至2500毫米。在斯里兰卡，僧伽罗语、泰米尔语同为官方语言和全国语言，上层社会通用英语。

僧伽罗语和泰米尔语为主要语言，上层通用英语。

居民主要有僧伽罗族、泰米尔族、摩尔族等。**居民76%信奉佛教，其他信印度教、伊斯兰教、基督教等。**斯里兰卡的首都科伦坡是斯里兰卡的第一大城，位于西南海岸，克拉尼河以南。科伦坡在僧伽罗语为"海的天堂"之意。城市历史悠久，早在8世纪，阿拉伯人在此筑屋定居，当时称"科兰巴"（"港口和芒果树"之意）。后葡萄牙人译为"科伦坡"，国家独立后定为首都。

科伦坡地处海滨，气候宜人，高温而无酷暑。市内的街道上到处栽有被称为国树的铁木树和国花的睡莲，更多的是直耸云霄的椰子树，还有许多奇特的树，如"雨树"，它是一种傍晚树叶吸收水分，等到太阳东升后，叶子伸展，水就像雨滴似的洒给树下的植物。这里还是乌鸦（斯里兰卡人称为"神鸟"）的天堂，在市内空中盘旋，遮天蔽日，叫声震耳欲聋。

斯里兰卡是一个以种植园经济为主的农业国家，种植园经济和小农经济并存。大量出口茶叶、橡胶和椰子。

斯里兰卡29%的土地是可耕地，其中12%的土地生产茶叶，茶叶占其总出口的20%。还盛产橡胶和椰子。水稻是主要的粮食作物。工业比较落后，2009年工业产值占国内生产总值的28.6%。政府控制着最主要的工业部门，如钢铁、水泥、纺织、服装、食品、饮料、造纸、化工等。2013年国内生产总值606.95亿美元，人均国内生产总值为3011美元。

延伸阅读：
斯里兰卡的国旗、国徽与国歌

斯里兰卡的国旗四边由黄条围绕。左侧有竖直的绿色和橙色两个长方形。右侧是咖啡色长方形，中央有一执刀金狮，四角各有一片菩提树叶。菩提树叶代表佛教，执战刀的狮子意指斯里兰卡的古称"狮子国"，也象征刚强和勇敢。咖啡色代表僧伽罗族，橙色和绿色代表其他少数民族。黄色边框象征人民追求光明和幸福。

斯里兰卡的国徽是狮子周围的16个莲花瓣和两穗稻谷，象征吉祥丰收，两侧的太阳和月亮象征永恒，顶部的佛教法轮代表宗教信仰。

斯里兰卡的国歌是《顶礼，顶礼，母亲》。

2. 斯里兰卡的日常生活礼俗

◇ 服饰礼俗

在穿着方面，斯里兰卡人的传统服装为：男子穿纱笼，女子着纱丽。由于地处热带，所以，男士一年四季上身穿白色短衫，下身则是纱笼。女士们一般都是上穿短袖淡色服，下着彩色纱丽。不论男女老少都喜欢在服装上或缀或挂有各种装饰物，并附各种寓意，如避邪、护身、健康之类。

◇ 饮食礼俗

斯里兰卡人吃的主食以大米为最，其次是白面、玉米、薯类、各种蔬菜和瓜果。传统饮食中的煮稻很有特色，就是把大米放在瓦罐里煮，煮熟后可以晒干，随吃随取，长期不坏。"吉利奶饭"就是把大米用椰子汁煮，如同牛奶米饭一般，是喜庆和迎客的礼品餐。**吃饭时，同时摆放一碗清水和一碗凉开水，清水洗手，凉开水代汤喝。**如果客人不喜欢喝凉开水时，可以用手指轻轻碰一下碗以示谢意。

斯里兰卡人以喝茶为最，每日不离茶，特别喜爱喝红茶。买茶时以味道论价，由此可见他们对茶的深刻了解。他们的四大宝就是：茶叶、橡胶、椰子、宝石。所以，茶对他们来说不仅自己喝，还要大量出口，换来大量外汇，虽然出产的茶仅次于印度和中国，但出口量可是第一，从种植、采摘、加工、包装、运输、出售一条龙，从事茶行业的劳动力有100多万人，真是"绿色金子"。

3. 斯里兰卡的社交礼仪

斯里兰卡的绝大多数人信仰佛教，他们把僧人视为至高无上，所以，不论什么人，只要见到僧人都要顶礼膜拜，恭恭敬敬。特别要注意的一点是，同僧人相处时，一定要使自己的位置低于僧人所处的位置，尤其是自己的头绝对不能高于僧人的头，而是要千方百计使自己的头低于僧人的头，即使总统或总理也要遵守这一规矩。

　　斯里兰卡人礼貌待人，即使不认识的人，相见以后都要报以微笑，如果是认识的人，相见以后一定要问好，互致问候。如果是晚辈见了长辈，或者见到很亲热的相识后，就要一边问候，一边行合掌礼，具体做法是：双手掌合于胸前，头微低下，身子微欠。

　　僧伽罗人的重要礼仪是五体投地礼和摸脚礼：前者是对佛教长者或父母的，具体做法是：双膝跪地，双手撑地，前额贴地。中国人叫作磕响头。后者是晚辈对长辈，或者信徒对僧侣在行跪拜礼时，要同时触摸一下对方的脚背。

　　此外，他们还有一些独特的礼仪。如：**表示"肯定答复或同意"时，一般都微微摇摇头；表示"否定答复或不同意"时，则要使劲地摇头；表示"非常赞同"、"十分明白"时，要点点头**。又如：在举行奠基、店铺开张或宗教典礼时，他们一般都乐于请贵宾划火柴，把一根根灯芯点燃，以表示庆祝，点燃的油灯则象征着事业的繁荣和生活幸福。他们还十分喜爱"兰花"，尊其为国花并视为友谊的象征。人们常将兰花扎成花环，把它敬献给客人，然后送上一份酱叶，以表达盛情欢迎之意；对狮子极为崇拜，认为其象征着勇敢、威严和力量，所以国旗中饰有狮子的形象；喜欢黑尾原鸡，认为它给人们带来了美好与幸福，并尊其为国鸟；普遍对大象怀有极好的感情，认为其为人们带来了吉祥，所以对其备加爱护，并时常为其打扮与装饰，甚至争相媲美。斯里兰卡佛教徒的见面礼节是施合掌礼，通常还要说一句"阿尤宝温"（意为美好的祝愿）。当对方施合掌礼时，客人也一定要还之以同样的礼节。僧伽罗人中最重的礼节莫过于"五体投地礼"（用双膝、双手和前额均贴于地）。这一般用于大场合，对佛教长老或父母施；受礼者则以右手抚摸施礼者的头顶，以示祝福。

　　礼仪提醒　　"摸脚"也是僧伽罗人的一种传统礼仪，即晚辈给长辈或信徒给僧侣施跪拜礼时，要摸一下受礼者的脚背，以示尊敬。受外国人的影响，目前斯里兰卡人也逐渐流行握手礼，加上当地受英国影响深刻，所以适用英国式的问候，多以对方的头衔相称。

在斯蛙兰卡，**来访者应注意不同种姓阶层所恪守的宗教方面的种种制约，特别是在食品方面。**此外，事先约会是必要的，遵守时刻则是合乎礼貌的。

4. 斯里兰卡的商务礼仪

由于斯里兰卡地处印度洋的中部，所以交通十分便利，外国的航船每天络绎不绝，有的停靠，有的加油，有的上货，有的卸货，有的路过，这就促使了商业的发展，外贸的兴旺。他们很重视商务交往，就是平时也是很重视的。如果在那里购物。早上第一个顾客无论到哪个商店里去，不论东西贵贱，或有没有合适的，都要买一点为吉利，否则，商店认为今天遇到了邪气，不仅要赶你出门而且向门外泼水，以示驱邪避恶。**售货员每天收到第一个顾客的货款时，要亲吻一下钱币，表示十分珍爱。**

5. 斯里兰卡的节庆礼仪

斯里兰卡的节日特别多，全国性的较大节日有新年，每年的 4 月 13 日是僧伽罗族和泰来尔族的共同节日，是他们的春季之首，人人十分重视，宰牛羊，制作各种好吃的食品，购买年货。在此之前，家家户户打扫卫生，送旧迎新，更换灶神。**新旧年交替的一小时左右为"凶期"，停止一切活动，人们或待在家里，或到寺庙去听经守戒。**凶期一过，一切活动照常进行。新年时，人们相互拜年，互祝幸福，向长辈、亲友拜年，去寺庙拜佛，送供品、诵经文、听僧侣讲经等。特别是一些人借新年吉利之日，消除平时产生的矛盾、隔阂，相互谅解，礼尚往来。过年要吃一些好东西是惯例，如用米粉、蜂蜜、红糖、椰汁等原料做成的米汁饭，椰奶煮成的米饭都不可少。

康提佛牙节也很隆重，每年 7～8 月间，全国举行盛大游行。每年 11 月 3 日的灯节，是释迦牟尼诞生节，各地佛旗高挂，张灯结彩，施舍行善，斋棚林立，免费供食。还有卡德罗伽摩节、普桑节、泰来尔丰收节、大象节、湿婆神节、泰来尔灯节、伊斯兰开斋节、母神节、母牛节、树神节、水神节、蛇神节等。

斯里兰卡最炎热的盛夏过后，从 8 月中旬起，在一些大中城市，就开始了蔚为壮观的大象游行。**大象游行队伍，小型的有二三十头，大型的多达百余头，很具规模。**

每年 8 月 23 日这天，是这项活动的高潮之日。火红的太阳刚刚落山，身着节日盛装的男女老幼就陆续聚集在大街两旁，像欢迎贵宾一样等待着群象的来临。**晚上 9 时许，大街上灯火辉煌，鼓乐齐鸣，盛大的大象游行队伍缓缓走过来了。**

大象游行队伍先导是 12 人组成的鼓乐队，他们吹奏着欢快热烈的民族乐曲。后面跟着 24 人的舞蹈队，舞蹈演员穿着古典民族服装，随着乐曲的旋律，跳着姿势优美的传统的康堤舞。然后才是雄壮华丽的大象队伍，它们按着乐曲的节拍，步伐整齐地缓缓前进。

每只大象从头到尾都披锦绣、佩金饰，装扮得非常华丽。特别是为首的大象，全身披挂着镀金或镶银的金属制成的高级手工艺品，在辉煌的灯光照耀下，金光闪闪。它背上驮着斯里兰卡的国宝——佛牙塔，走起路来神气十足。后面，百余头大象的背上各驮着一个身穿古典民族服装的人。他们有的打扮成国王，身上披金戴玉，俨然一副神圣不可侵犯的架势；有的化装成武士，盔甲闪闪发光，威风凛凛。他们在大象背上，根据自己扮演的角色，随着优美的音乐旋律，进行精彩的艺术表演。有些观众看到这种欢快而具有民族特色的活动，也情不自禁地随着乐曲声跳跃欢呼。

大象游行结束了，但那华丽动人的情景给人们留下了美好的回忆。

6. 斯里兰卡的婚姻习俗

斯里兰卡在传统上，曾盛行一妻多夫制，一般情况是，最早结合的一男一女要举行结婚仪式，组成家庭，以后的若干个丈夫陆续进入这个家庭，不再举行婚礼，每个丈夫的权利都是一样的、平等的。一妻多夫的家庭，每个丈夫都有自己单独的卧室，都是自由的、随意的，但男人们不能随便相互进入卧室。**家里由妻子主事，妻子可以把不听话的任何一个丈夫赶出家门。所生孩子，只知其母。**

占斯里兰卡人口74%的僧伽罗人的婚俗，一般是先由男方请媒人去女方家中说亲，互换庚帖。如女方同意，由男方确定婚期。有条件的男女双方还要在这时互换戒指为信物。

到了选定的婚期，新郎走进屋时，由新娘的小弟为他洗足，或是在鞋上洒几滴水，新郎这时则应向为他洗足的内弟赠送一枚戒指。然后新郎走过一段铺有白布的地面，将带来的礼品放在白布上。随后，新郎向新娘献花，一起登上"波鲁瓦"结婚礼台。礼台四角插四棵芭蕉树，摆放着各种喜庆的器物，来宾们站在四周，把新郎、新娘围在中间。

婚礼开始时，新郎庄重地把一块花布和一个鱼形发卡赠给新娘，新娘接到这两件东西后，先转一圈，然后把花布围在腰间。**再把发卡戴在头上，这就意味着自己已经嫁人为妻了。**随后，新娘的舅舅或新郎的叔叔用一根丝线把新郎新娘的大拇指缠在一起，打一个"同心结"，用火柴把丝线点燃后再从事先准备好的铜罐里舀出一碗清水将火浇熄，意味着这对新人心连着心，经历了水与火的考验，白头到老，永不变心。线解开后，会有人摔破一颗椰子，椰汁四溅，象征着吉祥如意，幸福美满。

二、孟加拉国的礼仪

1. 孟加拉国概况

孟加拉即由古代"孟加人"加上"拉"（"阿里"的变音）组成。据说占古孟人的统治者，在其故乡低洼地区建起许多高又宽的护堤，而其在梵文里亦称为"阿里"。孟加拉国曾数次建立独立国家，版图一度包括现印度西孟加拉、比哈尔等邦。18世纪后半叶沦为英国殖民地。1947年印、巴分治，孟被分为东、西两部分，西部划归印度，东部成为东巴基斯坦。**1971年东巴宣布独立。1972年正式成立孟加拉人民共和国。**

孟加拉国位于南亚次大陆东北部恒河和布拉马普特拉河三角洲上，境内河道纵横交错，地形全是低平的冲积平原，经常遭受水灾。孟加拉国土壤肥沃，是南亚次大陆物产最丰富的地区之一。属亚热带季风气候，湿热多雨。

孟加拉国境内约有 20 个民族，其中绝大多数是孟加拉人。首都是达卡，货币为"塔卡"。孟加拉语为国语，通用英语。

孟加拉国的粮食生产以水稻为主。最重要的经济作物是黄麻，黄麻产量占世界总产量的 75% ~ 80%，有"黄麻之国"的称号。2013 年国内生产总值 1410.88 亿美元，人均国内生产总值 801.28 美元。

2. 孟加拉国的日常生活礼俗

◇ 服饰礼俗

由于孟加拉国地处热带，雨季长达好几个月，且温度很高，再加上此地水资源丰富，江河湖泊到处都是，所以经常湿热难耐。为了适应这种气候，他们很多以棉布为主要服装面料。在城市，已婚女士多穿纱丽，未婚姑娘多穿上衣和长裤。男士上班穿衬衣、长裤；在家会客时穿套装；在公共场所，特别是商务会谈或官方的活动中，都要西装革履。农村妇女，不论结婚与否，一般都穿纱丽。当然，在公共场合或有客人时，穿的纱丽更讲究一些，又新鲜又美观。

◇ 饮食礼俗

孟加拉国人在饮食上讲究菜肴的色味。注重菜肴品种多样，一般口味喜欢咸，爱辛辣味，偏爱用涮、烩、煎、炸等烹调方法制作的菜肴。以米饭为主，也爱吃甜点心等；爱吃牛肉、羊肉、猪肉、鱼肉、鸡肉、鸭肉、鹿肉、青蛙肉、螃蟹、蛋类，蔬菜喜欢青椒、土豆、豌豆、黄瓜、西红柿、竹笋等；调料爱用咖喱、胡椒粉、番茄酱、糖、味精等。

孟加拉查克玛人多以米饭为主食，副食为鱼肉和蔬菜。他们除了食用鸡肉、牛羊肉、鹿肉、青蛙肉、螃蟹外，猪肉也是他们常用的肉食（因其非信仰伊斯兰教），竹笋更是查克玛人十分喜爱的食品。

除在社会场合有时使用刀叉外，当地人一般都惯于用手抓食取饭。

3. 孟加拉国的社交礼仪

孟加拉国人有87%信仰伊斯兰教，他们很虔诚，每个人的名字第一部分都是伊斯兰教的创始人穆罕默德，第二部分才是本名，第三部分为姓。一般熟悉的或相识的人互相称谓时，只称本名；在不相识或在公共场合下，可以把男士称先生，把女士称小姐或夫人。与孟加拉国的男士相见或有人介绍时，应该与对方握手，并要说"祝您平安"之类的话语。男人与异性间一般不握手，多以点头为礼。如果是印度血统的人，则施以合十礼，施礼的方式是双手合十在额头与胸部之间的位置，再稍低头，表示尊敬。

孟加拉国社会风气很好，对老年人很尊敬。年轻人见到老年人或长辈时，必须恭恭敬敬，具体做法是低头，并把右手置于额部。如果晚辈要与长辈告别，或要从长辈座位前通过。就要把腰弯下，并把右臂伸直。这是他们的一种重要礼仪。在很郑重的情况下，如第一次见到长辈或久别重逢或要出远门时，都要施行触脚礼，具体做法是：**晚辈弯腰或跪倒。用双手触摸长辈的脚面，然后再吻一下自己的手指。**

与孟加拉国人交往时，他们常以摇头表示礼貌，向左摇头是尊重或肯定，点头是表示否定、不赞成。

礼仪提醒

孟加拉国人大多信奉伊斯兰教，只有少部分人信奉印度教、佛教、基督教。孟加拉国的伊斯兰教徒恪守禁酒的教规，也禁食猪肉和使用猪制品，还忌讳谈论有关猪的话题。

他们忌讳有人拍打他们的后背，否则认为是一种极不礼貌和不尊重人的表现；忌讳左手传递东西或食物；忌讳翘拇指这个手势，视其为不礼貌的举止。

4. 孟加拉国的旅游习俗

孟加拉国旅游资源丰富，有很多独特的景致使旅游者流连忘返，例如科克斯巴扎尔海滩有 120 公里长，与海滩平行的是丘陵，又宽又长无鲨鱼，特别的美丽，丘陵地带里是茂密的热带森林。松达班里野生动物保护区，有孟加拉虎、鹿、野猪等很多种动物，林深沼密，水道纵横。兰伽玛蒂有部族博物馆、有宫殿、有手工艺中心，还有卡普台湖，周围的山上居住着很多少数民族，生活丰富多彩。巴合尔哈特是著名的历史古城，城里有很多伊斯兰式的宗教建筑，市政设施完备，没有任何防御工事，已列为世界遗产。田比诃罗遗址是大乘佛教发源地，建筑恢宏，有很多雕刻，寺庙结构简朴、和谐，也进入世界遗产名录。锡尔赫特出产名茶叶，有 150 多个茶园，产量很高，也是旅游观光的好地方。

首都达卡有著名的拉尔巴格古城堡，附近还有尖塔清真寺沙伊斯塔，巴拉·卡特拉王宫是一座巨大雄伟的建筑，是莫卧尔王朝时的杰作，还有 1000 多座清真寺。吉大港是孟加拉国的门户，清真寺也很多，还有苏丹王的墓庙等。在孟加拉国旅游时，要特别注意遵守伊斯兰教的礼仪和规矩，否则，会招惹麻烦。

5. 孟加拉国的节庆礼仪

孟加拉国除了宗教节日之外，全国性的节日有国庆节，在每年的 3 月 26 日。孟历新年约在每年的 3~4 月。宗教节日主要是伊斯兰教的开斋节，全国放假 3 天，亲戚好友欢聚一堂，有的互相送新米，有的相互送水果，有的互赠礼物，每年都很隆重。**宰牲节也是很重要的一个节日，家家户户宰羊杀牛，为穷人施舍，邻里互助，好不热闹。**印度教的德赛节也很盛大隆重。

6. 孟加拉国的婚丧礼仪

在婚俗方面，孟加拉国新人的婚礼有着穆斯林国家的共性，但又有着自己的特色。首先，男方是由家长或亲戚做主选择好新娘候选人，然后才有资格去看女方究竟是什么模样，并与对方交谈。如果双方定了婚期后，男方亲友首先要选择一个好日子，去准新娘家问候、祝福，讨回一点象征吉利的姜黄（产于孟加拉国、印度等地的多年生草本植物）。接着，女方亲友也得如此行事。婚礼仪式上，在结婚证书上签字以前，新郎新娘要分开坐在两个不同的地方。而且必须由两名神职人员证婚，其中 1 名由政府认可。

孟加拉国人的丧事葬礼与伊斯兰的传统习惯没有什么区别。

三、尼泊尔的礼仪

1. 尼泊尔国家概况

尼泊尔的正式名称是尼泊尔联邦民主共和国。它位于南亚地区，北邻中国，东、西、南三面皆同印度相接。尼泊尔是一个内陆国家，国土面积为 14.72 万平方公里。

尼泊尔联邦民主共和国位于喜马拉雅山中段南麓，北临中国，西、南、东三面与印度接壤。地势北高南低，山地约占总面积的 3/4。境内多高峰，珠穆朗玛峰（尼泊尔称萨加玛塔峰）位于中尼边界上。首都加德满都誉为"光明之线"。

尼泊尔的气候差异很大，从常年积雪的寒带高山到热带草原都有，气候主要还是看地势的高度和雨量而定。尼泊尔的气候基本上分热、雨、寒三种。尼泊尔面积为 14.7 万平方千米，人口约为 2479 万。

尼泊尔语为国语，通用英语。有拉伊、林布、古隆、尼瓦尔等 30 多个民族。印度教为国教，86.2% 的居民信奉印度教。

延伸阅读：

尼泊尔的国旗、国徽与国歌

尼泊尔的现用国旗启用于 1962 年 12 月 12 日，长宽比例为 3：4。国旗由两个上下相叠的红色三角旗组成，旗边为蓝色。上旗中的月亮和星代表皇室，下旗中的太阳来自拉纳家族的标志。两个三角形的右角表示喜马拉雅山的两个山峰。

尼泊尔的现用国徽图案是喜马拉雅山、太阳和星月标志、河谷，以及国花杜鹃花、国兽白牛和国鸟虹雉。山峰之上的图案由廓尔喀人用的腰刀、佛脚印、国旗、王冠构成。中心图案两旁是手执武器的士兵。下面的红色绶带上用梵文写着"祖国胜于天堂"。

尼泊尔的现用国歌是《尼泊尔王国国歌》。

2. 尼泊尔的生活礼俗

◇ 服饰礼俗

尼泊尔人的服装有共同特色，男子的衬衣要长出好多，而外衣都要短好多，下身是"马裤"，一眼就能认出来是尼泊尔人。男子的衬衣是对襟的，还有带子，外衣是西式的，但没有领带，马裤多为白色，上面即大腿和裆部很大，下面的小腿部分很窄，便于爬山、骑马。**女子头上有围巾，额头上有朱砂点的红痣，上身穿长袖短衫，外裹鲜艳的纱丽，下身穿深色裙子**。不论是穷是富，女性的服装都十分艳丽。

居住在北部山区的人，由于天气寒冷，无霜期很短，冬季长、雪大，所以，男人戴厚皮帽，身穿皮质长袍，有的羊皮，有的狗皮、貂皮等，天一热，就把右臂袖管脱下，搭在身后；下身穿腿裤，也叫套裤，因为这种裤子的两条腿管处是分开的，所以穿这种裤时，必须里面要穿其他的衬裤；脚蹬长靴。妇女上衣穿紧身胸衣，罩短外套，胸前围氆氇，往往颜色很艳丽。留长辫，戴耳环、手镯、项链，脚蹬长靴子。

◇ 饮食礼俗

通常，尼泊尔人每天只吃两顿饭。他们的早餐，主要是吃饼干，饮奶茶。晚餐才被视为他们的正餐，并且广受重视。

尼泊尔人的主食是米饭，有时也吃一些面食、玉米。他们的副食主要有羊肉、鸡肉、鸭肉，爱吃的蔬菜则是番茄、洋葱、辣椒、土豆、鲜笋，等等。他们爱吃香、脆而实惠的菜肴，喜欢酸、甜、辣一点。对于过咸的菜肴，他们往往兴趣不大。

尼泊尔人忌食的主要食物是牛肉，海参和姜等食物他们也是绝对不吃的。在一般情况下，他们还不吃猪肉。

在用餐的时候，尼泊尔人不用刀叉和筷子，而是喜欢用右手抓取食物。当他们宴请客人时，讲究让客人自己动手去盛饭。在一般情况下，客人最好添上两次饭。要是只添一次的话，主人往往会不高兴。尼泊尔人还讲究在用餐完毕以后，每个人均须自行将本人用过的餐具收放于餐桌之下。他们之所以这样做，主要是为避免那些用过的餐具会被别人错用。

3. 尼泊尔的社交礼仪

尼泊尔人相互见面时双手掌合于胸前，嘴里说着"拉马斯得"，意思是表示问候、祝福。在一些地方，人们见到客人时把舌头伸出来欢迎，因为他们认为，红色的舌头代表红心，是忠心真诚的意思。迎接高贵的客人时，要在必行的路上搭数个拱门，每个拱门的两边都要放上发光的黄铜罐，罐里插上鲜花，这样才能表示为最隆重地迎接客人。到达地点时，要为贵宾点红烛，有的红烛个儿很大，表示友谊之深如同一家。有的还在点红烛的同时点酥油灯，表示更加热情和美好。

在交谈中要特别注意，**他们的点头恰恰与我们的相反，是表示反对的意思，他们的摇头也与我们正好相反，是表示赞成、同意的意思**。如果是远道而来的客人，他们还要送一顶帽子给其戴上，表示欢迎。客人要离开时，他们也喜欢送一些东西让客人带上，一般送尼泊尔帽、廓尔克刀和鞋子。尼泊尔的人姓名由三部分组成，第一个词是本人名字，最后一个词是姓，中间的词是随意性很大的任选，有的是表示宗教信仰，有的是表示志向、意愿等。有的地方在小孩出生的第 11 天，请教长或僧侣来给孩子命名，一般只起第一个词，以后的是由其父亲根据自己或祖先的职业、种姓、宗教、民族等来起。

礼仪提醒

尼泊尔人尊崇诗人，凡是高贵的上等人，几乎都会写几首诗。凡是有诗人、友人来访问，到处是赞扬和欢迎，每次欢迎会上，都有不少人朗诵自己的诗篇，将这当作是对客人最好的礼节。临别时，还要给客人戴上花环。

在日常生活里，尼泊尔人所采用的极具民族特色的见面礼节通常有下列五种。

其一，合十礼。在行合十礼时，尼泊尔人同时要向行礼对象说上一句："纳马斯得。"意思是"你好"。

其二，摸头礼。它是国王在会见臣民时所行的礼节，即用右手去抚摸臣民的头顶。在尼泊尔，一个人若能得到国王的抚摸，将是其终身的荣幸。

其三，掬手礼。它是下属、晚辈、身份低者在拜见上司、长辈、身份高者之时所使用的见面礼节。其具体做法是，面对行礼对象俯首躬身，同时双手呈掬水状，并以双手指尖触及自己的额头。

其四，吻足礼。它限于晚辈拜见长辈之用。具体做法是：晚辈跪在长辈身下，亲吻其足。

其五，吐舌礼。它的做法是，在欢迎初次相见的客人时吐出鲜红的舌头，以示舌红心红，自己在以赤诚之心欢迎对方。

在欢迎贵宾时，尼泊尔人还有一种隆重的仪式。他们会特别安排圣洁的童女迎候宾客，并由其向对方献花。在尼泊尔，向来宾敬献花环，是一种祝福对方的常规做法。**在欢迎嘉宾的时候，他们往往还会点燃酥油灯、篝火或红蜡烛，以此来向对方表示"光明"、"温暖"和"友情"**。通常，在尼泊尔，人们的姓名均由三个部分构成。其中第一个部分是本名，第二个部分是本人的爱好、意愿或信仰，第三个部分才是姓。在一般情况下，通过一个尼泊尔人的姓名，即可对其祖先的职业、民族和种姓略知一二。

尼泊尔属于落后的农业国，等级制度还很严格，经济落后，人民生活贫困，所以商务活动很少。街头路边也有商店、小摊贩，他们主要卖一些小吃、水果。所以，大家的商务活动比较少，如果有都是在上层官员之间进行谈判成交。他们一般都很重合同、重信用、重承诺。

4. 尼泊尔的节庆礼仪

尼泊尔的节日特别多，一年有三分之一的时间是节日。每逢节日，人们都要打扮一番，去庙堂里祭祀。著名的有德赛节，9 月底到 10 月，祝贺半个月，人们不仅到寺庙去祭祀圣灵，而且还要走亲访友，全家团圆，好像我们的春节一样热闹。这期间还有牛节、狗节、点红节等。在牛节、狗节时，把黄牛、狗视为上宾。戴花环，喂好吃的，不准任何人冒犯它们。洒红节持续一周，节中只要人们相见，不管男女老幼，认识不认识，都要洒红水、撒红粉，扔水球、涂抹红的、绿的、蓝的、黄的粉，个个弄成大花脸，衣服上也弄成各种颜色，乱追乱撒，欢笑如潮。因陀罗节是敬奉雨水和粮食神，要连续 8 天。还有国庆节、光明节、圣牛节、蛇节、祈雨节、父亲节等。

5. 尼泊尔的婚丧礼俗

尼泊尔人的婚姻关系很复杂，有一夫一妻制，有一夫多妻制，有一妻二夫或兄弟共妻制等。其婚姻关系都由父母包办决定。**有的要求新郎给新娘支付一笔聘金或者彩礼；有的是先生孩子后结婚；有的是生的孩子越多，举行结婚仪式时才越隆重，众人高看一眼。**帕尔巴蒂亚人实行买卖婚姻制度，即男方必须出钱给女方，才能谈婚事；谢尔巴人实行兄弟共妻制，所生孩子属于长兄。如果三个兄弟，其中一个必须去当喇嘛。如果有兄弟四人，则老大、老二共一个妻子，老三和老四共一个妻子。

在尼泊尔，最耸人听闻但又最令游客渴望目睹的奇风异俗，首推当地人的火葬仪式。尼泊尔的印度教徒认为，将去世亲人的骨灰撒在流往恒河的大小支流，有助死者的灵魂得以永生。而一些自知死期不远的虔诚印度教徒，会要求亲友把他们抬到当地的圣河巴格马提河边，将其双脚伸进河中，待其断气，再予以火葬，如此才能含笑九泉、撒手归西；但也有人在弥留期间浸泡圣河之水而病况好转，或劳顿亲友十次抬来，十次抬走，真是命不该绝。所以要探访尼泊尔的火葬烧尸奇俗，就得沿着巴格马提河走，河边有许多的河坛火葬场，其中以帕苏帕提拿的火葬场最闻名。

按照传统，死者都以黄巾或白布包裹，安放在堆置的木块上。死者的儿子们需刮净发须（但留一小撮发于头顶中央），提着一盏油灯，绕行父母的遗体三周，并以河中圣水清洗死者脸部，象征沐善洗罪，再撒米、花于口中。遗体焚化后，将骨灰撒入河中。

另外，尼泊尔人守孝期约一年，期间男女均只可穿素服，颜色鲜艳的一律禁穿。其中寡妇为了表示对已故丈夫的忠贞，在葬礼中必须把痛苦深刻表达出来，愈是悲愤激昂，就会愈受亲友邻里的赞赏。为了守孝，寡妇在丈夫死后第十天要除掉所有佩戴的首饰，剃光头发，穿上孝服。一年内每月都要举行悼念仪式。

延伸阅读：

血 祭

尼泊尔人都相信卡莉女神掌管人类的生育，以牲畜鲜血祭祀，必获庇佑。每星期二与星期六上午，尼泊尔人都会扶老携幼前往附近的神庙祭拜，然后将鸡、羊、牛等牲畜交给血祭师宰杀，以它们的鲜血喷洒在卡莉女神的神像上，借此祈求生子和吉祥。

尼泊尔人认为被血祭的羔羊会转世，轮回成较高等的生物，有助它们得道升天，所以在众多牲畜中特别选定羔羊来献祭。尼泊尔人从不觉得以羔羊血祭为残忍，反而是做了一件对神、人与兽都有利的好事。

在血祭当天，在车站驶往神庙的路上，早已布满小贩兜售旅游纪念品、祭祀用品。神庙内人潮不断，男女分开轮流进庙。他们或抱或牵牲畜到神前参拜后，把已祭拜过神灵的鸡、羊、牛交给血祭师宰杀，并献上金钱以表报答之意。

每年在达善节期间，宰杀牲畜献祭人数多得令人不可思议，卡莉女神神像几乎为鲜血所淹没。在加德满都、巴克塔布及帕坦的杜巴广场举行的屠水牛献祭也令人难以忘怀。